U0710862

玩转"电商营销＋互联网金融"系列

一本书读懂互联网金融
（第2版）

陈国嘉　编著

清华大学出版社

北　京

内 容 简 介

本书共12章，通过7个支付模式、8个实战演练、10个金融模式、51种金融产品或平台代表、114个专家提醒、326张精美图片等，帮助读者快速读懂互联网金融。

本书详细地呈现了互联网金融的基本概念、理财产品、银行金融、保险金融、理财平台、第三方支付、社交金融、电商金融、P2P金融、众筹金融、P2C金融、大数据金融等内容。

本书结构清晰，拥有一套完整、详细、实战性强的互联网金融系统，适合从事互联网金融行业的相关人员、互联网相关平台的营销人士、喜欢互联网以及对金融行业感兴趣的相关人士阅读。

本书封面贴有清华大学出版社防伪标签，无标签者不得销售。
版权所有，侵权必究。侵权举报电话：010-62782989　13701121933

图书在版编目(CIP)数据

一本书读懂互联网金融/陈国嘉编著. —2版. —北京：清华大学出版社，2017
(玩转"电商营销+互联网金融"系列)
ISBN 978-7-302-46958-2

Ⅰ.①一… Ⅱ.①陈… Ⅲ.①互联网络—应用—金融—研究　Ⅳ.①F830.49

中国版本图书馆CIP数据核字(2017)第074132号

责任编辑：杨作梅　李玉萍
封面设计：杨玉兰
责任校对：周剑云
责任印制：杨　艳
出版发行：清华大学出版社
　　　　　网　　　址：http://www.tup.com.cn, http://www.wqbook.com
　　　　　地　　　址：北京清华大学学研大厦A座　　　邮　　编：100084
　　　　　社 总 机：010-62770175　　　　　　　　　邮　　购：010-62786544
　　　　　投稿与读者服务：010-62776969, c-service@tup.tsinghua.edu.cn
　　　　　质量反馈：010-62772015, zhiliang@tup.tsinghua.edu.cn
印 装 者：北京亿浓世纪彩色印刷有限公司
经　销：全国新华书店
开　本：170mm×240mm　印　张：20　字　数：319千字
版　次：2015年1月第1版　2017年6月第2版　印　次：2017年6月第1次印刷
版　次：1～3000
定　价：59.80元

产品编号：072331-01

前　言

■ 写作驱动

市场上关于互联网金融的书籍较多，但是内容上大多不够创新，不够全面。本书是《一本书读懂互联网金融》的第2版，相比同类书，本书在知识更新、产品介绍以及实战演练方面更为突出。内容上，本书集众家所长，做到差异创新，尤其是书中关于互联网金融行业的一些干货与技巧，是笔者潜心收集并整合最新资料提炼出来的。

本书的核心是帮助企业或个人通过互联网进行各方各面的金融活动，包括理财产品、保险产品的购买以及网络借贷的方法等。这是一本由笔者结合互联网金融的基础知识、平台代表、实战演练以及技巧与风险等，打造的针对企业、商家、个人进行互联网金融活动的实战宝典。

■ 本书内容

互联网为各式各样的金融活动提供了良好的外部发展环境，而企业、商家、平台等想要取得发展，就不能忽视互联网金融这一概念。本书主要从以下三个方面进行讲述。

一是基础知识方面：通过7个支付模式、8个实战演练、10个金融模式、51种金融产品、114个专家提醒、326张精美图片等，全面介绍了互联网金融的基础知识。

二是平台代表方面：分别介绍了理财金融、银行金融、保险金融、社交金融、电商金融、P2P金融、P2C金融、众筹金融、大数据金融、第三方支付等10个金融模式的相关产品与平台。

三是实战演练方面：通过详细的步骤与精美的图片，对各类金融模式中的代表产品或平台进行全面解析。

本书介绍的金融平台与产品大致如下：

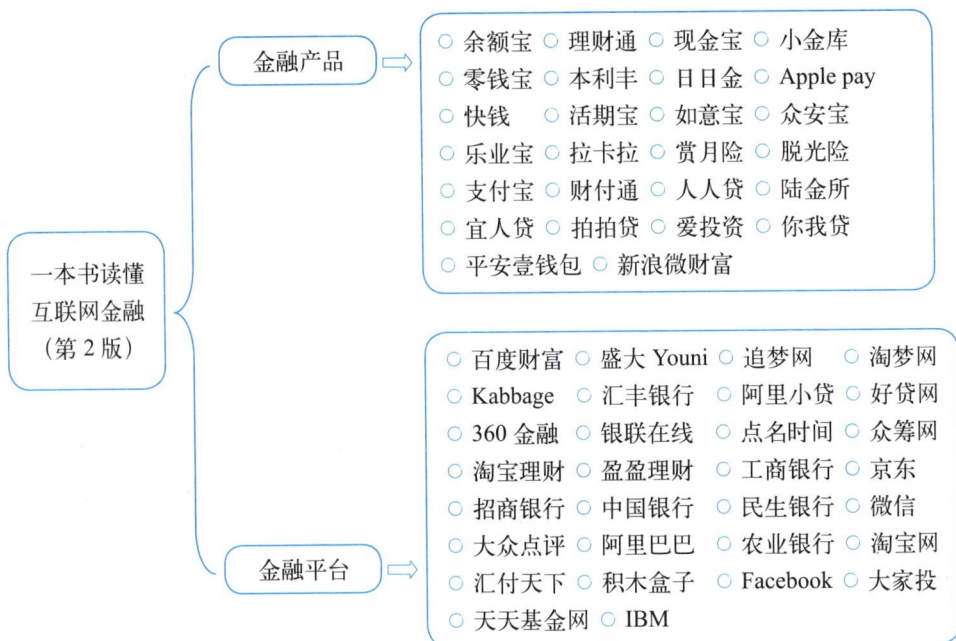

```
                             ┌─────────────────────────────────────────┐
                             │ ○ 余额宝   ○ 理财通   ○ 现金宝   ○ 小金库    │
                             │ ○ 零钱宝   ○ 本利丰   ○ 日日金   ○ Apple pay│
              金融产品 ⇨      │ ○ 快钱     ○ 活期宝   ○ 如意宝   ○ 众安宝    │
                             │ ○ 乐业宝   ○ 拉卡拉   ○ 赏月险   ○ 脱光险    │
                             │ ○ 支付宝   ○ 财付通   ○ 人人贷   ○ 陆金所    │
                             │ ○ 宜人贷   ○ 拍拍贷   ○ 爱投资   ○ 你我贷    │
一本书读懂                    │ ○ 平安壹钱包  ○ 新浪微财富                   │
互联网金融                    └─────────────────────────────────────────┘
（第 2 版）
                             ┌─────────────────────────────────────────────┐
                             │ ○ 百度财富   ○ 盛大 Youni   ○ 追梦网   ○ 淘梦网  │
                             │ ○ Kabbage   ○ 汇丰银行   ○ 阿里小贷   ○ 好贷网   │
                             │ ○ 360 金融  ○ 银联在线   ○ 点名时间   ○ 众筹网   │
                             │ ○ 淘宝理财   ○ 盈盈理财   ○ 工商银行   ○ 京东     │
              金融平台 ⇨      │ ○ 招商银行   ○ 中国银行   ○ 民生银行   ○ 微信     │
                             │ ○ 大众点评   ○ 阿里巴巴   ○ 农业银行   ○ 淘宝网   │
                             │ ○ 汇付天下   ○ 积木盒子   ○ Facebook   ○ 大家投   │
                             │ ○ 天天基金网  ○ IBM                            │
                             └─────────────────────────────────────────────┘
```

■ 作者

本书由陈国嘉编著，参与编写的人员还有易苗、刘胜璋、刘向东、刘松异、刘伟、卢博、周旭阳、袁淑敏、谭中阳、杨端阳、李四华、王力建、柏承能、刘桂花、柏松、谭贤、谭俊杰、徐茜、刘嫔、苏高、柏慧等人，在此表示感谢。由于作者知识水平有限，书中难免有错误和疏漏之处，恳请广大读者批评、指正。联系邮箱：feilongbook@163.com。

作者

目　　录

目录

目录

目录

概念解读，到底什么是互联网金融

第1章

学前提示

互联网金融，看似包含了互联网与金融两个毫不相干的领域，其实却是传统行业与新兴技术的结合。互联网金融这个新型概念的背后，又隐藏了多少创造财富的机遇？本章将探秘互联网金融，揭示其方方面面。

概念解读，到底什么是互联网金融

- 基础概念，互联网金融的相关知识
- 具体模式，互联网金融的模式分类
- 深入了解，互联网金融的发展演变
- 移动金融，互联网金融移动化趋势

1.1　基础概念，互联网金融的相关知识

互联网金融不像股票、基金、证券，有着清晰、明确、具体的定义。对于互联网概念的表达往往比较笼统，而且其囊括的范围也非常广泛。在互联网技术非常发达的今天，随时出现的一种新鲜的事物都有可能与互联网金融有关。

1.1.1　互联网金融的基本概念

随着互联网技术的飞速发展，传统的金融行业已经不能满足人们的需求，金融行业慢慢向互联网拓展，于是便出现了互联网金融这一行业领域。

对于互联网金融的具体概念，还要从金融的角度出发，有专家认为，它是区别于直接融资和间接融资的第三种融资方式，即"互联网金融模式"。互联网金融并不是简单的"运用互联网技术进行金融"，而是"基于互联网思维的金融"，技术只是作为必要支撑。

•专 家 提 醒

互联网的概念是超越计算机技术本身的，代表着交互、关联、网络，其中的核心参与者是人，而不是技术。互联网金融是一种新的参与形式，而不是传统金融技术的升级。

人作为互联网金融中的某一个体，具有充分的权利和手段参与金融活动，在信息对称的环境下，人人都能平等自由地获取金融服务。互联网技术的发展，使金融所说的"充分有效性"和"民主化"成为了可能。

社交网络、电子商务、第三方支付、搜索引擎等形成了庞大的数据量，因此数据产生、数据挖掘、数据安全和搜索引擎技术，是互联网金融的有力支撑。云计算和行为分析理论使大数据挖掘成为可能。数据安全技术使隐私保护和交易支付顺利进行，而搜索引擎使个体更加容易获取信息。

这些技术的发展极大地减小了金融交易的成本和风险，扩大了金融服务的边界。

客观来说，数据给金融带来了巨大的变化，也是降低成本和风险的主要手段。

但是，互联网金融不仅仅是数据金融，否则又会回到技术层面。

互联网金融引发的在交易主体、交易结构上的变化以及潜在的金融民主化，才是具有革命意义的。

• 专家提醒

一些人认为，通过互联网技术手段，最终可以让金融机构离开在资金融通过程中曾经的主导型地位，因为互联网的分享、公开、透明等的理念使得资金在各个主体之间的游走，变得非常直接、自由，而且违约率低，金融中介的作用会不断地弱化，从而使金融机构日益沦落为从属的服务型中介。

1.1.2 互联网金融的相关特点

随着互联网行业的迅速发展及其对金融业的渗透，"互联网金融"已成为一个新的研究热点。以互联网为代表的现代信息科技，特别是移动支付、社交网络、搜索引擎以及云计算等，将会对人类金融模式产生根本影响。

推动互联网金融迅速发展的动力，主要来自其相较于传统金融的优势。即便不谈互联网本身的优势，使用互联网进行金融也能节省大量的成本，光凭这一优势，传统金融已是望尘莫及。当然，互联网也带来了互联网金融独有的风险。

下面介绍互联网金融的相关特点。

1. 发展非常迅速

近年来，依托于大数据和电子商务的发展，互联网金融得到了快速增长。以支付宝的余额宝功能为例，上线不到 20 天，其累计用户数达到 250 万人，累计转入资金达到 66 亿元。目前余额宝规模超过 500 亿元，上线至今以日均 5 亿元的速度增长，已成为规模最大的公募基金。

余额宝能够如此快速地发展，主要是因为互联网的传播特性。互联网集文字、图片、色彩、电影、三度空间、虚拟现实等所有广告媒体的功能于一身，同时还可以加入声音、图片、动画和影像信息，能生动形象地让客户看到公司的相关信息，大大增强了产品宣传的实效，使消费者能更加直观地体验产品与服务。

同时，网络拥有最有活力的消费群体，他们大部分都是经济发达地区或受过高等教育的人，这一群体的消费总额往往大于其他消费层次之和。因此，互联网金融的受众群体消费能力最强，接受新事物、新品牌的能力也最强。

2．效率一般较高

互联网金融业务主要由计算机处理，操作流程完全标准化，客户不需要排队等候，业务处理速度更快，用户体验更好。例如，阿里小贷依托电商积累的信用数据库，经过数据挖掘和分析，引入风险分析和资信调查模型，商户从申请贷款到发放只需要几秒钟便可完成。

由于互联网金融的客户服务口径扩大，直接解决了长尾客户的问题。劳动法和办理业务客户群的双重要求使传统银行有营业时间的限制，客户去银行的时间呈现正态分布，银行会选择客户集中度最高的时间营业。但是有部分客户却有不同的偏好或者临时需求，这类处于正态分布两边的客户就享受不到银行网点服务，而互联网金融打破了很多时间和空间上的限制，为消费者大幅度节约时间成本，可以满足一直被忽视的"长尾"群体的金融需求，大大提高了客户覆盖率。

3．成本相对低廉

在互联网金融的模式下，资金供求双方可以通过网络平台自行完成信息甄别、匹配、定价和交易，无传统中介、无交易成本、无垄断利润。互联网金融的成本低廉可从以下两个方面来体现。

- 金融机构方面，可以避免开设营业网点的资金投入和运营成本，节省大量人力、物力与财力。
- 普通投资者方面，可以在开放透明的平台上快速找到适合自己的金融产品，削弱了信息不对称程度，更省时省力。相对投资者来说，互联网金融是一种更加透明的、有利于投资者的金融方式。

以商业银行为例，办理一笔同样的业务，网上银行只有实体网点成本的十分之一。网上银行对实体网店的替代使得运营成本大幅降低，而用户也能享受更低廉的手续费。

金融业的本质是服务业，在市场经济中，服务业发展的规律就是不断向交易成本降低的方向发展。

从市场竞争的规律来看，未来金融业肯定要往交易成本更低的方向发展，而互联网金融就代表了这种趋势。因此，金融行业一定会向互联网发展。

4．覆盖面积广泛

在互联网金融模式下，客户能够突破时间和地域的约束，在互联网上寻找需要的金融资源，金融服务更直接，客户基础更广泛。此外，互联网金融的客户以

小微企业为主，覆盖了部分传统金融业的金融服务盲区，有利于提升资源配置效率，促进实体经济发展。

•专家提醒

据相关调查显示，截至 2013 年，全球有来自 243 个国家或地区超过 7.3 亿个 IP 地址连接至互联网。由于在某些情况下单个 IP 地址可代表多个用户（如多个用户通过防火墙或代理服务器访问网络），实际用户超过 10 亿人。

5．金融功能稳定

随着时间的推移和区域的变化，金融机构的形式和特征或许会有很多不同，但其所发挥的基本功能却大体不变。金融体系的演变和效率的提高，不过是根据技术、环境的变化，筛选出可以最有效执行这些功能的机构与模式罢了。

互联网金融模式与传统金融模式的优劣比较，主要还在于谁能更有效地发挥金融的基本功能。总的来说，金融体系的基本功能主要包括以下几个方面。

1）支付工具

金融体系要根据社会需要，提供多数人可接受的支付工具，即货币供应。以第三方支付为例，根据高盛的估计，全球移动支付总额在 2013 年约 2354 亿美元，预计未来 5 年将以年均 42% 的速度增长，2016 年达到 6169 亿美元。从更长的时间来看，随着熟悉互联网的年青一代逐渐成为社会主流，互联网支付方式对传统支付方式的替代会愈加明显。

尽管发展前景广阔，但就目前而言，互联网支付与传统金融还是有着一定的差异，尚难形成根本性的替代。

- 互联网金融本身并不创造新的支付工具，从这点看，互联网金融尚不具有明显的货币创造功能。
- 由于自身不能创造出支付工具，互联网支付所使用的交易媒介，事实上与传统金融并无区别，即银行账户上的货币资金。在这个意义上，互联网支付更像是对传统金融支付的补充和延伸，提高了传统支付的效率和服务范围。

2）交易服务

互联网金融模式的信息处理由以下三个组成部分。

- 通过社交网络，可以生成和传播各类与金融相关的信息，特别是可以获取

一些个人或机构没有义务披露的信息。

- 搜索引擎对信息的组织、排序和检索，能缓解信息超载问题，有针对性地满足信息需求，大幅提高信息搜集效率。
- 海量信息高速处理能力。

由此可以得出，互联网金融可以及时获取供求双方的信息，并通过信息处理使之形成时间连续、动态变化的信息序列，并据此进行风险评估与定价，这对于传统金融而言无疑是一个相当大的挑战。

3）融资功能

金融体系能够为企业或家庭的生产和消费筹集资金，同时还能将聚集起来的资源在全社会重新进行有效分配。由于互联网的覆盖面极为广泛，这就可以使融资中的"融"发挥更好的效果。

4）风险管理

风险管理和配置功能的发展使金融交易和风险负担得以有效分离，从而使风险在不同主体之间得到最有效的配置和分散，进而降低风险成本。

· 专 家 提 醒

在一些互联网平台的交易体系设计中（如 eBay 和淘宝等），不仅可以很容易地获得交易双方的各类信息，而且还能有效地将众多交易主体的资金流置于其监控之下，与传统金融模式相比，这极大地降低了风险控制成本。

6．风险相对较大

任何涉及互联网的行业，其监管总是一个大问题，互联网金融的风险存在于以下几点。

- 风险控制弱。互联网金融目前还没有接入人民银行征信系统，也不存在信用信息共享机制，不具备类似银行的风控、合规和清收机制，容易发生各类风险问题。目前已有众贷网、网赢天下等 P2P 网贷平台宣布破产或停止服务。
- 信用风险大。目前我国信用体系尚不完善，互联网金融的相关法律还有待配套，互联网金融违约成本较低，容易诱发恶意骗贷、卷款跑路等风险问题。特别是 P2P 网贷平台由于准入门槛低和缺乏监管，成为不法分子从事非法集资和诈骗等犯罪活动的温床。去年以来，淘金贷、优易网、安泰卓越等 P2P 网贷平台先后曝出"跑路"事件。

- 网络安全风险大。目前，我国互联网安全问题突出，网络金融犯罪问题不容忽视。一旦遭遇黑客攻击，互联网金融的正常运作就会受到影响，危及消费者的资金安全和个人信息安全。

· 专家提醒

　　由于互联网金融在我国处于起步阶段，目前还没有明确的监管和法律约束，缺乏准入门槛和行业规范，监管较弱。整个行业面临诸多政策和法律风险。

1.1.3　互联网金融的运行方式

　　在互联网金融模式下，支付便捷，市场信息不对称程度非常低，资金供需双方直接交易，不需要经过银行、券商和交易所等金融中介。互联网金融模式的分类众多，但运行方式都大同小异，其核心部分如下。

1. 支付方法

　　以移动支付为基础，个人和机构都可在中央银行的支付中心（超级网银）开账户（存款和证券登记），其特点如下。

- 不再完全是二级商业银行账户体系。
- 证券、现金等金融资产的支付和转移通过移动互联网进行。
- 支付清算电子化，替代现钞流通。

2. 信息处理

　　在云计算的保障下，资金供需双方信息通过社交网络揭示和传播，被搜索引擎组织和标准化，最终形成时间连续、动态变化的信息序列。由此可以给出任何资金需求者（机构）的风险定价或动态违约概率，而且成本极低。

　　由于社交网络生成和传播信息，特别是对个人和机构没有义务披露的信息，而搜索引擎对信息进行组织、排序和检索，能缓解信息超载问题，有针对性地满足信息需求。正是这种信息处理模式，使互联网金融模式替代了现在的商业银行和证券公司的主要功能。

3. 资源配置

　　在资源配置方面，资金供需信息直接在网上发布并匹配，供需双方可以直接

联系和交易。借助于现代信息技术，个体之间直接金融交易这一人类最早的金融模式会突破传统的安全边界和商业可行性边界，焕发出新的活力。

在供需信息几乎完全对称、交易成本极低的条件下，互联网金融模式形成"充分交易可能性集合"，此如中小企业融资、民间借贷、个人投资渠道等问题就容易解决。在这种资源配置方式下，双方或多方交易可以同时进行，信息充分透明，定价完全竞争（比如拍卖式），因此最有效率，社会福利最大化。各种金融产品均可如此交易。这也是一个最公平的市场，供需方均有透明、公平的机会。

1.2　具体模式，互联网金融的模式分类

互联网金融是依托于云计算、大数据、电商平台和搜索引擎等互联网工具而产生的一种新兴金融模式，具有融资、支付和交易中介等功能，可以细分出七大模式。

1.2.1　第三方支付

第三方支付是指具备一定信誉保障的独立机构，通过与银行签约、提供支付结算接口的交易平台。随着行业的发展，目前的第三方支付平台不但可以完成各项支付功能，还提供多种生活服务，如手机充值、水电缴费、信用卡还贷等。

多数业内人士认为，第三方支付实际上是互联网金融创新的主链条，在每一个节点上都有可能产生新的互联网金融模式，如支付宝的"余额宝"功能，让支付软件成为"会挣钱的钱包"。

第三方支付不仅可以进行理财和资金托管，其作为支付通道带来的直接的数据流和信息流，还将是云计算、大数据挖掘的"宝藏"。投资管理、保理、融资租赁将是许多第三方支付平台未来的业务布局，如易宝支付的支付业务已经渗透到航空、保险、旅游等行业。

• 专 家 提 醒

　　作为目前主要的网络交易手段和信用中介，第三方支付市场正进入成熟期，迄今已有200多家企业获得了支付业务许可证。第三方支付的代表有支付宝、财付通、快钱、微信支付等。

　　只有积累了整个产业链条的交易信息，才可以合理有效地评定产业链上的企业信用，而这些商家资源和交易数据，将是信用挖掘的基础，借以解决其融资和理财需求。更重要的是，第三方支付带来的是许多行业的电子化，使信息的透明度更高。

1.2.2　平台网站

　　平台网站多数是指互联网金融门户，如融360、格上理财、平安陆金所，它们本身不参与交易和资金往来，而是扮演信息中介的角色。各家金融机构将金融产品放在互联网平台上，用户通过贷款用途、金额和期限等条件进行筛选和对比，自行挑选合适的金融服务产品，其核心本质是"搜索比价"。

　　除了金融门户网站以外，还有许多其他类型的平台具有互联网金融属性，如网购平台、社交平台等。

1.2.3　众筹集资

　　众筹集资是指项目发起人利用互联网和社交网络的传播特性，向公众展示自己的创意，争取得到足够的认同和支持，募集公众资金的模式。目前，众筹集资有以下两大模式。

1．非股权模式

非股权模式的众筹项目，以实物、服务或者媒体内容等作为回报，并不涉及资金或股权，这种模式的权益划分简单清晰。目前，我国的众筹平台多数带有公益和慈善色彩，较为著名的有点名时间、众筹网等。在非股权模式众筹中，又可分为以下三种众筹形式。

- 募捐众筹。在募捐众筹的形式下，通过众筹平台支持某个产品或服务，支持者对某个项目的"出资支持行为"表现出更多的"重在参与"的属性。换言之，募捐制众筹的支持者几乎不会在乎自己的出资最终能得到多少回报，他们的出资行为带有更多的捐赠和帮助的公益性质。

· 专家提醒

通过众筹窗口的交流与互动，达到改变某一宏观领域现状的目的，为中国的慈善文化事业做出企业应尽的责任。一个有社会良知的企业或个人应在社会保护等公益领域率先垂范，把个人或企业的发展置于整个社会发展的大背景下，才能实现其可持续发展，从而为建设慈善友好型社会做出应尽的贡献。

- 奖励众筹。奖励众筹平台看上去与团购网站十分相似，具有预购性质。通常，根据项目的不同性质，项目发起者会在项目成功后的几天甚至几十天内兑现事先所承诺的回报。这种模式一方面能够使消费者的消费资金前移，提高生产资金筹备和销售等环节的效率，产生出原来可能无法实现的新产品；另一方面，通过众筹可以获得潜在消费者对预期产品的市场反馈，从而满足用户更加细化和个性化的需求，有效规避盲目生产所带来的风险和资源浪费。

- 债权众筹。与其他众筹有很大的不同，债权众筹在行业中的分布有很明显的特点，这种模式比较局限，但是作为一种必不可少的融资方式，在急需资金方面比较受大众欢迎。从本质上说债权众筹就是P2P网络借贷。

2．股权模式

股权模式众筹可以认为是非交易所上市的股票。目前，根据我国特定的法律法规和政策，股权制众筹在我国化身为以下三大表现形式。

- 凭证式众筹一般都是通过熟人介绍加入众筹项目，投资者不成为股东。
- 会籍式众筹的投资者成为被投资企业的股东。
- 天使式众筹有明确的财务回报要求。

· 专家提醒

2012年4月，美国总统奥巴马签署了《2012年促进创业企业融资法》，进一步放松对私募资本市场的管制，法案允许小企业在众筹融资平台上进行股权融资，不再局限于实物回报。

1.2.4　网络借贷

网络借贷是指利用网互联网进行贷款或借出资金，资金的借出者多为互联网上的其他用户，借贷平台网站将这些资金汇聚起来借给需要资金的用户，资金借出者可获得利息作为"投资收益"。

目前，国内市场最火的借贷方式属于 P2P 与 P2C 网络信贷，资金供需双方直接联系，绕过银行、券商等第三方中介。P2P 即点对点的借贷模式，而 P2C 则是企业向个人进行借贷，其本质都是一种民间借贷方式，借贷平台网站从中收取一定的佣金，其代表有人人贷、拍拍贷、宜信等。

• 专 家 提 醒

网络小额信贷也是比较有人气的项目，互联网企业将电子商务平台上的客户信用数据和行为数据影射为企业和个人的信用评价，然后批量发放小额贷款。网络小额信贷将大数据处理和云计算技术结合在一起，从海量数据中挖掘出有用的客户信用等信息，具有"金额小、期限短、纯信用、随借随还"的特点。网络小额信贷的代表有阿里小贷、苏宁易购和京东商城供应链金融。

1.2.5　网络保险

互联网保险是通过互联网进行购买保险、理赔，而不需要通过保险公司业务人员。

• 专 家 提 醒

我国《互联网保险业务监管规定》中明确指出，保险公司、保险专业中介机构开展互联网保险业务，应具有健全的互联网保险业务管理制度，至少包括互联网保险业务交易安全保障措施、互联网保险产品及宣传管理、保险单证管理、保险合同承保、保全、退保和理赔管理、业务收支管理、教育培训、合规管控、反洗钱、投诉及应急处理等方面的管理制度。

事实上，早在十多年前就有保险公司进行网络销售，但在 2013 年之前，都处于"新渠道探索"阶段。其原因还是互联网本身并未普及，而购险人群多为 30 岁以上的人士，甚至有不少人认为"上网"就等丁玩游戏。

直到阿里巴巴集团、腾讯集团与平安集团联合推出众安在线后，普通消费者才开始接受网络购险，一些老牌保险公司，也纷纷把宣传主力投入至互联网市场。总的来说，保险公司在拓展互联网渠道方面有以下两种模式。

- 自建渠道。保险公司成立网上商城，或设立电商子公司。但自建渠道与险企知名度有关，如果本身影响力有限，加上很多消费者对保险仍然存在认识误区，用户不会主动购买，这使得保险公司难以像淘宝这种纯线上电商一样重视互联网平台建设，让产品与渠道相适应。

- 借助现有互联网平台。鉴于保险产品的特殊性，并非所有保险产品都适合在互联网销售，因此，保险企业借力现有互联网平台也难成气候。其实当前网上销售的产品多为理财型保险，而且以短期产品为主，"快速获利"特征明显。

不管发展历程多么艰辛，保险业互联网金融的选择，既是顺应网络时代的大势所趋，也是一种不得已的渠道变革。互联网平台的巨大流量对保险销售的带动，是自建网络难以达到的。与第三方合作相比，自建网站短期投入高，但随着续保占比的提高，成本摊薄，自建网站的优势会凸显。不管采用哪种模式，其业务占比应该保持合理，如果网销发展过快，公司各渠道之间的协调就会成为问题。

·专家提醒

从网络保险的经营状况来看，多数保险公司仍处于"赔钱赚吆喝"阶段，但"砸钱、砸钱、再砸钱"的方式短时间内不会有改变。网络售险与个险、电销的盈利模式不同，由于前期网络系统建设、市场推广投入大，到了后期随着边际成本下降，才有可能盈利。

1.2.6 虚拟货币

我国早有法规对虚拟货币进行定义，在 2009 年颁布的《关于加强网络游戏虚拟货币管理工作的通知》中，明确虚拟货币表现为网络游戏的预付充值卡、预付金额或点数等形式，但不包括游戏活动中获得的游戏道具；虚拟货币不得用于支付、购买实物产品或兑换其他企业的任何产品和服务。

但事实上，涉及互联网的事物大多具有日新月异的特点，这一点"虚拟货币"也不例外。由于它本身处于不稳定的发展中状态，我国法律界对"虚拟货币"至今无法作出科学、统一的定义。

笔者认为，以互联网金融的思想来看，凡是存在于网络中，有实际价值（可以兑换成人民币）的货币都可以认为是虚拟货币。互联网发展至今，虚拟货币形成了三大板块。

1. 投资类型

投资类型的虚拟货币产生时间较晚，但金融属性最强，完全是为了投资而产生。以目前最火的比特币为例，比特币没有一个集中的发行方，而是由网络节点的计算生成，谁都有可能参与制造比特币，而且可以全世界流通，可以在任意一台接入互联网的电脑上买卖。

不管身处何方，任何人都可以挖掘、购买、出售或收取比特币，并且在交易过程中外人无法辨认用户的身份信息。

比特币的创造者中本聪表示，起初的目标是建立一种点对点的电子现金系统，但实际上却成为一种投资工具。目前，市面上流通的投资类虚拟货币有许多种，如表 1-1 所示。

表 1-1 投资类虚拟货币一览

货币中文名	英文符号	总市值 / 美元	发行时间 / 年
比特币	BTC	243 亿	2009
莱特币	LTC	36 亿	2011
无限币	IFC	2000 万	2012
泽塔币	ZET	2000 万	2013
便士币	CENT	2000 万	2013
质数币	XPM	450 万	2011
隐形金条	CGB	100 万	2013

2. 服务类型

服务类虚拟货币几乎没有投资价值，只能认为它是人民币在某网站平台的表现形式。用户需要在官方网站兑换该平台流通的电子货币后，才能购买某些服务。

如腾讯的 Q 币，用户可以通过购买 Q 币卡、电话充值、银行卡充值等方式获得。Q 币可以用来支付 QQ 的所有服务，具体内容如下。

- 号码服务。在腾讯网站的号码服务页面，使用 Q 币可以申请 QQ 行号码和会员号码，也可以给这些号码续费。
- 账户美化。使用 Q 币可以在 QQ 秀商城给自己或朋友购买各种虚拟商品，

13

如服饰、场景、化妆等。

- 游戏充值。Q币不仅可以兑换腾讯旗下网络游戏的游戏币，还可以购买游戏中的各种特权。
- 空间装扮。使用Q币可以使空间更加漂亮，开通黄钻还能享受各种特权，也可免费获得黄钻专属礼品。
- 增值服务。用户可以使用Q币来享受腾讯推出的各种增值服务，如QQ贺卡、聊天表情等。

·专家提醒

　　服务类的虚拟货币其价值大多不会有变化，如1Q币等于1元人民币，只是从某些特殊渠道购买Q币可能会有一定的优惠，从而出现了一些"低买高卖"的行为。但无论如何，用户在腾讯官方网站购买Q币的价格永远不变。

3. 游戏类型

　　游戏类的虚拟货币主要是指游戏中可以用于流通的货币，它可能是游戏中的金币，也可能是某样虚拟物品。可能一些金融学家并不认为游戏里的金币与金融有何关系，但笔者认为，仅仅从"是否值钱"的角度来考虑游戏中的金币或虚拟物品，游戏中的金币或虚拟物品是完全有金融属性的。

　　以国内较火的某网络游戏为例，游戏当中的属性宝石是玩家能够"克敌制胜"的重要因素，而游戏中一颗6级属性宝石的售价为48000元宝。游戏元宝则通过玩家充值兑换，兑换比例为30元人民币兑换1200元宝。也就是说，该6级属性宝石折合人民币为1200元左右。

　　游戏设置的宝石最高等级为9级，合成9级宝石则需要大量的6级宝石，以及宝石合成所需手续费、符文等其他辅助道具，折算下来，合成一颗9级属性宝石需要的人民币大约在15万元左右。更为惊人的是，在一个游戏角色身上，可以镶嵌60颗这样的宝石，总花费要超过1000万元人民币。

　　起初，游戏类虚拟币的流通属于玩家与玩家之间的小众行为，但随着游戏的发展，交易行为越来越多，甚至有的玩家以此为生，游戏类虚拟货币交易平台也就应运而生。如图1-1所示，为国内著名游戏交易服务平台5173。

图 1-1　5173 交易平台

· 专 家 提 醒

在美国，曾有人尝试每天坐在网络游戏中，买下低价的虚拟财产，寻找机会高价卖出。据估算，这样做下去的年收入可超过美国中学老师和博物馆员、消防队员的平均收入。美国最大的网游虚拟物品交易商 IGE 公司，每月销售额高达一两千万美元，毛利率可达 20%～50%。

4. 虚拟货币投资技巧

以比特币为例，进行比特币平台买卖时，盲目投资是无法获利的，投资者必须掌握一定的投资技巧，对比特币价格进行预测。

1) 分析市场深度指标

技术分析于股票市场已经相当成熟，但比特币是无法套用股市的理论，因为股市的技术分析全都基于均线，其中最重要的就是每天的收盘价，但比特币 24 小时都可进行交易，没有收盘价。这样的均线只能当作历史的走势，不能当作价格走势的预测依据。

不过比特币有一项最重要的技术指标，即市场深度。市场深度是指市场在承受大额交易时价格不出现大幅波动的能力。通常，通过比特币的买入和卖出数量的差来判断市场的深度，该指如果很容易变大，则说明市场是深度较浅，价格很容易发生变化，也容易被"庄家"哄抬或打压价格。

在美国市场，20 万美元的资金就可以把比特币价格从 7.2 美元拉升到 7.8 美元，涨幅为 8%，如图 1-2 所示。这个市场类似于股市的早期，参与者不是很多，只要有大量资金进入市场，即可对比特币的价格进行操纵。

不过，每个平台的交易报价都有一定的出入，至 2014 年以来，我国已经成为比特币最大的交易市场，而类似于 OKCOIN 这样的大型平台，每日的成交量都在 2 万个比特币以上，多的时候能够达到 7 万个，若以 4500 元每个来计算，每日的成交金额都将上亿。

图 1-2 资金流入对比特币的影响

2) 预判货币价格走势

由于比特币是虚拟的货币，拥有它的投资者也不能使用它来交换其他事物，因此，比特币几乎不存在基本面的分析。它的价格其实反映的是人的心理，即大家认为比特币值钱，并投资购买，从而导致比特币的价格上涨，这其实与行为金融学理论不谋而合。

行为金融学是指金融学、心理学、行为学以及社会学等学科相互结合，对金融市场的非理性行为和决策规律进行揭示。人类由于其社会性而存在一个非常普遍的现象，经常在一起交流的人由于相互影响，因此他们往往具有类似或者近似的思想，这被称为羊群行为。

社会上普遍存在着信息不对称的现象，即使在信息传播高度发达的社会，信息也是不充分的。在信息不充分的情况下，投资者的决策往往不完全是根据已有的信息，而是根据对其他投资者行为的判断来进行决策的，这就形成了羊群行为。

如"中国大妈"疯狂抢购黄金，致使原本应该暴跌的金价得到了一定的支撑，而中国的大妈们不可能个个都对黄金市场有完善的分析，她们多数人购买黄金其实是一种"跟风行为"。

比特币市场的火爆也就是反映了人的预期。当比特币刚刚产生，几乎无人知晓的时候，它仅仅价值几美元。一旦有某一个人认为比特币将要变得很值钱，并投入资金，这就可能导致他周围的朋友也跟着试试运气。当消息传开，比特币市场里涌入大量资金时，它自然变得值钱。

3) 正确认识虚拟货币

比特币与股票、期货有很大的区别，如果投资者不能正确认识比特币，则难以在该市场获得收益。如股票市场中，有不少人进行长线投资，他们只对大趋势进行判断，一旦趋势判断正确，其收益是惊人的。但比特币市场则不能进行长期的、趋势性的投资。总的来说，投资比特币时应注意以下几点。

- 每日关注比特币的行情。比特币的价格波动很大，每一分、每一秒的价格都会不同，若要掌握行情趋势，首先要多多关注，最好能在价格波动较快、幅度较大的时候，一直盯着电脑进行研究。

- 根据网站响应及价格波动频度买入或卖出。同等网速条件下，如果网站平台的响应速度突然慢了下来，那么很可能是网站访问客户较多，此时价格浮动必然大。投资者应立刻判定合适的价格区间，最高价与最低价，并及时进行操作。

- 不能贪心。价格幅度大，波动频繁，是虚拟货币的一大特点，毕竟比特币的价格是被人们炒起来的。因此，在投资比特币时，首先要保持好的心态，不能因为一时的价格波动打乱自己的判断。

1.2.7　传统金融的网络化

传统金融的网络化是指股票、基金、外汇等传统金融项目，正逐渐转变为投资者通过互联网即可完成开户、入金、交易以及出金等的流程。

以股票市场的投资者为例，早期股市进行买卖交易时，都需要去证券公司进行委托下单。但现在，大多数投资者都是在家炒股，通过交易软件不但可以完成股票的买卖，还可以对各种技术指标进行分析。无数人围着一块大屏幕看股价的滚动信息，一些投资者相互讨论股票的好坏，这样的画面将不再出现。

1.3 深入了解，互联网金融的发展演变

随着全球网络经济的迅速发展，网络金融、网上购物消费、网络银行等电子商务的发展如雨后春笋。互联网金融的兴起有社会发展的必然因素，也有一定的偶然因素，想要彻底了解互联网金融，就必须要了解其发展状况。

1.3.1 互联网金融的产生与兴起

互联网金融是一个弹性很大、充满想象空间的概念，其兴起有深刻的宏观背景，具体有以下几点。

1．互联网冲击传统行业

在过去十年间，互联网对通信、图书、音乐、商品零售、影视、教育等多个领域均产生了颠覆性影响。如 E-mail 兴起后，传统书信很快就接近消失了。互联网对许多不需要物流的行业都产生了影响，金融也不会例外。

·专 家 提 醒

从本质上讲，金融本身就是数字（在金融机构资产中，固定资产占比很低），与互联网有相同的数字基因，所有金融产品都可以看作数据组合，所有金融活动都可以看作数据在互联网上的移动。

2．人们走向数字化社会

目前，全社会信息中约有 70% 已经被数字化了。在未来，各种传感器会更加普及，在大范围内得到应用，如目前智能手机中，已经嵌入了很复杂的传感设备或应用程序。

购物、消费、阅读等很多活动会从线下转到线上，假设 3D 打印得到普及，那么制造业也会转到线上。

在这种情况下，全社会信息中有 90% 可能会被数字化，这就为大数据在金融中的应用创造了条件。

如果个人、企业等的大部分信息都存放在互联网上，那么基于网络的信息就能准确评估这些人或企业等的信用资质以及盈利前景。

3. 经济基础越来越牢固

电子商务、共享经济等互联网交换经济与互联网金融有天然的紧密联系，这既为互联网金融提供了应用场景，也为互联网金融打下了数据基础和客户基础，体现了实体经济与金融在互联网上的融合。

一些实体经济企业积累了大量数据和风险控制工具，可以应用于金融活动，典型的电子商务公司如阿里巴巴、京东等。

1.3.2　互联网金融在国外的发展

其实互联网金融并不是新鲜事物，早在 20 世纪 90 年代，美国就已经掀起了互联网革命，其经济增长的 1/4 都归功于信息技术，引起互联网兴起原因有以下四大公司的崛起。

1. 雅虎

雅虎公司 (Yahoo) 于 1995 年 3 月成立，是互联网门户网站。1996 年 4 月雅虎正式上市，当天市值即达 8 亿美元。

2. 亚马逊

亚马逊 (Amazon) 于 1995 年 7 月成立，是全球最大的网络书店。1997 年 5 月股票上市，其每股股价最高达 821 美元。

到了 1999 年，亚马逊市值达 60 亿美元，远超过当时美国两大实体书店公司的市场总和。

3. 易贝

易贝 (eBay) 于 1995 年 9 月成立，是全球著名网购平台。1998 年 9 月正式上市，每股 18 美元，当天收盘价狂飙至每股 47.18 美元，上涨了 166.3%。

4. 谷歌

谷歌 (Google) 于 1998 年成立，是全球最大的搜索引擎。2004 年在美国上市，发行价为每股 85 美元。

从这些数据可以看出，互联网对金融的巨大影响。随后，美国涌现出了大量的互联网金融企业，并出现多元化的发展，如图 1-3 所示。

图 1-3 互联网金融企业

互联网银行、电子券商、互联网保险、互联网基金，这四大板块相辅相成，形成了较为完整的互联网金融体系。海外互联网金融企业在成立初期发展均比较快，主要得益于以下两点优势。

- 依靠互联网方便快捷的特点，接触到尽量多的客户，发挥平台优势。
- 依靠灵活以及低成本的优势降低费率，吸引客户。

依靠这两个优势，互联网金融初期发展很快，但此后发展逐渐放缓，主要是因为互联网从事金融业务在本质上仍存在缺点，导致互联网金融企业发展到一定程度后往往会遇到"瓶颈"，难以进一步做大，因此难以大规模改变传统金融企业。

1.3.3 互联网金融在国内的发展

其实我国互联网金融的起步并不晚，招商银行于 1997 年率先推出中国第一家网上银行，仅比世界第一家网络银行晚 2 年。但在 2013 年之前，我国的互联网金融可以说是"零发展"，直到 2013 年才开始全面爆发，这主要取决于互联网技术的成熟。与 20 世纪 90 年代美国互联网企业相比，目前国内互联网企业具有以下几个特点。

1. 金融移动化

在移动互联网时代，金融已经从线下转移到手机中，而 APP 则成为互联网金融的新入口，也因此诞生了一大批的手机银行以及证券公司的移动 APP。通过手机即可实现转账、充值、账单支付、公共事业缴费、余额查询、信用卡还款等金融消费业务。

2. 金融社交化

"社交平台"优于"单一网页"：与之前网络主要提供单一的网页相比，如今的互联网通过微信、微博、QQ 空间等方式已发展成为"社交平台"的概念，普通用户每天浏览时间更长，用户黏性更高。在各种社交平台上，也出现了很多金融业务，如微信理财通、支付宝红包等。都融入社交和金融功能，并使其深度融合，逐步改变着人们的消费场景，同时也为金融社交打下了强大的用户基础。

·专家提醒

> 更高的客户黏性有助于国内互联网金融在某些领域市场份额更高。此前美国的互联网金融未能做大，也有客户平台不够大的原因。目前国内互联网平台客户黏性更高，平台优势更大；尽管互联网从事复杂的金融业务仍较为困难，但从事一些简单的金融业务，如保险中车险、意外险，券商中传统经纪业务等，很可能利用其更大的平台占据较大的市场份额。

1.3.4　互联网金融业的发展趋势

以互联网为代表的现代信息科技，特别是移动支付、社交网络以及搜索引擎和云计算等，将对人类的金融模式产生了根本影响。在全球范围内，已经可以看到三个重要趋势。

1．移动支付成为主流

随着移动通信设备的渗透率超过正规金融机构的网点或自助设备，以及移动通信、互联网和金融的结合。2013 年的全球移动支付总金额为 2350 亿美元，预计未来 5 年将以年均 40% 以上的速度增长，2016 年将达到 6000 亿美元以上。对于国内市场来说，2013 年移动支付交易规模超过 630 亿元人民币。

·专家提醒

> 在肯尼亚，手机支付系统 M-Pesa 的汇款业务已超过其国内所有金融机构的总和，而且延伸到存贷款等基本金融服务，而且不是由商业银行运营。

2．网络借贷更加方便

网络贷款的发展背景是正规金融机构一直未能有效解决中小企业融资难的问题，而现代信息技术大幅降低了信息不对称和交易成本，使 P2P、P2C 等贷款方式在商业上成为可能。

3．众筹融资成为方向

从已经出现的股权制众筹来看，众筹与股票已经有许多类似之处。但从风险的角度出发，众筹融资还需要赶很长一段路才能追上证券市场，两者风险管理有较大差异，如图1-4所示。

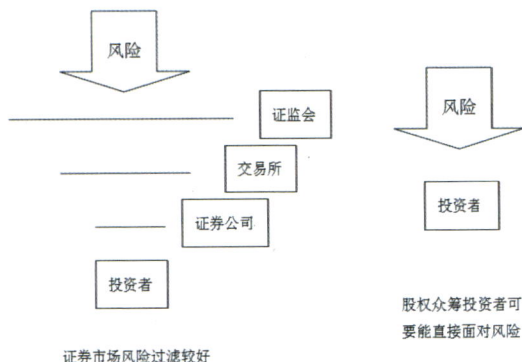

图1-4　证券与股权众筹的风险过滤

1.3.5　对传统金融业产生的影响

在全球化发展、电子信息技术日新月异、移动互联网兴起的今天，互联网金融的发展呈现出五大趋势，并将对传统金融行业产生根本性影响。

1．支付产业链持续完善

从目前的发展趋势来看，移动化与自金融将成为主要发展方向。随着当前第三方线下支付的迅速发展，第三方支付企业将更加重视与线下支付的融合发展，未来线上线下支付工具的融合将进一步增强。

移动支付在未来将成为手机继通信、娱乐、办公等功能之外的另一个重要功能。未来会有更多的第三方支付企业全力进军信息化金融业务，致力于更多、更快、更好以及更省地帮助企业"搬运"资金。从互联网金融的属性来看，移动支付会优先选择以下行业。

- 信息化程度高的行业，如互联网和电子商务等。
- 商旅、保险、物流行业等。
- 高端规模化制造业以及大型农业等也将有机会介入移动化与自金融。

2．带动 P2P 行业蓬勃发展

信用体系建设是互联网金融行业机制创新的重要组成部分，随着未来信用体系的逐步完善，可以借助 P2P 阳光透明的借贷程序，积极推动 P2P 行业蓬勃发展，对抵制高利贷、扶持创业起到非常积极的促进作用。同时，P2P 行业可以推动监管部门从防范转为鼓励，给民间借贷一个良好的发展方向。

3．互联网银行将迅速兴起

互联网银行是依托互联网的发展而兴起的一种新型银行服务手段，它借助互联网遍布全球的地理优势及其不间断运行、信息传递快捷方便的时间优势，突破传统银行的局限性，利用 Internet 技术为客户提供信息查询、对账、网上支付、资金转账、信贷、投资理财等金融服务。互联网银行的发展，也是配合国家经济发展的必然结果。目前，网络银行存在以下两种典型的发展模式。

- 完全建立在互联网上的虚拟银行，没有实体的分支机构，如美国安全第一互联网银行 (SFNB)、Gobank 等。
- 在传统银行基础上，将银行业务拓展到互联网上完成，从而使得有限的营业网点通过互联网延伸到无限的客户中去。这是目前大多数互联网银行所采取的模式，是现有商业银行更加保守的发展方式。

·专家提醒

互联网银行并不会依托传统银行"以钱生钱"的经营优势，而是凭借其周边电商网站、社交网络、物联网为应用核心，生成用户信息、偏好、消费和行为习惯等数据，通过数据挖掘识别需求、管理风险、设计金融产品，并通过信贷产品创新、支付创新、业务创新等探索更多参与互联网金融的路径。

4．企业金融向产业链金融过渡

互联网金融可以基于现有企业供应链金融基础，改变传统的企业金融视角，从产业链金融视角出发，针对小微企业所处的产业链进行整体开发，提供全面金融解决方案，进一步解决小微企业金融服务的"三难"问题。相对于企业金融，未来产业链金融模式将向两个维度进行扩展。

- 服务对象从核心企业扩展到产业链上的相关方，包括供应商、制造商、分销商、零售商直到最终用户。
- 所提供的产品服务，从一种或多种产品扩展到全面的金融产品，如票据及

其衍生产品、贷款融资及其关联产品、结算、托管、现金管理等，同时还包括其他增值服务，如交易撮合、管理咨询、技术咨询等。这就使营销、调查、审批、放款、贷后管理、不良清收等各个环节的工作都实现了批量化处理，极大地节约了经营成本。

5．有望打造一体化服务品牌

目前，我国形成了与互联网金融相关联的创新性金融机构和科技中介机构集聚态势，一大批银行、投资机构、保险公司、证券公司、信托公司、担保机构、小额贷款机构、资产管理公司、金融租赁公司、律师事务所、会计师事务所、资产评估事务所、信用中介机构、知识产权中介机构、产权交易机构等金融机构和科技中介机构正在逐步设立和发展。

基于目前态势，伴随着互联网技术的日益成熟和网络的便捷，未来互联网金融客户需要的是将所有相关业务融为一体的全面综合服务。因此，未来必将会打造出整体的互联网金融服务平台，同时为了使客户能有多样化的产品选择，非金融机构也必将加快重组、兼并的步伐，充分吸收和融合相关资源，从而不断丰富互联网金融产品，打造一体化的服务平台，丰富互联网金融生态圈。

1.3.6　从机构视角全面分析金融体系

如果说仅仅从功能来分析互联网金融的影响是不够客观的，那么从金融机构的视角来看，由于金融机构的现有制度框架是既定的，因此在中、短期内互联网金融更符合现实，也更具有实践的指导意义。

·专家提醒

从金融机构出发来审视互联网金融体系的影响是一种更传统的观点。在这一视角下，现存的金融市场活动主体及金融组织都是既定的。这种既定，多是历史演进的结果，并常常还有与之相配套的法律和法规来进行规范和管理。

从机构的角度去看，传统的金融机构（特别是银行）具有较强的特殊性，说其特殊，不仅是相对于一般企业，与绝大多数非银行金融机构相比银行同样有特殊性。大致说来，银行的特殊性体现在以下三个方面。

- 货币创造功能。在信用货币体制下，商业银行的负债（各类存款）是一国货币的重要组成部分，甚至是最主要的组成部分。
- 受法律认可的部分准备金制度。在早期，银行履行的只是一种保管义务，仅仅是保证寄存人总是能等质等量地得到所存物品（即货币存款）。但经过实践，银行家发现，在客户存取的过程中，总会有一定的货币沉淀，故而开始将闲置货币借出以获取更大的利益。
- 现代中央银行制度弥补了银行业固有的流动性缺陷。中央银行充当"银行的银行"，为银行以及金融体系提供最后的流动性支持，已成为各国中央银行一个重要的职责。中央银行的隐含支持，不仅直接降低了流动性风险，更重要的是改善了人们对银行流动性风险的预期，这极大地促进了银行业的稳定与发展。在另一方面，也使银行获得了比其他主体更高的信用，为银行负债演进为广泛接受的支付工具提供了有力的支撑。

• 专 家 提 醒

　　法律对部分准备金制度的认可，虽然为银行业提供了巨大的发展空间，但由于客户存取的不确定性，以及存、贷款期限的不完全匹配，银行经营始终面临一个根本性缺陷，即流动性风险。

　　在早期，为出现问题的银行提供流动性以及解决相关危机，大都由市场自发解决。如美联储诞生之前，摩根就曾在银行流动性危机中充当过"最后贷款人"的角色。但随着金融体系规模不断扩大，以及大银行自身的稳定性问题，由私人机构充当最终流动性提供者的做法难以适应情势发展，使得公共部门（中央银行）的介入成为必然。

　　综上所述，可以看出现代银行业的一些基本功能，即融资、支付结算和货币创造等。在商业银行所具有的这些功能中，除货币创造外，其他功能都会面临互联网金融的挑战，如支付、转账、借贷、理财等。

　　事实上，还不只是互联网金融，各类机构（包括非银行金融机构和非金融机构）利用各种金融工具创新，对传统商业银行的相关业务早已产生非常大的冲击，并由此推动了银行业的转型。总的来说，从机构视角可以得出互联网金融的发展及其对货币金融理论可能产生的影响有以下几点。

1．推动金融体系的发展

凭借信息处理和组织模式方面的优势，互联网金融在多数金融功能的发挥上较传统金融更加有效率，交易成本和风险成本可能都会更低。由此也可以大大拓展金融服务的覆盖范围，这对推动金融体系的竞争与发展，有着相当积极的作用。

与其他主体相比，传统金融机构有相当的特殊性（主要是货币创造功能和在支付结算体系中的重要性），这些特殊性是多种因素长期演进的结果，同时也受到了现行法律制度的认可和监管。

·专家提醒

> 互联网金融是否能在这些领域取得突破，不仅在于其技术有多先进，还取决于社会的认可与接受程度，更取决于监管者的态度，这些在短期内都是难以实现的事情。

2．促进金融体系的融合

互联网金融与传统金融并不一定是一种纯粹的竞争关系，二者之间有很大的融合空间，具体体现在以下两个方面。

- 传统金融机构可以吸收、应用互联网金融的技术和组织模式，以实现自身的转型与调整。
- 互联网金融公司与传统金融机构的合作，也可以进一步提升自身的服务能力和服务效率。

3．改进金融的调控手段

互联网金融是更接近金融市场的一种服务模式，其发展与壮大有助于直接融资占比的提高和金融结构的优化。但是从政府的角度来看，这或许意味着其宏观调控的能力遭到了削弱，具体体现在以下两个方面。

- 随着互联网支付的日益广泛，货币流动性与以往可能会有所不同。
- 互联网金融机构的融资交易基本游离在金融管控之外，这对传统的数量调控方式形成了挑战。

面对这些变化，宏观调控者需要有更深入的研究，一方面应合理评估互联网金融发展的潜在影响及可能的风险，对其发展进行合理的引导；另一方面，应积极适应趋势性变化，树立市场化的理念，优化宏观调控手段，为互联网金融及整个金融体系的创新与发展创造更为宽松的政策环境。

1.4 移动金融，互联网金融移动化趋势

随着移动智能终端的普及，特别是苹果公司的 iPad、iPhone 等产品的普及以及 Android 开放系统的崛起，颠覆了传统的移动终端市场格局。技术的进步带来了更智能化的操作和更优秀的用户体验，降低了移动渠道产品价值的传递成本，从而激发出大量的市场需求。

金融业是所有产业中收益最高也是对市场反应最敏感的产业，对于金融信息化的建设一直是国内外广大金融公司投资的重中之重。

提升内部效率，降低沟通成本，同时提供更多的渠道来服务金融客户是金融信息化的根本出发点。而移动金融正是新时期移动互联网时代金融信息化发展的必然趋势。

1.4.1 移动金融的概念

移动金融即移动互联网金融，是传统金融行业与移动互联网相结合的新兴领域。移动互联网金融与传统金融服务业采用的媒介不同，移动互联网金融以智能手机、平板电脑和无线 POS 机等各类移动设备为工具，使得传统金融业务具备透明度更强、参与度更高、协作性更好、中间成本更低、操作上更便捷等一系列特征。

理论上任何涉及广义金融的互联网应用，都应该是互联网金融，包括但是不限于为第三方支付、在线理财产品的销售、信用评价审核、金融中介、金融电子商务等模式。

从上述内容可以看出，移动互联网金融具有以下特点。

1．通过移动终端操作

这里的移动终端包括智能手机、平板电脑等各类移动设备。

2．具有金融解决方案

例如，用"余额宝"购买理财产品，就是一种金融解决方案；将"余额宝"里面的钱转出来购物，也是一种金融解决方案。

综上所述，移动金融就是指使用移动智能终端（包括各类智能手机、平板电脑等）处理金融业务的解决方案。

1.4.2　移动金融的分类

　　银行业是金融行业中的基石，因此要讲解移动互联网金融服务的内容，必须以银行的服务内容为例。而其他的金融机构，或者网络金融服务类型，都与其大同小异。

　　银行业的移动金融建设按照服务的用户群可以分为：服务于企业内部的应用和服务于外部的产品应用。

1．服务于企业内部的应用

　　常见的移动办公就属于典型的企业应用，该类应用的核心价值在于提高企业内部的工作效率、降低企业运营成本，为企业提供更方便的业务流程，帮助企业员工实现更高的效益。目前常见的银行内部应用类型有以下 5 项。

- 移动营销。
- 移动 CRM(移动客户关系管理)。
- 移动办公。
- 移动数据报表 (管理驾驶舱)。
- 移动信贷。

2．服务于外部的产品应用

　　移动银行是最常见的银行提供的对外服务的移动产品。该类应用的核心价值在于增加银行的服务渠道，不但大大降低了传统渠道的成本，还可以带来新的收益。另外通过外部渠道还可以整合其他行业的资源，利用移动智能终端极大地增加用户的随身性、便捷性的边际效益。目前常见的银行外部产品应用类型有以下 4 项。

- 移动银行。
- 移动掌上生活。
- 移动理财投资。
- 移动支付。

1.4.3　移动金融的作用

　　上述 3 个小节分别对移动互联网金融的概念、各界对移动互联网金融的理解，以及目前移动互联网金融业务的分类等内容进行了详细的讲解。接下来将对移动

互联网金融进行概括性分析。

1. 未来社会将呈现出移动化趋势

信息通信技术能够提高生产力，促进经济增长，创造就业机会，并改善全民生活质量。

纵观信息通信技术的发展历程，从 1G 模拟信号技术到 2GGSM、3GWCDMA，再到 4GLTE，数据传输速度平均每三年翻一倍。信息技术正在深刻地改变着人们的生活。人类社会在信息通信技术的影响下，正出现以下发展趋势。

- 未来社会是宽带社会。整个社会的信息量不断增加，海量数据成为发展趋势，大数据、云计算等面向海量数据的信息处理模式应运而生。通过对海量数据的挖掘，人们开始获得更为丰富的信息，极大地提升了人们的决策力和行动力。

- 未来社会是移动社会。随着移动通信技术和互联网技术的迅速发展，移动网络变得更加发达。智能手机替代计算机，成为人们沟通、生活娱乐和信息处理所依赖的主要工具。

- 未来社会是移动宽带的社会。通过参加以互联网技术和移动通信技术为支撑的信息社交网络，可以每时每刻生活在另一个与现实世界并行的虚拟世界。同时，人们在虚拟世界的活动反过来又会对现实世界的衣食住行产生深刻影响。

2. 移动金融是互联网金融的重要组成

进入 21 世纪以来，互联网的发展呈现浩荡之势。互联网在社会经济发展中起着支柱作用，已经沉淀为基础设施行业。在国际电信联盟树立的"互联互通、普惠服务"的原则下，互联网对增进社会福利、改善民生起到了重要作用。

随着个人电脑的普及，传统互联网的发展也面临着瓶颈，客户覆盖面已经逐步达到上限。个人电脑的缺点是不能移动或者移动性有限，与人们随时随地享受金融服务的需求不相适应。

因此，以网银为代表的传统互联网服务面临着挑战和突破的要求。

移动互联网是对传统互联网的升级，成长空间巨大。传统电子商务和移动互联网结合产生了移动金融新型服务模式。移动金融突破了桌面互联网在时间和空间上的局限性，使人们能够随时随地享受优质的金融服务。

目前，手机已超越台式电脑成为第一大上网终端。这显示了随着手机网民比例不断上升，手机已经取代电脑，成为人们上网的最常用设备。智能手机已经成

为人们 24 小时的随身装备，成为现代信息社会生活方式的最重要特征。从增长的速度和发展前景看，移动金融的增长速度远远超过网银的增长速度。

移动金融的服务内涵不断丰富，在金融服务和生活服务的覆盖能力上，将全面超越桌面互联网时代的网银服务。重力感应、二维码识别、手机定位等移动新技术不断融入金融业务。手机购物、手机支付等新型服务手段不断出现，极大方便了客户随时随地享受智能的、信息化的金融服务，这是传统互联网金融服务所无法企及的。移动金融已成为互联网金融皇冠上的璀璨明珠。

3. 移动金融对商业银行影响深刻

20 世纪末，比尔·盖茨曾经预言，传统商业银行是 21 世纪行将灭亡的恐龙。然而，经过历史和实践的检验证实，商业银行总能够在科学技术的演进中不断地适应变化，在变革中发展壮大。商业银行适应环境的精髓在于，绝不抗拒技术的变革，而是通过对新技术的吸收和运用，不断创新产品和服务，从而每每能够在复杂历史背景和社会政治环境中立于不败之地。

随着电脑转向智能手机，电子商务转向移动电子商务，技术变革每时每刻都在发生。商业银行也要不断自我革命，过去是以网银革命实体网点，现在要以移动金融来革命传统网银。

大数据、移动通信网络、云计算和社交网络等新型互联网技术成为推动移动金融发展的科技力量。

大数据提供了新的信息处理手段。大数据的主要特点是，数据容量巨大、数据类型众多、数据的处理速度更快。大数据处理模式能使商业银行更好地了解客户、更好地把握客户的需求。

移动通信网络提供了新的服务渠道，突破了原有的 8 小时服务时间、突破了网点的地理限制，形成了 24 小时全天候在线、全球范围直通的新型客户服务渠道。

云计算提供了新的技术资源使用方式。云计算采用了科学化的资源共享、支持和管理方式，提供了更高效的数据存储和分析处理能力。各种网络社交平台则提供了新的客户互动方式。以互联网为载体的虚拟社交网络涵盖以人类社交为核心的所有网络服务形式，形成相互沟通，相互参与的互动平台。这些社交网络平台提供了商业银行与客户沟通的新渠道，以及产品与服务的发布平台。

移动金融模式融合大数据、移动通信网络、云计算和社交网络等信息科技手段，将带来革命性的、巨大的竞争优势。

• 专家提醒

> 移动金融对传统服务模式的冲击，主要体现在割断营业机构和客户之间的关系，减少客户对商业银行的黏性和依赖程度，具体体现在三个方面：第一个是支付、第二个是信用、第三个是渠道。这三个方面的变革对商业银行经营模式的影响是巨大的。

1.4.4　移动金融的影响

面对科技的飞速发展，商业银行继续走传统经营模式的老路已不可行，唯一可行的应对方式就是顺应信息通信技术发展趋势，对传统服务模式进行一场变革。

1. 业务模式的变革

从业务的四分法来看，网银业务已成为现金流业务，其增速已经从快速增长转变为平稳增长。移动金融已成为增长速度最快的明星业务。从"双十一"网络购物的情况也可以得到印证：传统电子商务的增速在 80% 左右，而移动电子商务的增速达 500%。商业银行应从网银等现金流业务中收割利润，并将资源投入到移动金融新业务上来，将服务客户的主战场逐步从桌面电脑转到手机终端上来。

2. 盈利模式的创新

商业银行应用通信技术，通过移动通信网络提供金融服务，形成低成本、高效率的新型盈利模式。新型盈利模式的特点是边际成本低，且随着客户的增多成本会更低。只有摆脱传统实体网点的高成本经营模式，商业银行才能有力对抗第三方支付等新型竞争者。

3. 更关注客户需求

电子商务用户、手机族群等新型客户群体的重要性正在不断上升，手机已经替代电脑成为人们上网的首要工具。商业银行应关注新型客户的需求特点，向这类客户提供定制化、综合化的金融服务。

4. 渠道体系的改变

要把银行建在社区，通过建立布局全国的网点体系，使社区银行网点成为客户"身边的银行"；要把银行建在网上，使网银成为客户通过桌面电脑获取金融服务的窗口；要把银行建在手机上，使人们随时随地通过智能手机和移动通信网

络获取金融服务。商业银行也将成为"水泥银行"加"鼠标银行"加"指尖银行"的综合体。

5. 发挥自身的优势

随着第三方支付、网络小贷公司等互联网企业不断进入金融服务领域，商业银行的业务空间也在不断受到挤压。商业银行在借鉴互联网企业的经营机制灵活、技术更新快等优点的同时，也要注重发挥自身优势。商业银行已经建立起一整套比较完善的风险控制体系，拥有非常优秀的风险文化，积累了良好的商业信誉。在理财产品的创设和信用风险的控制等方面，商业银行有着核心优势和能力。

6. 推动金融普惠化

通过面向广大农村和边远地区用户提供普惠服务，商业银行能够有效拓展金字塔底层市场。商业银行传统上主要面对高端客户群提供金融服务，这主要是受限于服务的技术手段不足，以及实体网点的地理范围限制。通过建立移动金融新型服务模式，商业银行服务覆盖的地理范围和潜在客户群体也扩大了成百上千倍，为商业银行未来的发展提供了广阔的想象力和空间。

7. 商业模式的创新

随着移动智能终端4G的启用及移动转售业务的开展，移动互联网用户规模将继续扩大，其中高速网络用户将保持快速增长，为移动互联网金融的规模化发展提供有利条件。

对于商业银行而言，借助移动互联网的飞速发展，要大力发展"手机＋金融"的模式，将更丰富、更全面的银行服务搭载到手机上，通过手机将银行的业务与客户的应用场景更有机地连接在一起。

移动互联网金融的蓬勃发展为商业银行带来了机会，同时也带来了风险。余额宝、理财通等第三方企业推出的移动互联网金融产品直接与商业银行展开了竞争，商业银行如何基于移动互联网进行金融创新，因客户需求而变，成为未来可持续发展的关键。招商银行"一闪通"不仅实现了移动金融领域的重大产品创新，也实现了移动金融行业商业模式的创新，对整个移动金融全产业链的发展具有较强的示范意义。

例如，招行发布的"一闪通"就是支付组织银联、全球芯片厂商恩智浦、手机厂商OPPO、华为、三星等移动金融产业链各方通力合作的创新成果。其产品模式、商业模式将对移动金融产业链形成较强的示范效应，同时也增强了国内商业银行不断探索金融创新和应对移动互联网挑战的信心。

8. 发展路径的整合

1) 移动端的开发与运营

移动互联网金融的"终端"由手机银行、手机钱包代表的 App 构成，它是实现移动化、碎片化、便捷化金融服务的前提保障。根据 eMarketer 的最新研究报告，未来几年中国将成为智能机份额增长的主要推动力。

同时，根据中国工信部发布的最新数据显示，移动语音业务量持续下降，移动短信业务量和收入降幅持续扩大，反观移动互联网接入流量和户均流量，都呈快速增长趋势。特别是在非语音业务收入中，移动数据业务增长贡献超过 150%。

从以上两个部分研究数据可以看出，未来中国智能手机用户将持续增加，而且手机上网量也将持续大幅度攀升，这无疑为商业银行打造移动"端"提供了有利条件，商业银行要做的就是不断优化移动端应用、增加活跃用户数。

2) 基于移动端的服务改善与提升

一方面，商业银行应持续完善移动端的功能，逐渐实现从移动端的查询、转账等简单功能，到理财产品购买、业务办理的全环节支持。如招商银行"一闪通"，除了移动支付功能，还集成了银行卡的所有功能，实现了"万千金融事、手机轻松办"，为客户提供了便捷、安全的体验。

另一方面，移动 App 的页面受限于移动终端屏幕尺寸及用户使用时间的碎片化，在功能迁移时面临着使用便捷性与业务功能完整性的冲突，需要进行有效整合。比如，移动端与电脑端业务功能合理分工、各有侧重；开发不同的 App 承担不同产品的业务功能，招行除了"一卡通"App 外，还开发了侧重消费娱乐功能的"信用卡"客户端；与第三方平台合作开展金融产品销售、业务办理等。

3) 基于移动互联网的创新性金融产品

随着移动"端"与服务的持续完善，基于移动互联网的创新性金融产品将呈现爆发的增长态势，并迅速形成可观规模。招行"一闪通"正是在这个时代背景下应运而生，开启了银行无卡化时代，领跑移动金融行业。商业银行具有传统的金融优势，但在移动互联网金融的冲击下必须要重视技术力量、加大创新力度，开发出更好的移动互联网金融产品，为广大客户提供更卓越的用户体验，同时实现自身的可持续发展。

• 专 家 提 醒

> 移动互联网金融是大势所趋，面对机遇与挑战，商业银行需要不断创新产品、服务，不断为客户提供更好更优质的体验，从而实现自身的可持续发展。

1.4.5　移动金融的创业方向

在 2015 年年初，先是最大的 P2P 平台红岭创投被曝出坏账，之后，陆金所也"摊上大事"，被曝旗下子公司有近 2.5 亿元坏账，资本开始在这个领域不再像去年一样热闹非凡。

这样的情形就像是一次世界大战，第一战场的战火无论是巨头还是新晋玩家，均已表现疲态，无论是结盟还是消灭，"拉锯战"让各个玩家都纷纷思量第二战场。这个时候，所谓的移动金融正嫁接移动设备的普及和全球移动支付的迅速增长，悄然开辟了第二战场。据 Statista 机构预计，在 2013 年至 2017 年，移动支付市场将以年复合增长率 32.3% 的速度增长，预计在 2017 年达 7010 亿美元。

与此同时，移动支付逐渐将视线转移到线下。各方意欲抢夺比线上更加庞大的线下市场。线下市场，后续将为移动支付带来更大的空间。

在纵向金融领域，移动互联网逐渐与金融有机融合，创造出诸如移动支付、移动理财基金、移动银行、移动证券、移动保险、移动彩票售卖和移动增值业务等。

从横向看，移动支付从线上转移到线下，从之前的网上购物，到水果店的扫码送苹果，移动金融领域的支付已是鏖战的红海，但从纵向看，移动银行、移动保险等还是一片蓝海。

综合各方面，可以总结出，创业者在移动互联网金融上，还是有事可做的。

1. 抢占移动支付市场

传统线下的 POS 刷卡器的硬件无论是购买，还是租赁，成本都不低。这给其他便宜的硬件终端发展的机会。

这其中有拉卡拉、钱方等，但是中国的商业结构，除了百货商场，还有零售餐饮，还有街边店等，只要你看中一个细分市场，并把它做深，就有赚钱的机会。

2. 服务移动金融机构

为金融机构、商户和消费提供借记卡、信用卡、智能卡等的硬件、软件服务。

创业举例：现在不少金融企业都有微信服务号，这需要很多软件技术对接。不少小的创业公司，已经在开发这类软件，日进斗金。

3．瞄准金融游商机会

比如，帮助百货商店推出适合商家进行移动支付的服务，推动更多移动金融的创新。

对于保险等游商来说，有了移动金融的终端，可以提升客户服务率。而现在保险的游商机会也刚刚开始。

4．移动支付发展创新

在国外，移动支付会有两笔费用，一种是一次性购买硬件终端的费用，另一种是每笔的交易费用。

Square 是 2.75% 左右，其他的移动支付工具，除了硬件的固定成本之外，费率在 1.9% ~ 2.7%。这对中国的费率来说，是比较高的。

而目前，移动支付市场的各种竞争，都会拉低，移动支付的费率，未来很有可能达到 1%。而针对各个细分市场，费率也将更加灵活。

5．移动金融小型门户

大智慧、同花顺、腾讯自选股等都在琢磨如何将 5000 多万的炒股用户在移动端上一网打尽。现在，这三家平台的日活跃用户量在几十万到几百万，还有更大的成长空间。

铜板街、挖财、Wecash 等，都通过 App、微信服务号，切入基金、记账、移动授信取现等业务来笼络小型用户。

6．移动安全的机会大

腾讯、360、百度这三家大公司已经将安全当作战略级的产品来做，三家竞争激烈。而移动支付上的安全性才起步，很多技术需要去完善，这是一次机会。

7．金融产品创意设计

在金融产品的设计上，将结合游戏的因素，让金融产品更有创意，从而激发用户的使用欲望。

比如，博彩性的产品设计。依据地理位置搜集相关数据，对用户进行形象素描，在消费、贷款、投资理财等各个方面，都可以给出相关的方案。

8．移动金融营销思维

互联网金融将让原先专业的投资人，转向了普通的大众。大众型的产品，机

会自然多。这其中，采用互联网的思维来做营销会产生更多的机会。

9．商业模式上的创新

目前，银行理财有较高的理财门槛，通常是 5 万元、10 万元起步，一般的客户无法购买。而基金、保险等细分领域对银行渠道、移动互联网也有强烈的要求。所以，刚开始，铜板街、挖财等移动渠道往往是销售基金类的产品。

但基金的行业规模比较小，适合在移动互联网渠道发行的基金产品大部分都是简单、标准化的基金产品，佣金很低。目前，基金的规模在 3 万亿元，与银行理财 10 多万亿相比，占比小。

10．企业移动化新模式

与个人级市场相比，企业级的市场转换慢，但其实水比较深。企业的理财平台也会发生变化，企业级的交易需要有数据，才能做到精准销售。

那些 PE、VC，投资顾问也将因为移动互联网，创新自己的商业模式。未来，路演、看项目，都会在移动上创出新模式。

例如，用友在通过移动端帮助传统企业转型的同时，也接入了支付环节，对未来做移动互联网金融十分有利。

• 专 家 提 醒

传统金融现在对互联网金融的抵制越来越浓，甚至各银行联合抵制，通过向政策层施压来阻碍互联网金融的创新。在短期内，移动互联网金融也需要抱团取暖。

理财产品，获取高标准的投资收益

第2章

学前提示

随着互联网金融的火热发展，互联网理财产品慢慢地发生了改变：货币基金成为一种低门槛而且可以随时随地进行投资的产品。人们通过购买不同的理财产品，可以获得不同标准的投资收益。本章将全面剖析互联网理财产品。

理财产品，获取高标准的投资收益

- 风云之变，理财产品的互联网化
- 解析市场，互联网理财产品介绍
- 产品投资，获得高收益并不容易
- 紧跟时代，银行互联网理财产品

2.1 风云之变，理财产品的互联网化

从广义上来说，通过互联网渠道销售的理财产品都可以认为是互联网理财产品，不过许多理财产品并不符合互联网的精神。因此，产生了本节所述的狭义上的互联网理财产品。

2.1.1 理财产品的方向与趋势

从目前越来越多的数据来看，未来基金公司的生存发展，必然要依赖阿里巴巴、腾讯、百度这样的平台。

这是因为，类似这样的平台网站，掌握了大量的用户信息，通过对这些数据的分析，可以很好地判断用户的违约概率，进而促进小额贷款、信用卡等业务的开展。

在大数据的支持下，网络公司要比传统金融公司更了解客户的需求，而理财产品是必须要根据客户需求来制定的。也就是说，理财产品的发展方向应根据大数据统计的结果来制定。

2.1.2 互联网理财产品的概念

传统理财产品是商业银行与金融机构合作发行，将募集到的资金根据产品合同约定投入相关金融市场，获取投资收益后，根据合同约定分配给投资者的一类理财产品。

互联网理财产品是去掉银行这个中介，通过互联网，让投资者的资金直接汇集到金融机构。理财产品的投资项目有多种，包括股权投资、债权投资、信托贷款、证券投资、组合投资以及权益投资和另类型投资。但从目前的实际情况来看，能够被互联网金融接受的理财产品，只有低风险的投资项目。

无论是阿里巴巴集团的余额宝、百度推出的"百发"，还是腾讯的理财通、现金宝，都是与货币基金合作推出的产品。因此，互联网新型理财产品可以看作是"第三方支付软件＋货币基金"。

2.1.3 互联网理财产品门槛低

传统银行或多或少有些"嫌贫爱富"的现象，小微金融是脏活累活。大企业做一个大单比小微企业做上百单都赚得多，银行做小微金融是投入产出比效率很低的业务。一些银行甚至规定，账号里低于一定钱数，将向账户收取管理费。同时，银行理财的购买起点往往也以万元计算，而草根用户往往并没有足够的可支配收入去购买理财产品。

但是，草根用户的资金不足，并不代表他们没有理财意愿。尽管草根用户投入的资金较小，但积少成多，所有草根投入的资金总额也是个不小的数字。事实上，公募基金行业一直期望挖掘草根用户，但只有互联网理财产品才能找到突破口。

余额宝自 2013 年 6 月 13 日上线以来，其规模一直处于急剧膨胀之中。6 月底，用户突破 250 万户；8 月中旬，规模超过 200 亿元；三季度末规模更是超过 500 亿元。这样的成绩令公募基金界为之震惊。余额宝的成功，实际上是与互联网开放、服务草根密不可分，这种从小微金融入手的方式，获得了市场的高度认可。

以阿里巴巴的成功为例，网购平台网站之所以能在互联网金融行业做到如此成功，其原因如下。

- 阿里巴巴对互联网的理解相对传统金融机构更深。同时，阿里巴巴的用户基数巨大，支付宝内沉淀资金量很高。
- 投资门槛低。余额宝客户定位于"月光族""小白"客户，掀起 1 元起卖的"草根理财盛宴"，并且通过手机支付宝钱包，可以随时随地进行理财。
- 购买手续简单。传统基金公司尽管有的产品申购金额较低，但烦琐的开户流程阻碍了潜在客户的开户意愿，而余额宝免去了用户开户的麻烦，不需要填表、打钩等，只需在支付宝账户里单击"转入"即可购买余额宝，便利性更佳。
- 合作方的选择。与余额宝合作的并不是大牌基金公司，而是一家不太出名的基金公司——天弘基金。其高管也曾表示："小公司走基金公司的老路等于慢性自杀。穷则思变，正是因为公司小，才有魄力将公司全身心投入到互联网金融中。"

39

·专家提醒

有数据显示，2013 年，天猫以 50% 以上的市场份额位居 B2C 网络交易榜首，阿里巴巴在 B2B 方面以 40% 以上的市场份额位居第一，淘宝集市则在 C2C 方面占据整个市场的 90% 以上。

2.1.4　互联网理财产品的本质

由于互联网理财产品的背后是货币基金，因此了解货币基金才能真正了解互联网理财产品，具体内容如下。

- 风险方面。货币基金是流动性强、风险极低的现金管理工具，主要投资于债券、票据、定期存款等低风险产品。
- 预期收益率。7 日年化收益率是货币基金的一个数据指标，但这个指标只能代表基金的历史，并不代表未来收益，且这个指标短期内甚至可以操纵 10% 以上，只有长期稳定的 7 日年化收益率才有参考价值。
- 实际收益。近年来，货币基金中年化收益最高的基金收益率也才 4.85%。货币基金更多是用来代替活期存款，并不是一个高收益的投资工具。
- 挑选方式。由于货币基金中投资方向是低风险产品，因此规模越大的货币基金议价能力越强，更容易产生高收益。

2.1.5　货币基金行业发展现状

就目前的货币基金行业来看，整体运作情况还是不错的，其风险与银行存款类似，但收益比一年定存要高许多，如表 2-1 所示。

表 2-1　2014 年 1 月回报率最高的 20 只货币基金

基金名称	月回报率 /%	年化收益率 /%
华夏财富宝	0.5816	6.8483
民生现金宝	0.5765	6.7875
广发天天红	0.5688	6.6967
易方达易理财	0.5601	6.5943
嘉实活期宝	0.5521	6.5010
银行银富货币 A	0.5511	6.4884
中加货币 A	0.5502	6.4785
汇添富现金宝	0.5408	6.3680
天弘增利宝	0.5384	6.3392
华夏现金 A/E	0.5238	6.1672
南方现金增利 A	0.5235	6.1641
广发场内货币 A	0.5207	6.1308
华宝添益	0.5154	6.0684
易方达天天 A	0.5096	6.0002

续表

基金名称	月回报率 /%	年化收益率 /%
安信现金管理 A	0.5083	5.9853
诚信货币 A	0.5078	5.9790
农银货币 A	0.5055	5.9518
华泰伯瑞货币 A	0.5040	5.9346
大成现金增利 A	0.5017	5.9067
国富日日收益 A	0.5002	5.8895

由表 2-1 可以看出，排名前二十的货币基金的年化收益率基本都能达到 6% 以上，但这是根据一个月的收益率估算的结果，实际一年的收益很难保持在 6% 以上。同时，在 200 多只货币基金中，也有不少亏损的。

其实在基金行业里，将短期收益作高是很容易的，但是会增加长期的风险。在保障基金流动性和安全性的前提下，合理稳定的收益才是货币基金应该追求的方向，而不是追求高收益高排名。

因此，大家应该正确看待互联网理财产品，正确看待货币基金，不被网络上的夸张宣传所吸引，不进行盲目投资。

2.1.6　货币基金行业注意事项

货币基金是绝佳的现金管理工具，跟活期存款、短期定期存款等产品一起可作为大部分普通投资者的现金管理工具。以余额宝为代表的"T+0"、日复利创新，基本上已经取代了活期存款和短期定期存款。

但是，对于普通投资者而言，如果不了解现金管理背后的现金使用行为和投资，就会出现以下几个误区。

1．存过多钱在货币基金里

货币基金一般年收益率为 3% ~ 5%，仅用来现金管理，由于具备极强的流动性，因此收益不会太高。大众更多的钱应该用来投资在其他投资工具上，如银行理财产品、国债、基金以及 P2P 借贷和股票等。各种投资工具各有优劣，根据个人情况自行学习选择。

根据个人资产情况和现金使用情况，拿出部分钱放在货币基金里应付日常开支即可。剩余的钱应该放在其他投资工具中，投资理财是一生都应该学习的知识。如图 2-1 所示，为笔者建议个人资产投资的比例。

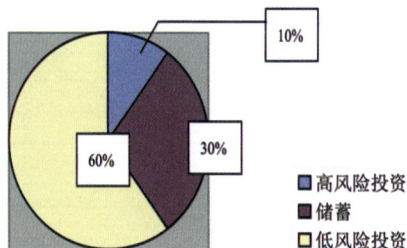

图 2-1 个人资产投资比例

高风险投资是指 DQII 型基金、期货等，应占个人总资产的 10%。储蓄的资金用作日常开销，可视个人、家庭情况而定。若个人、家庭开销较小，可将更多的资金用作风险投资。低风险投资是指债券、货币型基金等基本可以保本的投资项目。

·专家提醒

　　一些投资工具没有绝对的风险评级，它与投资者的操作方式有关。如在股票投资中，若投资者操作过于激进，则风险极高；若投资者操作十分保守，则可当作低风险的投资工具。

2．目光短浅只看得到收益

一些投资者了解到货币基金的低风险后，觉得相对于储蓄的低收益是十分值得投资的，因此将自己全部的资金都投入到货币基金中，而忽略了资金流动性的问题。

大众日常现金支出最常见的场景即每月固定的信用卡还款，尤其对于多卡族而言每月几个固定时间点（信用卡最后还款日）会发生大笔资金支出。因此，购买货币基金还需要考虑平台是否方便信用卡还款。此外，水电费、固话费、宽带费、物业费等日常生活支出，最终资金流出的源头都是货币基金账户。

不过，余额宝却能够很好地解决传统基金投资资金的流动性问题，余额宝内的资金甚至可以直接用来网购。正因为如此，余额宝才能获得巨大成功。

3．频繁地更换存钱的平台

如果投资者只有少量钱可用于投资货币基金，那么余额宝、理财通这样的投资工具就是最佳的选择。投资者一旦选择了某一平台后，无论其收益与其他平台相比是高还是低，都不应"跳槽"，应把更多的时间花在其他投资工具的研究、使用上。但是如果投资者大部分钱都放在货币基金里，那么就有必要挑选一只优秀的货币基金。

2.2 解析市场，互联网理财产品介绍

目前，互联网理财产品形成了百家争鸣的状况，各大互联网公司都已上线理财产品，投资者可以根据自己的实际情况，选择适合自己的互联网理财产品。

2.2.1 余额宝，支取方便

余额宝是内置于支付宝的"挣钱功能"，它让用户的"电子钱包"变成了"会挣钱的电子钱包"，如图 2-2 所示。

图 2-2 支付宝的官方网站

有天弘基金管理人员表示，余额宝只做了两件事就获得了巨大成功。

1．做了基金本该做的

金融行业一直有自己的"高姿态"，基金行业虽然在求变，但却一时难以改变自己的"劣根"，而余额宝则是完完全全进行了一番"洗髓"，它做到了以下几点。

- 客户定位、功能定位等，回归了货币基金本源。
- 降低了门槛，让更多普通人能使用。
- 降低了成本，给客户让利。
- 专做中小投资者，避免机构客户与散户之间的利益冲突。
- 清晰、透明披露信息，便捷、亲民地传导信息。
- 每日结转，收益清晰可见等。

2．把基金融入互联网

傍上了支付宝这个"大款"，借助支付宝这样一个亿万客户的一站式生活平台，让用户享受理财服务，并把理财服务与生活需求紧密、自然地结合。

2.2.2　理财通，合作微信

微信的用户基数巨大，日活跃用户超过1亿，这样的资源不可能不用作互联网金融。2014年1月22日，腾讯与华夏基金合作的理财通正式登录微信，而理财通当天募集到的资金就有8亿元，这比余额宝上线当天募集的资金要多4.5亿元。

不过，理财通现阶段只能在手机端操作，在微信"我"界面的"我的银行卡"频道即可找到理财通，如图2-3所示。用户完成简单的银行卡绑定手续后，即可购买理财通，如图2-4所示。

图2-3　"我的银行卡"频道

图2-4　购买理财通

凭借理财通的上线，微信再也不是大家心中的聊天软件，它将成为用户离不开的生活应用。目前，微信已经具有的功能包括新闻订阅、交费充值、网购支付以及网银登录等。

2.2.3　现金宝，登录快捷

相信腾讯的 QQ 是每个会上网的用户都有的聊天账户，QQ 与微信都是腾讯旗下的聊天工具，而 QQ 可提供服务的人群更加广泛。

现金宝是腾讯理财平台旗下的一款货币基金，可以说是国内最早上市的互联网理财产品。在浏览器地址栏中输入腾讯理财平台的网址，即可进入腾讯理财基金超市，用户只需登录 QQ 账户就能直接购买现金宝了，如图 2-5 所示。

图 2-5　现金宝

2.2.4　小金库，购买随心

京东小金库与阿里推出的余额宝类似，用户把资金转入小金库之后，就可以购买货币基金产品，同时小金库里的资金也可以随时在京东商城购物。如图 2-6 所示，为京东小金库的官方页面。

图 2-6　京东小金库官网页面

　　互联网金融的风生水起极大地激发了货币基金的发展潜力，据基金业协会历史数据显示，货币基金规模增长近 7000 亿元，整体规模已达 1.4 万亿元，占据了公募基金管理总规模的 1/4。目前，各大基金公司仍在趁热打铁，加紧与各种电商平台进行合作，并逐渐适应"互联网速度"。

　　京东金融宣布小金库企业版已于 2015 年 8 月 11 日正式上线，该项业务将首先向京东商城 POP 商户开放，解决短期闲置资金高效利用的问题。与 2015 年 3 月份上线的小金库个人版一样，小金库企业版对接的也是鹏华增值宝、嘉实活钱包两款货币基金，起购门槛为 0.1 元，无购买上限，赎回支持"T + 1"日到账，无限额。

　　据悉，小金库上线一周年以来，七日年化收益率排在所有"宝类"产品前列，通过不间断的送体验金活动，单个用户累计收益最高达到了 16 万元；而高额的收益回报，也让更多高端客户将理财项目选为小金库。

2.2.5　零钱宝，功能齐全

　　苏宁零钱宝将基金公司的基金直销系统内置到易付宝中，为用户完成基金开户、购买等一站式服务，提供 1 元起存、0 手续费和稳健资金收益的理财方式，如图 2-7 所示。

图 2-7　苏宁金融"零钱宝"页面

用户可直接使用"苏宁零钱宝"资金在苏宁易购购物、缴费、充话费、信用卡还款，获得理财、增值以及日常消费的整体解决方案。

2.2.6　百度理财，收益丰厚

百度理财有两款产品："百度百发"和"百度百赚"。百发并不是能够自由买卖的理财产品，它采用封闭运营的管理模式；百赚则类似余额宝，可以自由买卖。如图 2-8 所示为其官方网站。

图 2-8　百度理财

百发自 2013 年 10 月上线以来，一直保持着接近 8% 的年收益率，这几乎是货币基金的两倍收益。想要达到这样的收益，基金运作几乎不可能完成。实际上，用户花 100 元购买百发后，百度公司也会花费 100 元购入该产品相关联的货币基金，并将收益全部让利给用户，这样用户即可享受双倍的收益。不过，这样的运作方式存在一定的争议，其所谓的回报，并不是完全来自投资。

2.3 产品投资，获得高收益并不容易

对大多数工薪族来说，若将 10 万元投入互联网理财产品，一年差不多能获得 6000 元收益，这无异于涨了一次工资。并且，货币基金的主要投资标的是国债和银行间市场，等于把钱借给了国家和银行，其风险程度与存款并无区别。虽然货币基金投资稳定，但在具体产品的选择上，还是有技巧可言的。

2.3.1 收益不是想赚就能赚

2014 年春节前夕，有不少投资者竞相把闲置的资金转到微信新开通的理财通上，去享受那几乎达到 8% 的无风险收益率。微信理财通年前的年化收益率始终维持在 7.3% 以上，最高的一天达到 7.9%，逼近信托产品的收益水平。但到了年后，理财通的收益率稳定在了 6.1% 左右。

百度百发上线时以 8% 的预期收益率示人，瞬间被抢购一空，接下来再推出的百度百赚就没有那么高的收益了。

网易不惜血本，在 7 日年化收益率 6% 的基础上补贴 5% 现金红包，预计收益率超过 11%，但它的额度是限定的，用户即使疯狂刷屏也买不到。

由此可以看出，无论是出于何种原因，用户实际上可以拿到手里的收益，并没有网上宣传的那么高。一些高收益的互联网理财产品根本不是你想买就能买的，高收益只是一种销售手段。

• 专 家 提 醒

> 几乎所有的货币理财产品在节假日期间或节假日的前一天买入，都需要在假日之后才能够确认份额、获得收益。在这段资金"空转"期内，银行有足够的时间搬走用户一部分收益。

2.3.2 短期投资效果不明显

不同于股票或衍生品等投资，理财产品是微中取利的增值方式，短期看并不能显著增加投资者的收入。但如果从长期看，即使只有一两个百分点的利息差异，几年后其收益的差距也比较明显。

假设有 10 万元的本金，放入基准利率为 3% 的一年期定期存款中，与平均收益为 6% 的货币基金中，其具体的收益，如表 2-2 所示。

表 2-2 投资收益比较

项　目	一年后可获得利息	十年后可获得利息
定期存款	3000 元	34400 元
货币基金	6000 元	79080 元
收益比（货币基金 / 定存）	2.0	2.3

由表 2-2 可以看出，由于获得的收益算作继续投资的复利模式，十年后，定存的收益是 34400 元，而货币基金的收益有 79080 元，利息差异远不止两倍。但如果只是投资一年的话，货币基金的收益也就是定期存款的两倍。

好在互联网新型理财产品一般没有手续费。对于传统理财产品来说，假设手续费是 1%，那么 10 万元资金投资一年货币基金的收益，也只能比定期存款多 2000 元，不到两倍的收益。

对于真正的"月光族"来说，高频率地将小额资金转入或转出货币基金，其可获得的收益并不明显，一个月也许只能多出买一瓶饮料的钱。互联网新型理财产品不仅是投资工具，还是"存钱"的地方，这完全取决于用户的资金管理模式。

• 专 家 提 醒

若按照宏观经济来分析，互联网理财产品按照 6% 的年收益让用户享受到活期存款的服务，那么将出现银行揽不到存款的现象。银行没有存款就无法贷出资金供国民进行经济建设，民营企业也将难以发展。

国家（银行）是不可能让这样的情况出现的，也就是说，要么互联网理财产品的收益下降，要么存款的利率上升。当然，也可能出现两者向中间靠拢，最终达到近似的情况。

2.3.3　作为钱包的优势巨大

曾有用户将100万元的巨额存款转入余额宝，其每天的收益平均有120元以上。由此可以得出，该用户一个月可获得3600元以上的收益，而通过余额宝的复利投资模式（即当天产生的收益，在第二天会计入本金），年收益预计在4.8万元，也就是4.8%的年利率。

相对于100万元的本金来说，4.8%的年收益不算多，也完全没有达到多数互联网理财产品宣传的6%的年收益。有些投资者可能会觉得奇怪，为什么有如此大的资金不进行其他方式的理财或投资，而是放到余额宝里。对于这样的行为，笔者的分析如下。

- 对于一个非常保守的理财者，在不能接受任何本金损失的情况下，基本只能在银行做R1级保本型理财产品。这种理财产品年利率基本在4.5%上下浮动，其收益还不如余额宝。
- 余额宝能实时提取，银行理财产品则无法做到。
- 余额宝内的资金还是比较安全的，除非用户的手机丢了，又让人家知道支付密码。同时，支付宝也承诺100%赔偿被盗资金。

在这其中，互联网理财产品最大的优势就是实时提取，如果用户仅仅把"T+0"的货币基金当作银行活期来看，那么做到了"钱包"功能的余额宝，其优势巨大。

2.4　紧跟时代，银行互联网理财产品

在互联网理财产品迅速吸收存款的情况下，银行也开始推出仿互联网理财产品，它们有着很强的互联网理财产品属性。

2.4.1　工商银行——"灵通快线"

中国工商银行成立于1984年，是中国五大银行之首，拥有中国最大的客户群，是中国最大的商业银行。同样工商银行推出的理财产品也深受投资者的青睐，近期推出的理财产品有"灵通快线""步步为赢""珠联币合"等，其中互联网属性较强的为"灵通快线"，如图2-9所示。

图2-9 "灵通快线"理财产品

目前，"灵通快线"系列个人理财产品包括："T＋0"交易的"灵通快线"超短期理财产品、"灵通快线"个人超短期——7天增利人民币理财产品、两周滚动型理财产品、四周滚动型理财产品等。投资者可以在工商银行各营业网点或网上银行直接购买。

其中，"灵通快线"超短期理财产品（代码：LT0801）还支持自动购买，投资者可以在工商银行各营业网点或网上银行签订理财协议，自动购买或赎回。

2.4.2 农业银行——"本利丰"

中国农业银行是中国大型上市银行，最初成立于1951年，是新中国成立的第一家国有商业银行，也是中国金融体系的重要组成部分。目前农业银行推出的理财产品包括"本利丰""安心得利""进取增利"等，其中"本利丰"的互联网属性最强。

"本利丰"理财产品，是指由农业银行自主发起的，以农业银行投资于银行间债券市场、优质企业信托融资项目和货币市场的金融资产为支撑，向公众发售的具有较高收益的保本理财产品，如图2-10所示。

"本利丰"的产品类型分为保证收益型和保本浮动收益型两种，产品优势包括以下几点。

- 本金保障。"本利丰"产品具有稳健、安全的特点，致力于在保障投资者本金100%安

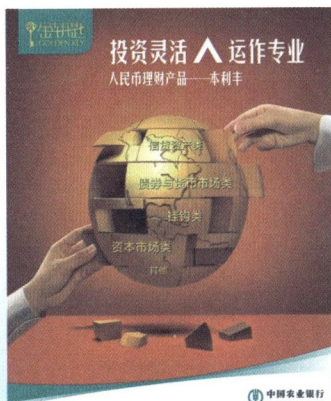

图2-10 "本利丰"理财产品

51

全的基础上获得较高的收益。

- 高安全性。"本利丰"产品主要投资于低风险、高信用等级的央票、债券、票据、优质企业信托融资项目等金融资产，安全性高，投资稳健。
- 适合广泛。保证收益型"本利丰"产品适合保守型、谨慎型、稳健型、进取型和激进型在内的所有5种类型个人投资者和企业投资者。保本浮动收益型"本利丰"产品适合谨慎型、稳健型、进取型和激进型在内的所有4种类型个人投资者和企业投资者。
- 期限灵活。"本利丰"系列理财产品投资期限为14天至两年不等，并已实现滚动发售。客户可根据自身对理财期限的需求选择适合的产品，并可实现资金在不同期限产品的有益循环，实现财富连续增值。

2.4.3　招商银行——"日日金"

招商银行成立于1987年，是中国第一家完全由企业法人持股的股份制商业银行。近年来招商银行稳步发展，并开发了多款具有很强的互联网金融属性的理财产品，其中以"日日金"系列的互联网属性最强。

"日日金"产品是投资于银行间信用级别较高、流动性较好的金融工具，风险较低。理财方式灵活，在产品的可交易时段，投资者可随时申购或赎回，本金实时到账。对资金流动性要求高的投资者，或在其他投资理财计划间歇进行短期稳健理财的投资者来说，都比较合适。

2.4.4　中国银行——"活期宝"

"活期宝"是中国银行继工商银行推出的类似余额宝业务后国内第二大国有银行的互联网理财产品。"活期宝"具有高收益、提现方便等特点，认购起点1块钱，对于想分散投资的广大群众是个不错选择，如图2-11所示。

"活期宝"主要投资大额存单、债券、中期票据等安全性高、稳定的金融工具，收益远超活期储蓄。

图 2-11 "活期宝"的特点

2.4.5 民生银行——"如意宝"

民生银行直销银行推出了手机 App，网页版上的所有操作都可以在手机客户端上完成，如图 2-12 所示。不过，对于开通直销银行的民生客户来讲，就必须多安装一个 App。

图 2-12 民生银行直销银行 App

既然是银行，肯定需要具备基本的开户、存款、转账功能，民生直销银行将这些业务全部互联网化，客户不需要去营业厅，只需在家里电脑上即可完成操作。

民生直销银行推出"如意宝"理财产品，对接"汇添富"和"民生加银"两款货币基金。用户选择签约其中任意一款，账户中的资金便会自动申购货币基金，从而获得高于活期存款的收益。

"如意宝"产品为货币基金账户，1 分钱起投，支持自动申购及 24 小时实时取现，投资者通过直销银行的网站或手机银行客户端就可以购买。

银行金融，传统金融业的革故鼎新

第3章

学前提示

互联网金融的兴起，对传统银行金融造成了巨大的影响，而银行方面并未坐以待毙，各大银行推出的移动服务业务，使得银行在互联网金融的战场上"失之桑榆，收之东隅"。

银行金融，
传统金融业
的革故鼎新

- 今非昔比，银行金融的发展变革
- 具体操作，手机银行的业务办理
- 规避风险，手机银行的使用须知

3.1 今非昔比，银行金融的发展变革

互联网给银行业带来的冲击可以说是一波未平一波又起，从第三方支付代替银行卡转账，再到余额宝开始替代银行存款功能。如果银行不进行变革，就根本无法适应社会的发展。

3.1.1 银行金融互联网化

网络化趋势已经渗透到银行内部的各个领域，对银行业的经营管理产生了潜移默化的影响。基于传统经济的商业银行管理模式已不再适应网络经济的要求，对其进行改革势在必行，总的来说，银行的变革表现在以下几个方面。

1．经营理念

网络银行的出现会改变我们目前对银行经营方式和管理模式的理解，一些传统的经营理念将随之发生重大的变革。传统的银行以规模取胜，各家银行不断地扩大分支机构和经营网点，以求在竞争中占得先机；而网络银行则强调以方便和快捷取胜，在竞争中采取积极的客户争取策略，努力根据客户的需要来提供定制的、个性化的金融产品和服务。

• 专 家 提 醒

在互联网金融的时代，客户将成为决定银行兴衰成败的关键因素，在激烈的竞争中谁拥有数目巨大且不断增长的客户群体，谁就可以获得竞争优势。传统中以银行为中心的服务供给制正转变为以客户为中心的服务需求制，这是银行经营理念的根本性变革。

2．经营方式

传统商业银行的经营方式是通过物理网点与客户进行面对面的交谈，而网络银行则打破了这种传统的经营方式。用户只要借助一根电话线、一台计算机，甚至是一部可以上网的手机，就可以在任何地点、任何时间、采用任何方式来获得每年 365 天，每天 24 小时的全天候金融服务。

这种方式突破了时间、空间的限制，改变了客户与银行的联系方式，削弱了

传统银行分支机构网点的重要性，取而代之的将是能够开展银行业务的计算机和网络。更重要的，互联网服务也降低了银行本身的经营成本。

此外，网络的出现也改变了传统银行的营销方式，将客户与银行的联系由后台推到前台。银行内部各部门通过网络必须与客户直接打交道，这就要求这些部门必须改变以前的工作方式，最大限度地满足客户日益多样化的金融需要。

3. 管理模式

传统银行以流动性管理、资产管理和负债管理为银行管理的主要内容，而随着网络技术的迅速发展，其重要性已有所下降。由于网络银行产业组织和业务种类的特点，以及网络银行技术的复杂性、信息的多样性和竞争压力加大等原因，虽然资产负债管理仍是网络银行经营管理模式的一个重要方面，但它只是网络银行正常经营需要考虑的因素。

系统安全性、效率、传输速度等因素，才能真正决定网络银行能否生存下去。因此，网络银行的发展趋势大致如下。

- 配套服务更加全面。网络银行除了提供一般的传统银行业务外，为了发挥网络优势，抵御非金融机构的渗透，保持竞争优势，往往还介入综合投资、代理等方面的业务，各个部门、各个环节以及资金收、转、支的确认，有效时间等方面的综合配套安排十分重要，成为经营网络首要考虑的问题。

- 技术标准更高。为达到安全、高效的目的采用的数据传输、加密、签订以及与其他网络连接等方面的技术协议标准，需要在说明、监测、升级更新、源代码修改权限以及保管等方面进行统一安排和管理。

- 提供差异化服务。差异化、个性化服务管理基于资料仓库和资料挖掘等技术，将每一个客户作为一个独立的个体，通过对其业务记录资料分析、统计等，进行归纳性的推理，从中挖掘潜在的服务模式和有价值的商业信息，一方面提高对客户的服务水平；另一方面帮助决策者正确判断即将出现的机会，调整策略，减少风险。

- 账户管理更加安全。由于网络技术的飞速发展，银行系统安全性上升到管理的重要位置。系统安全性包括三个方面：一是系统本身免遭破坏；二是保证客户的资金安全；三是为客户保密，保证客户的信息不被窃取。银行应选择各种安全措施来阻止或减少外部和内部攻击以及对电子货币的误用。

3.1.2　推出网络金融服务

银行虽然开展互联网金融业务的时间极早，但毕竟不能像新兴的互联网公司那样，全身心地投入到互联网金融中，不过经过多年来的发展，银行也相继推出了不少互联网金融服务。

1．业务办理

对于银行各项业务的办理，用户基本可以通过网银、手银进行解决。以工商银行的手机银行为例，其提供的服务包括账户查询、转账存储、预约取现、充值缴费以及票务订购等。

2．账户安全

在账户安全管理方面，银行也相继推出了多种保护方式，从较为传统的矩阵密保卡，到实时生成密码的电子密码器；从账户余额变动提醒，到手机银行登录提醒。用户可以根据自己的需求，选择、定制自己的账户安全服务。

3．股票投资

一直以来，投资者习惯的股票投资方式是在证券公司开立保证金账户，然后通过银行"银证转账"方式将资金从银行转到证券公司保证金账户，通过证券公司委托电话进行股票交易。

但实际上，银行推出的一些新型业务可将银行的储蓄账户直接作为证券保证金账户，通过指定的委托电话、互联网等方式直接买卖深圳、上海两市的股票、债券和基金。以民生银行的"银证通"为例，它有以下优点。

- 证券交易种类齐全，包括深圳、上海两市所有公开交易的证券品种。
- 具有预先委托功能，预先委托有效期最长可达 30 天。可在投资者工作繁忙无暇顾及交易时，系统自动完成预先设置的买卖委托。
- 年费制佣金，其每年的收费标准只有几百元。

4．外汇投资

一些银行推出的外汇投资服务也打破了传统的外汇投资方式，其优点如下。

- 委托渠道多。可通过柜台、互联网、电话银行等方式进行交易。
- 系统先进。系统行情显示快，交易款项直接在银行卡账户内结算，资金可以即时到账。
- 交易优惠多。交易金额越大，点差优惠越多。

5．理财产品

众所周知，传统的银行理财门槛高、流动性差，动辄就需要上百万的资金，进行一年以上的投资。但目前，有不少银行推出的新型理财产品，通过网银即可进行购买，其门槛也较低。

3.1.3　手机银行抢占市场

随着智能手机的异军突起和迅速普及，它已成为人们日常生活中须臾不可离身的沟通交流平台，可以真正做到24小时与用户形影相随。无论是从实用性，还是用户的使用率上，手机银行都将成为银行互联网金融的主力市场。

到2013年年底，中国智能手机激活量达到5亿台，超过美国，成为全球最大的智能手机市场，这也为中国手机银行的发展提供了广阔的想象空间。如今，通过电子银行渠道完成的业务量普遍占到银行业务量的七成左右，成为银行非利息收入的重要来源。

据调查数据显示，智能手机用户中，有51.9%的人使用过手机银行业务，并且近两年来没有过多的增长。这就表示，手机银行在手机网民中的扩散已基本完成，逐渐形成了一群成熟、稳定的手机银行用户，其年龄分布，如图3-1所示。

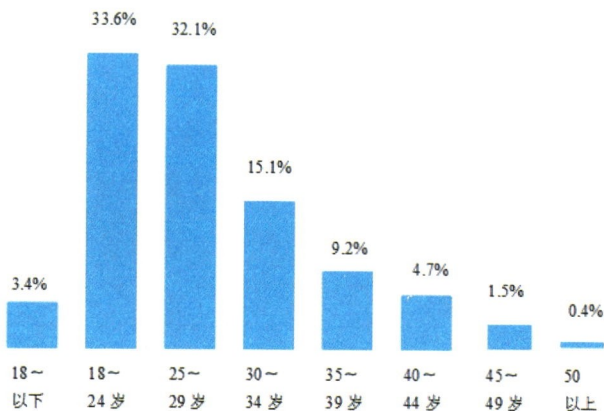

图 3-1　手银用户年龄分布

18~以下	18~24岁	25~29岁	30~34岁	35~39岁	40~44岁	45~49岁	50以上
3.4%	33.6%	32.1%	15.1%	9.2%	4.7%	1.5%	0.4%

从该图可以看出，使用手银的用户中18～34岁的人群占到80%以上，而这些人正是消费能力最强、最能接受新鲜事物的人群。这就表示，银行进行互联网金融，可能取得最大成绩的方式就是大力发展银行手银业务。

·专家提醒

虽然手机银行已经兴起，但就算是财大气粗的银行，要发展手机银行业务也绝非易事。除了自身的原因之外，来自银行体系之外的挑战也日益严峻，在移动互联网领域已经出现了强大的对手——第三方支付平台。

在第三方支付平台上建立起来的移动支付系统，对手机银行形成了正面威胁，但正是因为有这样强有力的竞争对手，才能让手机银行变得更上一层楼。

3.2 具体操作，手机银行的业务办理

就目前的手机银行软件来看，其功能已经比较多样，从基本的查账业务，到生活中的水电费缴纳，都可以通过手机银行来办理。本节将以工商银行手机银行为例，为大家演示手机银行各项业务的大致操作方法。

3.2.1 注册账户

用户在使用手机银行之前，最好到银行营业厅开通，并申领电子密码器。用户也可以使用手机银行客户端进行自助注册，其具体操作步骤如下。

(1)进入系统后，点击界面下方的"自助注册"按钮，如图3-2所示。

(2)进入"签订协议"界面，用户点击协议并阅读没有疑问后，再点击"同意"按钮，如图3-3所示。

图3-2 点击"自助注册"按钮

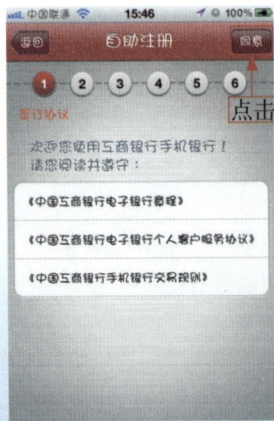

图3-3 点击"同意"按钮

(3) 输入注册信息，包括：注册手机号码、工行卡号和账户密码，输入完毕后点击"下一步"按钮，如图 3-4 所示。

(4) 系统会发送短信至刚刚填写的手机号码，用户输入短信验证码并点击"下一步"按钮，如图 3-5 所示。

图 3-4　输入注册信息

图 3-5　输入短信验证码

(5) 再次填写注册信息并确认，包括：银行卡号、手机号码、姓名以及预留验证信息，确认无误后点击"确定"按钮，如图 3-6 所示。

(6) 系统提示注册成功，直到此时方可直接登录手机银行，如图 3-7 所示。

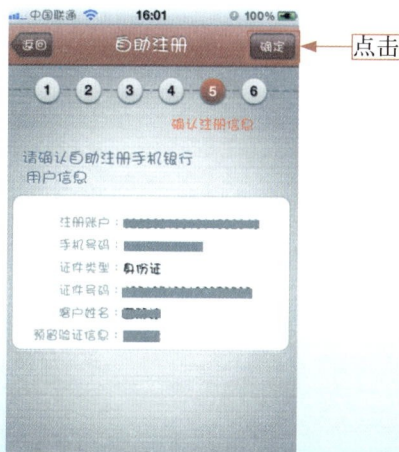

图 3-6　点击"确认"按钮

图 3-7　完成注册

61

3.2.2　查询余额

用户可以通过手机银行，随时随地查询自己账户的余额和交易明细，其具体操作方法如下。

(1) 用户登录后，在主界面点击"我的账户"按钮，如图 3-8 所示。

(2) 在打开的界面中点击"注册账户列表"按钮，如图 3-9 所示。

图 3-8　点击"我的账户"按钮

图 3-9　点击"注册账户列表"按钮

(3) 点击需要查看的银行卡账户，如图 3-10 所示。

(4) 进入"账户详情"界面即可查询账户余额，如图 3-11 所示。

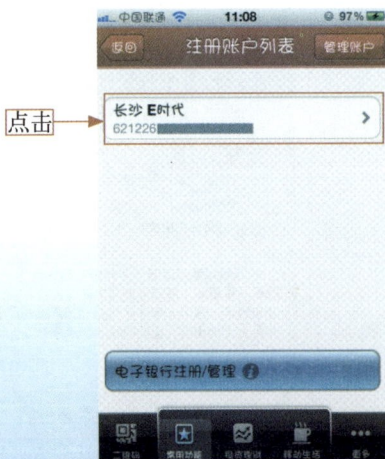

图 3-10　选择银行卡

图 3-11　"账户详情"界面

（5）在"账户详情"界面点击"交易明细"按钮，即可查看详细的交易明细，如图 3-12 所示。

（6）在"账户详情"界面点击"开户网点"按钮，即可查看开户网点信息，如图 3-13 所示。

| 图 3-12　查看明细 | 图 3-13　查看开户网点 |

·专家提醒

开户网点是重要的账户信息，一般来说，转账汇款一定会用到该信息。手机银行客户端还能提供多种账户信息查询服务，如对账单查询、网购查询、工资单查询等。

3.2.3　转账汇款

工行手机银行可提供多种转账汇款方式，但必须是在柜台开通过手机银行，并取得转账权限后才能进行（即申领电子密码器或电子银行口令卡）。以同行汇款为例，用户登录手机银行进入主界面后，点击"转账汇款"按钮即可进入"转账汇款"界面。

（1）在"转账汇款"界面点击"转账汇款"按钮，如图 3-14 所示。

（2）进入选择汇款方式界面，点击"工行汇款"按钮，如图 3-15 所示。

图 3-14　点击"转账汇款"按钮

图 3-15　点击"工行汇款"按钮

(3) 填写收款户名、收款账户、汇款金额等选项后，点击"下一步"按钮，如图 3-16 所示。

(4) 确认信息无误并根据页面提示获取动态密码后，点击"确定"按钮，如图 3-17 所示。

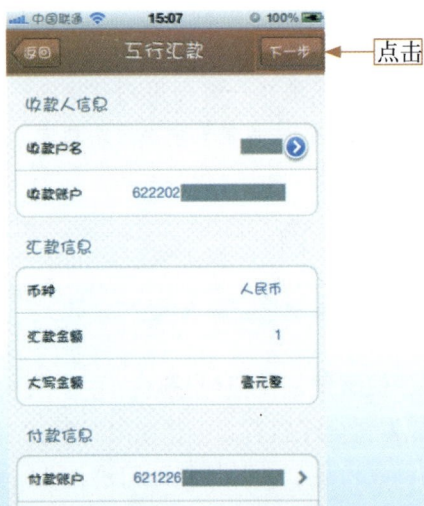

图 3-16　点击"下一步"按钮

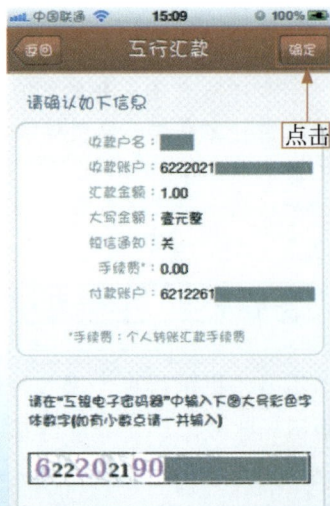

图 3-17　点击"确定"按钮

(5) 输入动态密码后点击"确定"按钮，如图 3-18 所示。

(6) 稍等片刻即可完成汇款，如图 3-19 所示。

图 3-18　输入动态密码

图 3-19　完成汇款

除了通过银行卡号汇款以外，用户还可以通过其他方式汇款。在汇款方式界面点击"手机号汇款"按钮，即可通过手机号码进行汇款，如图 3-20 所示；在汇款方式界面点击"E-mail 汇款"按钮，即可通过 E-mail 进行汇款，如图 3-21 所示；在汇款方式界面点击"跨行汇款"按钮，还可以进行跨行汇款。这些汇款方式的具体操作方法与上述流程类似，这里不再赘述。

图 3-20　手机号汇款

图 3-21　E-mail 汇款

• 专 家 提 醒

用户进行跨行汇款时，一定要保证所填写的收款银行资料（即收款账户的开户银行）准确无误。一般来说，若收款行别、收款账号、开户行名称等信息填写有误，具体能否入账以及入账时间取决于收款行。

3.2.4　无卡取现

无卡取现，顾名思义，就是不通过银行卡即可提取现金。有些用户会认为，常有一些犯罪分子通过各种手段盗取客户密码，而致使客户的钱被盗取，有卡尚且被盗，那么仅凭手机预约码和密码等就能取款，肯定存在安全隐患，犯罪分子也容易钻空子。

总的来说，ATM机无卡预约取款其安全性还是比较高的。首先，要进行多重认证，包括登录手机银行、查验银行卡卡号、登录密码等，而ATM机交易则需要交易密码，同时还要预约码。因此，其安全性能相对较高，用户在必要的情况下完全可以使用该方式取现，其具体操作方法如下。

(1) 进入工行手机银行主界面后，点击"预约取现"按钮，如图3-22所示。

(2) 进入"预约取现"界面后，点击"预约取现"按钮，如图3-23所示。

图 3-22　点击"预约取现"按钮

图 3-23　"预约取现"界面

(3) 阅读业务介绍后点击"下一步"按钮，如图 3-24 所示。

(4) 进入信息填写界面，用户需填写取现金额和预约码，填写完毕后点击"下一步"按钮，如图 3-25 所示。

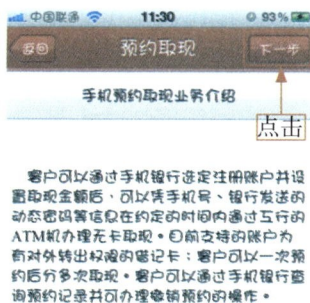

图 3-24　阅读业务介绍

图 3-25　填写信息

(5) 在"预约取现金额"文本框中输入取现金额后，点击"确定"按钮，如图 3-26 所示。

(6) 在"预约码"文本框中设置预约码，然后点击"确定"按钮，如图 3-27 所示。

图 3-26　输入取现金额

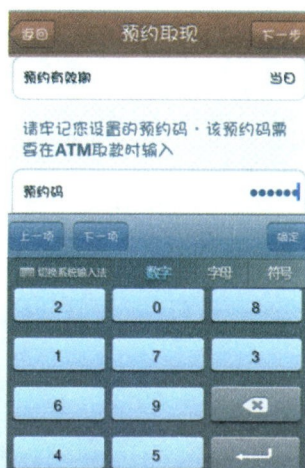

图 3-27　设置预约码

(7) 返回信息填写界面并点击"下一步"按钮，如图 3-28 所示。

(8) 确认信息无误后根据页面提示，在密码器中获得相对应的动态密码，点击"确定"按钮，如图 3-29 所示。

图 3-28 返回信息填写界面

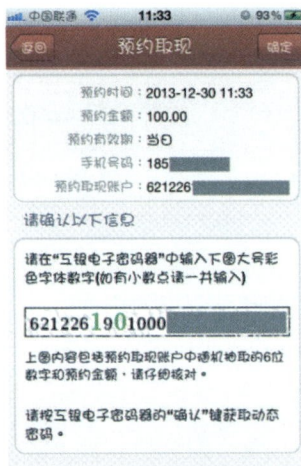

图 3-29 确认信息

(9) 输入动态密码后点击"确定"按钮，如图 3-30 所示。

(10) 稍等片刻即可完成预约取现，如图 3-31 所示。

图 3-30 输入动态密码

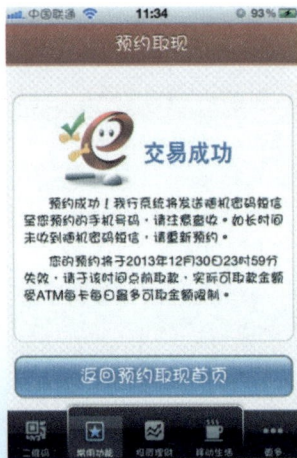

图 3-31 完成预约取现

用户去 ATM 取现时，无须插入银行卡，在 ATM 机选择"手机预约取现"选项并按提示操作即可完成取现。

• 专家提醒

许多都市白领拥有的银行卡、会员卡、积分卡不计其数，带卡出门的好处是方便，可坏处是"一损俱损"，对于银行卡多的人来说，要找到自己需要的卡也不是个简单的事。因此，无卡取现功能大大简化了出门是否带卡的难题，用户大可将自己的银行卡放在家里，需要取钱的时候，用手机进行预约即可。

3.2.5 购买产品

理财产品即银行发行的理财产品，指的是银行接受客户的授权管理资金，投资收益与风险由客户或客户与银行按照约定方式承担。以往，很多用户购买理财产品时，都是去银行听工作人员长篇大论一番后才下手，可能连自己购买的是哪种产品都不清楚。

用户若是在手机上购买理财产品，不但节约了时间，而且不会被其他人影响自己最初投资的目标。使用手机银行购买理财产品的流程相对较多，具体操作有以下几大步骤。

1．风险测评

多数手机银行在用户选择理财产品之前，都必须进行风险能力测评，帮助用户找到适合投资的类型，其方法如下。

(1) 在工行手机银行主界面点击"服务与设置"按钮，如图 3-32 所示。

(2) 在"服务与设置"界面，点击"风险能力评测"按钮，如图 3-33 所示。

图 3-32　点击"服务与设置"按钮

图 3-33　点击"风险能力评测"按钮

(3) 软件会设置 15 个问题对用户的风险承受能力进行测评，如图 3-34 所示。

(4) 完成答题后，软件会提示用户的风险能力，并给出投资建议，如图 3-35 所示。

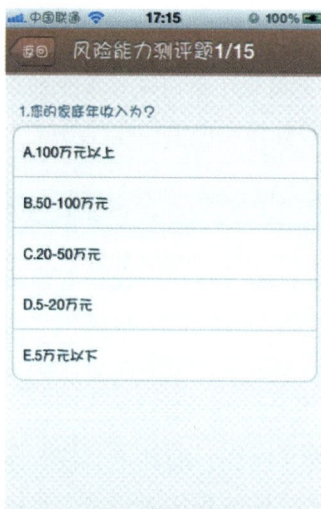

图 3-34　风险能力评测

图 3-35　提示用户的风险能力

　　理财产品可根据投资领域、风险等级等进行分类，笔者从用户较为关注的风险与收益角度出发，将理财产品大致分为以下几种。

　　(1) 基本无风险的理财产品。这类理财产品主要是往银行存款，或是购买国债，由于有银行信用、有国家信用作保证，风险水平最低，同时收益率也较低。

　　(2) 较低风险的理财产品。主要是投资各种货币市场基金或偏债型基金，其投资的两个市场本身就具有低风险和低收益率的特征。

　　(3) 中等风险的理财产品。风险较高的理财产品有信托类、外汇结构性存款、结构性理财产品等，这些理财产品都有较高的风险，其收益也远比定期存款高。

　　(4) 高风险的理财产品。如 QDII（境外投资机构）等理财产品就属于高风险、高回报的类型。

2. 开通理财交易账户

　　用户了解自己的风险能力后，即可查看银行推出的理财产品，并开通银行理财的交易账户。

　　(1) 在主界面点击"投资理财"按钮，进入"投资理财"界面后再点击"工行理财"按钮，如图 3-36 所示。

　　(2) 在"工行理财"界面中点击"理财产品"按钮，如图 3-37 所示。

图 3-36　点击"工行理财"按钮

图 3-37　点击"理财产品"按钮

(3) 在"理财产品"界面中点击"购买理财产品"按钮，如图 3-38 所示。

(4) 进入"购买理财产品"界面后，软件会显示当前所有的理财产品，如图 3-39 所示。

图 3-38　点击"购买理财产品"按钮

图 3-39　"购买理财产品"界面

(5) 点击任意产品即可弹出"购买"菜单，如图 3-40 所示。

(6) 点击"购买"按钮进入理财产品详情界面，用户可查看该产品的详情，如

图 3-41 所示。

图 3-40　弹出"购买"菜单

图 3-41　查看详情

　　(7) 在理财产品详情界面点击"理财产品说明书"按钮，可查看该产品说明，如图 3-42 所示。

　　(8) 未开通理财交易账户的用户，在理财产品详情界面点击"购买"按钮后，会弹出确认开户的对话框，点击"确定"按钮可进行账户开通操作，如图 3-43 所示。

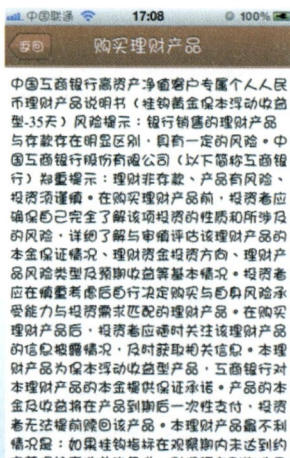

图 3-42　产品说明

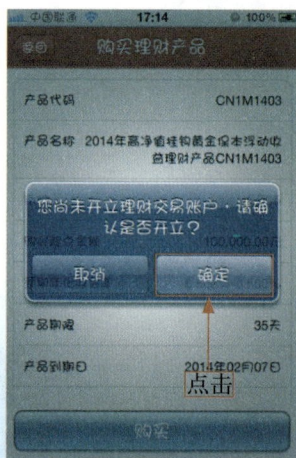

图 3-43　确认开户

　　(9) 选择银行卡后点击"完成"按钮，如图 3-44 所示。

(10) 完成理财交易账户的开立，系统会给出交易账户的账号 (即银行卡卡号)，如图 3-45 所示。

图 3-44　点击 "完成" 按钮

图 3-45　完成理财账户开立

· 专 家 提 醒

挑选到适合自己的理财产品必须要做好以下三点。

● 了解自己。投资者在投资前，需要仔细考虑清楚自己的理财目的、资金量、理财时间、对风险的认识等问题。

● 要了解产品。投资者应尽量选择自己相对熟悉的产品，如对股票相对比较了解，可以选择与股票挂钩的产品。

● 要了解机构。不同的金融机构在理财产品和配套服务方面有不同的特色和专长，因此投资者应选择最适合自己投资风格的金融机构。同时，投资者也不宜盲目跟风，毕竟适合别人的理财产品并不一定适合自己。

3. 购买理财产品

使用手机购买银行理财产品极为便利，用户开立理财产品账户后，即可自行购买理财产品，其方法如下。

(1) 用户确定需要购买的理财产品后，按上文所述方式进入理财产品详情界面并点击 "购买" 按钮，如图 3-46 所示。

(2) 阅读理财产品协议后点击"下一步"按钮，如图 3-47 所示。

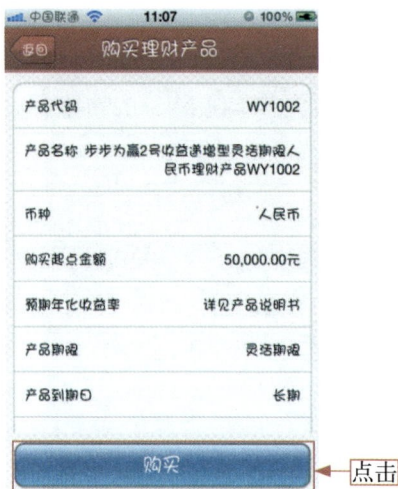

图 3-46　点击"购买"按钮

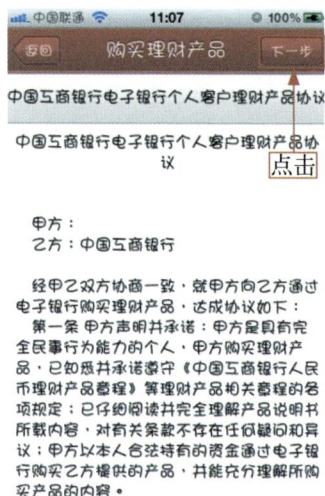

图 3-47　阅读理财产品协议

(3) 阅读所选理财产品说明书后，点击"下一步"按钮，如图 3-48 所示。

(4) 输入购买金额等信息后，点击"下一步"按钮，如图 3-49 所示。

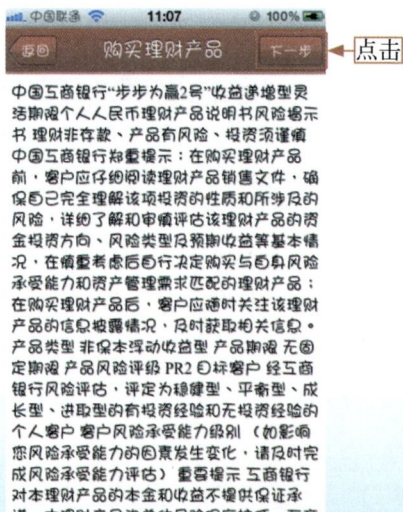

图 3-48　阅读理财产品说明书

图 3-49　输入购买信息

(5) 确认信息无误，并根据页面提示获取动态密码后，点击"确定"按钮，如图 3-50 所示。

(6) 输入动态密码并点击"确定"按钮后，即可完成理财产品的购买，如图 3-51 所示。

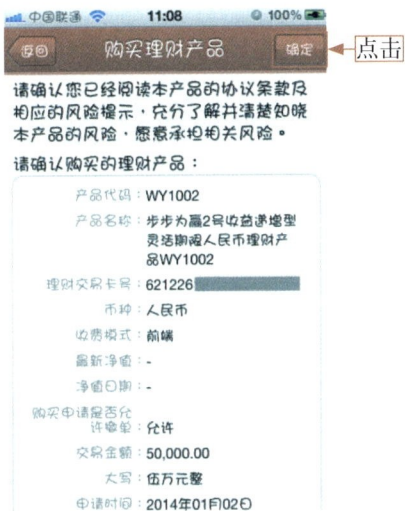

图 3-50　获取动态密码

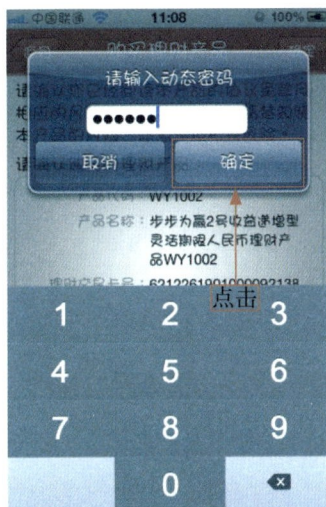

图 3-51　输入动态密码

• 专 家 提 醒

　　用户购买理财产品后，可通过手机银行及时查询理财产品净值，并卖出理财产品。不过大多理财产品是有时间限制的，时间从几十天到几年不等，若用户提前赎回，不但可能无法获得收益，还可能要支付高额手续费。

　　同时，投资者应优先选定一家理财能力强的银行，这样在手续费环节上，可能有一定的优势。考察银行理财能力最重要的因素有两点：其一是该银行理财产品的收益，一般来说每家银行都有几款高收益的产品，因此投资者在选择银行时，一定要着重了解银行的总体收益水平；其二是银行理财产品是否具备多样性，产品丰富的银行能够帮助投资者在市场上找到各种投资机会，网罗各种收益机会，让投资者可以选择的理财产品范围更广泛。

3.2.6　外汇办理

　　外汇即以外币表示的用于国际结算的支付凭证，并通过各国的银行进行交易。用户可以通过手机银行进行外汇业务的办理（结售汇业务），或是进行外汇投资。进行外汇投资时，与购买理财产品一样，需要先开通外汇账户，然后才能进行交易，其具体操作方法如下。

(1) 在任意外汇项目的"详情"界面中点击"实时交易"按钮，如图3-52所示。

(2) 在打开的"开立交易账户"界面中点击"这里"链接开立交易账户，如图3-53所示。

图3-52　点击"实时交易"按钮

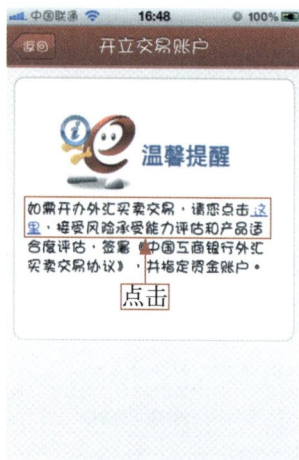

图3-53　点击"这里"超链接

(3) 阅读协议、交易规则等条款并在文末打"√"后，然后点击"同意"按钮，如图3-54所示。

(4) 输入手机号码后点击资金账户卡号栏，如图3-55所示。

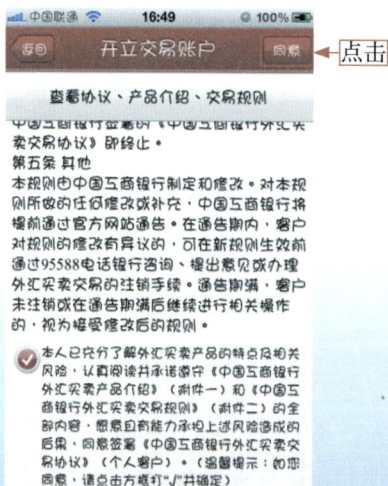

图3-54　点击"同意"按钮

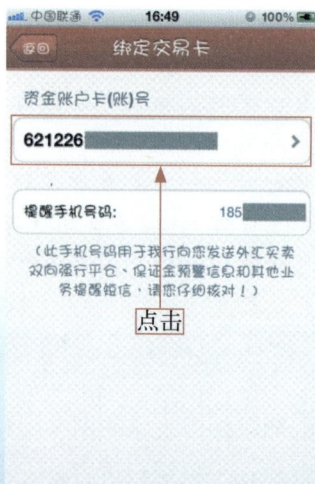

图3-55　点击资金账户卡号栏

(5) 确认信息无误后点击"确定"按钮，如图 3-56 所示。

(6) 稍等片刻即可完成外汇账户的开立，如图 3-57 所示。

图 3-56　点击"确定"按钮　　　　　图 3-57　完成外汇账户开立

(7) 账户开立完成后，用户再次回到外汇项目的"详情"界面，点击"实时交易"按钮，如图 3-58 所示。

(8) 输入交易金额等信息反馈后点击"下一步"按钮，如图 3-59 所示。

图 3-58　点击"实时交易"按钮　　　　　图 3-59　输入交易信息

(9) 确认信息无误并根据页面提示获取动态密码，如图 3-60 所示。

(10) 输入动态密码并点击"确定"按钮后，完成外汇交易，如图 3-61 所示。

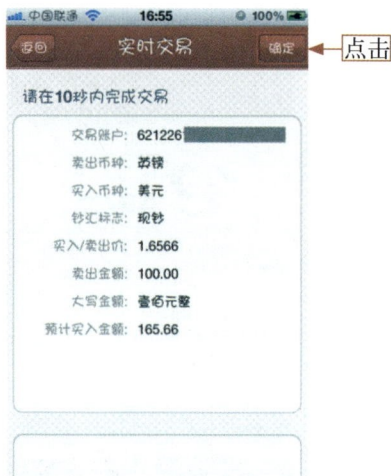

图 3-60　获取动态密码　　　　　　　　图 3-61　输入动态密码

3.2.7　基金办理

对于没有精力也没有专业知识，又希望将自己的闲置资金进行投资的投资者来说，基金就是不错的选择。

在互联网金融的大潮下，购买基金的方式已经发生了巨大的变化，投资者不仅可以从传统渠道购买基金，还可以通过支付软件、淘宝、手机银行来申购基金。从这些互联网新渠道购买基金有众多好处，"高收益、无风险"就是其最大的特色。

•专 家 提 醒

　　短期理财是以低风险的货币基金产品为主的。在同等风险的情况下，谁的收益高，谁就能更好地抓住用户和投资者。

　　而且产品的时间越短，利率反而越高。因为跨年度的资金更珍贵，连一向稳健的商业银行都在推出打破 6%、7% 收益的产品，互联网金融公司收益超过 8% 是"正常事件"，而超过 10% 是"大概率事件"。

通过手机银行购买基金最大的优势是可选品种全面，用户可以通过手机银行客户端办理各种基金业务。

用户按照上文所述方式，开通基金交易账户后，即可查看并购买基金，其具体方法如下。

(1) 在工行手机银行的"投资理财"界面中点击"基金业务"按钮，如图 3-62 所示。

(2) 在"基金业务"界面中点击"购买基金"按钮，如图 3-63 所示。

图 3-62　点击"基金业务"按钮　　　　图 3-63　点击"购买基金"按钮

(3) 用户可在搜索栏中输入基金关键字或代码进行查找，也可以在列表中查看基金，如图 3-64 所示。

(4) 点击任意基金，进入基金详情界面查看该基金的详情，如图 3-65 所示。

图 3-64　查看基金　　　　　　　图 3-65　基金详情

(5) 点击"购买基金"按钮即可开始购买基金，其具体流程与购买理财产品类似，这里不再赘述。

3.2.8　其他业务

手机银行几乎提供所有投资方式的业务办理，除了以上介绍的理财产品、外汇业务、基金业务以外，还包括股票业务的服务，如图 3-66 所示；贵金属业务的服务，如图 3-67 所示；国债业务的服务，如图 3-68 所示；保险业务的服务，如图 3-69 所示。

图 3-66　"手机股市"界面

图 3-67　"贵金属业务"界面

图 3-68　"国债业务"界面

图 3-69　"保险业务"界面

• 专 家 提 醒

　　使用手机银行办理投资业务最大的好处是方便、省时，随着目前网上银行的快速发展，网银的功能是否全面，已经成为个人客户选择银行的重要因素。根据某调查显示，有 35.5% 的受访者表示，在选择办理理财业务银行时会看重这家银行是否能提供功能全面的网银服务。作为投资者购买理财产品时参照的一个重要因素，网银业务增长对于银行理财业务的促进作用也逐渐显现。

3.2.9　话费充值

　　手机银行不仅能办理与银行相关的业务，在生活服务方面，也提供了不少的便民功能。使用手机银行缴纳话费的具体方法如下。

　　(1) 点击主界面下方的"移动生活"按钮，如图 3-70 所示。

　　(2) 在"移动生活"界面中点击"手机充值"按钮，如图 3-71 所示。

图 3-70　点击"移动生活"按钮

图 3-71　点击"手机充值"按钮

• 专 家 提 醒

　　用户需要注意的是，使用工行手机银行的生活服务功能时，需要开通"工行 e 支付"业务，这也是一种保密方式，其动态密码会实时发送到用户绑定的手机号上。

（3）输入手机号、卡号末六位／别名、验证码后，点击"下一步"按钮，如图 3-72 所示。

（4）输入收到的动态密码并点击"确认支付"按钮，即可完成手机充值，如图 3-73 所示。

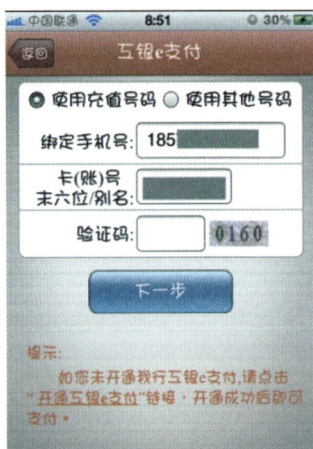

图 3-72　输入手机信息

图 3-73　输入动态密码

除了话费缴纳以外，工行手机银行还提供电影票订购功能，如图 3-74 所示；机票订购功能，如图 3-75 所示；医院预约挂号功能，如图 3-76 所示；商城购物功能，如图 3-77 所示。

图 3-74　电影票订购

图 3-75　机票订购

图 3-76　预约挂号

图 3-77　商城购物

3.3　规避风险，手机银行的使用须知

使用手机办理银行业务时，也会带来一些特有的风险，用户应该谨防因短信诈骗、无线网陷阱、手机被盗而可能造成的损失。

3.3.1　谨防短信诈骗

手机上最常见的诈骗方式就是通过短信息或其他应用软件，冒充银行工作人员进行诈骗。

对此，用户应做到不向除银行工作人员以外的任何人透露自己的银行卡号码或密码；不在短信或电子邮件中透露任何与账户相关的信息；如果收到金融机构发送来的短信，阅读后最好删除。

笔者曾经见到过一条诈骗短信，其内容大致是通知用户进行电子密码器维护，并附上了维护网址。

乍看之下，该网站与银行的官方网站极为相似，但实际上，不法分子注册了一个山寨的银行官网，如把正确网址中的"o"换成"0"，投资者一不小心，就有可能进入山寨网站，并泄露自己的银行信息。

因此，用户遇到任何疑问，应及时致电银行客服进行咨询。这里笔者把各大银行的客服电话及网址进行了归纳，如表 3-1 所示。

表 3-1　我国各大银行客服电话及网址

银　行	客服电话	网　址
中国银行	95566	http://www.boc.cn/
农业银行	95599	http://www.abchina.com/cn/
工商银行	95588	http://www.icbc.com.cn/icbc/
交通银行	95559	http://www.bankcomm.com
建设银行	95533	http://www.ccb.com/
招商银行	95555	http://www.cmbchina.com/
中信银行	95558	http://www.ecitic.com/
民生银行	95568	http://www.cmbc.com.cn/
浦发银行	95528	http://www.spdb.com.cn/
华夏银行	95577	http://www.hxb.com.cn/
邮政储蓄	95580	http://www.psbc.com/
光大银行	95595	http://www.cebbank.com/
兴业银行	95561	http://www.cib.com.cn/
平安银行 (深发银行)	95511	http://bank.pingan.com/

3.3.2　当心公共 WiFi

用户使用 WiFi 进行手机上网时，尽量不要登录手机银行，特别是一些免费、公共的 WiFi 更应该当心。凡是不需要密码直接接入，用户传输的数据内容都容易被黑客截获。如果你在咖啡厅、商场、酒店、机场等各种公共场所搜索到一个不需密码的免费 WiFi，最好是弃之不理，因为它很可能通过某些手段，来盗取用户的资料。

无论用户外接公共 WiFi 网络，还是在家里、办公室使用未加密的 WiFi 网络，都有可能面临安全风险。不过谈 WiFi 色变也无必要，加密的 WiFi 安全性较高，而运营商提供的 WiFi 网络开启二层隔离功能，以减少同一 AP (热点) 下的用户 (黑客)，通过 AP 进行相互攻击的可能性，增加了无线网络的安全性。因此，在公共场所使用无线上网，还是选择有密码的好。

• 专 家 提 醒

　　通过 WiFi 钓鱼并不难，黑客可能去一些公共场所 (如咖啡厅) 建立一个不加密的移动热点 (无线访问接入点)，以"咖啡厅"这样诱惑性名称误导用户。用户如果用手机连接该热点，将导致自己手机中的重要资料被盗。

保险金融，互联网金融的保险销售

第4章

学前提示

与其他传统行业相同，保险行业已经受到互联网浪潮的巨大冲击，它正在以传统保险公司的网络化以及新型保险公司的成立这两种形式改变着传统的经营方式。

保险金融，
互联网金融
的保险销售

迎接挑战，保险与互联网相互交融

深入分析，互联网保险的特点介绍

巨头携手，打造新型互联网保险

银行投保，互联网银行投保更便捷

发展创新，互联网保险的新型产品

4.1 迎接挑战，保险与互联网相互交融

保险是一种承诺、一种服务、一种无形的商品，它与信息密不可分。随着信息技术和互联网技术的高速发展，"互联网保险"的概念也应运而生，相比传统保险，它发生了巨大变化。

4.1.1 传统保险行业局限性暴露

保险在大众的心目中可能都留下"搞传销"的印象，这并不是大家戴着有色眼镜看保险，传统的保险行业确实存在或多或少这一方面的问题。

1．人寿保险

人寿保险，是以人的生死为保险对象的保险品种，它可以说是最早出现的保险品种之一，也有着保险行业最原始的销售方式，全凭保险公司业务人员面对面地推销。因此，寿险也有着保险行业最大的弊端，客户对销售人员不信任。造成这种结果的原因有以下几点。

- 代理人的问题。保险代理人专属于一家保险公司，因此仅能代理该保险公司的产品，在销售中难免自卖自夸、虚假营销。
- 保险公司的问题。保险公司片面追求业绩，粗暴扩张代理人体系、筛选和培训滞后、更多的虚假营销、更差的市场转化率。
- 行业体制的问题。目前国内有近 300 万保险代理人，平均月佣金仅 1500 元，低保障、高流动的代理人体系，让这些代理人不得不为了生活进行"忽悠"。

·专 家 提 醒

　　层层抽佣的佣金体系已经绑定了太多的利益，况且代理人体系依然是寿险公司的主要营销渠道，寿险公司宁愿饮鸩止渴，也无法下手整治毒瘤。除非寿险公司断了代理人这个"手腕"后，还能找到其他的销售手段。

2．财产保险

财产保险即针对财物进行保险的品种，相比寿险销售的"七伤拳"，财险可以说是不会一点武功，其销售通路一直没有打开。目前，其生存全靠车险、旅游

财产险、交通工具意外险等支撑，但这些保险都不由保险公司的销售渠道进行销售，而是依赖于不同的机构。如车险依赖 4S 店、旅游险依赖旅行社、交通工具险则依赖航空、汽运等公司。

命运掌握在别人手中的公司，自然不能健康发展。直到近几年，平安车险电销尝试成功，才给车险打开一个新的局面。

3. 银保产品

银保产品可以说是保险行业的一颗"毒瘤"，许多保险公司有意混淆保险和存款的概念，误导去银行存定期的年长者，一念之差把存款变成了保险。

为了争抢银行资源，保险公司已陷入恶性竞争的怪圈，不惜赔钱赚吆喝。以 5 年期的万能险为例，保险公司给银行的手续费一般在 3.2%，但事实上，手续费超过 3.5% 的司空见惯，有的甚至达到 6%。这些手续费部分通过正常渠道支付，有的则通过保险业务员之手私底下塞给银行理财师。

4.1.2　互联网增加保险销售渠道

互联网的发展，创造了前所未有的直达消费者的信息通路，也为保险行业开辟了"直销"路径。中间环节越少，用户得到的服务才能更好，了解的情况才能更多。互联网的出现，让保险行业有了彻底"洗髓"的机会。

保险的天然特性是适合电子商务的，它无须生产、无须仓储、无须物流，用户有需求即能立刻生成保单。只要营销成本低廉，互联网对保险公司来说，无疑是更优质可靠、更可持续的营销渠道。

虽然互联网的出现让保险公司有了新的路可以走，但传统的销售模式是无法直接摒弃的。如何平衡网销渠道和线下渠道的关系，是各保险公司都需要面对的难题。公司规模越大，越难以转型，而对于新型财险公司，这是一个轻装前进、以快打慢的绝佳机会。

4.1.3　互联网改变保险表现形式

传统保险的营销弊端，除了因为代理人培训不到位、监管不严格、素质待提高之外，保险产品概念模糊的设计方式也是导致消费者上当的原因。消费者常常会面对多家公司的代理人，拿着各家的产品资料反复比对，这时候标准化的产品

很容易被比下去。

因此，保险公司特意地差异化产品细节，为了求异而求异，在产品功能的细枝末节上玩花样，在微观产品参数上做文章。

产品复杂化的结果是，利用消费者似懂非懂的状态，抹平自身的产品劣势，片面强调代理人的营销能力，促成销售。这就让保险偏离了保障的本质，一会儿装成是"理财产品"，一会儿装成是"储蓄工具"，这样的异化道路是不会长久的。

互联网环境要求透明、简洁的产品。在网上购物的消费者，对于看不懂的产品是不会去下单的。

当然，保险公司也注意到了这一点，目前多家保险公司网上商场的产品已开始以保障功能强的标准化产品为主。

4.1.4 大数据能提供个性化服务

保险行业最早建立了科学、完善的数据统计体系，并且是以数据统计运算为立业根本的行业。但是在大数据时代来临的前夜，我国的保险行业已经被数据远远甩在了后面。

信息化革命是时代主题，大势所趋。互联网行业坐拥数据入口，从餐饮到娱乐、从购物到建筑，几乎所有的行业都随之改变。由互联网融合消费者的明确需求，然后组织传统行业进行精细化生产，这样的模式才能吸引更多的消费者。

传统保险公司难以细分保险需求的领域，无法针对性地推销保险，只有通过互联网方式聚少成多，满足大数定律，才能供保险公司化解风险成本。理解风险，降低风险成本，才是保险真正的内涵，甚至达到个性化风险控制和定价。

试想未来某天，当你早上起床后，手机发出提示"您昨晚入睡时间较晚，睡眠不足。今日天气小雪，路面湿滑。今日驾车危险指数偏高，车险价格为 80 元。建议今日不要驾车上班。"

这样的场景并不难实现，通过大数据做微分让保险行业不再使用历史数据，而是即时数据，这样形成个性化服务，并第一时间告知客户。看似让保险变得"烦琐"，但这样做有以下意义。

- 让保险公司对保险服务对象有了更清晰的认识。
- 可以把保险标的颗粒化，分散成可以单独定价、单独核保、单独理赔的最小粒度。

- 颗粒化的数据便于经验迭代，快速调整产品策略和费率结构获得市场竞争优势。

4.2　深入分析，互联网保险的特点介绍

互联网保险的定义就是通过互联网销售的保险。

作为新兴产业代表的互联网和传统产业代表的保险业的跨界产物，互联网保险"混血"特征极为明显。从近期推出的几大互联网保险创新产品来看，总体呈现出"低、准、快"的产品特征。

不过，从理论上分析，真正的互联网保险应该具备虚拟化、直接化、电子化以及信息透明化等特点。

4.2.1　业务虚拟化

互联网本身就与虚拟有较强的联系，而互联网保险的虚拟化则表现在以下几点。

- 没有点对点的接触。保险公司看不到客户，客户也接触不到其他客户，整个产业链都通过互联网进行沟通。
- 没有现金支付。一切金融往来，都是在互联网上通过数字的形式进行，资金离开消费者的口袋后，立即就到了保险公司的账户中。
- 没有中间人。消费者购买互联网保险的中间人可以说就是自己，或者是网站上的客服人员。中间人的概念可能就是几行条款，原本推销人员的长篇大论可能变成了几句简单的介绍。
- 没有实物保单。互联网保险采用电子保单，克服了传统保险活动中书写任务繁重、保险单据存量大且传递速度慢等缺点。

91

·专家提醒

　　保险公司免去代理人、经纪人等中介后，可节省大量的机构运作成本。有数据显示，个人保险的网上推销方式比传统方式可节约12%的成本。

4.2.2　购买直接化

互联网让客户与保险公司之间的相互作用更加直接。虽然说传统的保险代理人代表的就是保险公司，但这毕竟只是"代表"，而客户通过互联网接触到的就是保险公司本身。

互联网没有时间的限制，消费者随时都可以实现自己的投保意愿，甚至可以在晚饭后泡上一杯茶，慢慢挑选保险种类。互联网也没有地理限制，在世界任何角落都可以登录网站进行咨询、投保、理赔等。

• 专 家 提 醒

保险公司可以通过互联网深入不同年龄、不同性格的人群中，接触到那些保险代理人不易联系到的人群，这样才能了解用户真正需要什么样的服务。

4.2.3　信息透明化

互联网保险减少了客户与保险公司之间的信息不对称。通过网上快速查询，消费者可以直观地了解保险的各方面信息，如险种介绍、产品条款、赔付说明以及客户通知书等。

网络提供的是标准化服务，而代理人员会加入推销技巧，相信谁都想看到原汁原味的照片，而不是经过"PS"处理的照片。

对于保险公司而言，通过互联网可以及时获得保险客户的大量信息，更好地了解保险市场和保险客户需求的变化。

4.3　巨头携手，打造新型互联网保险

所谓"三马"，也就是阿里巴巴掌门人马云、腾讯掌门人马化腾、平安保险董事长马明哲。由这三大巨头以及国内知名企业合作打造的新型保险公司，其市场前景可想而知。

4.3.1　众安保险成立的意义

互联网已经在我国国民经济中占有重要地位，它改变了人们生活的方方面面。在保险行业，传统大型保险公司不可能完全转型成互联网保险公司，这就必须有专门的互联网保险公司来扛起保险在互联网金融中的大旗。

众安保险的成立是市场发展的必然结果，也是互联网金融时代不可缺少的里程碑。虽然不能保证众安保险能成为下一个"余额宝"，但它的成立有着重要意义，由以下几点可以看出。

1．定位于服务互联网

众安保险是国内首家互联网保险公司，其定位是"服务互联网"。众安保险不只是通过互联网销售既有的保险产品，而是通过产品创新，为互联网的经营者和参与者提供一系列整体解决方案，化解和管理互联网经济的各种风险，为互联网行业的顺畅、安全、高效运行提供保障和服务。

只有全身心投入互联网事业中，才能在互联网金融里获得成功。目前，无论是支付宝背后的阿里巴巴集团，还是微信背后的腾讯集团，这些在互联网金融中获得成功的公司，都是一门心思在互联网中找出路。

2．目标客户相对明确

众安保险的目标客户包括所有互联网经济的参与方，如互联网平台、互联网服务提供商、电子商务商家、网络购物消费者、社交网络参与者等公司和个人客户。传统的保险公司虽然有目标客户，但在执行（销售）过程中，无法直接找到自己所需要的客户，只能任由代理人"碰运气"。

3．数据创新成为根本

众安保险是一家基于数据的创新型互联网保险公司，大数据使过去无法满足的保险需求成为可能。众所周知，大数据是互联网金融的优势，但各大企业如何利用这个优势才是成功的关键。

互联网保险公司也必须基于大数据，对保险产品进行创新，而不能用互联网渠道去切原有市场的蛋糕，这样才能把蛋糕真正地做大。

4.3.2　众乐宝锁定淘宝卖家

众乐宝是众安保险推出的第一款产品，它是专为淘宝平台卖家定制的一款信誉保证保险。淘宝卖家需要缴纳一定金额的消费者保障服务保证金，而如果购买了"众乐宝"，就无须缴纳保证金，既获得消费者保障服务资格与消保标识，又获得最高可达20万元的保障额度。

众乐宝是国内首款网络保证金保险的产品，其目标客户锁定为淘宝网上数百万的卖家，大致购买流程如图4-1所示。

| 卖家登录淘宝 | 进入消 | 选择保证金 | 填写信息并 | 投保 |
| 账户 | 保页面 | 计划 | 投保 | 成功 |

图 4-1　众乐宝的购买流程

通过保险，将中小卖家聚合在一起，解放其被冻结在支付宝中的保证金，将无形风险转化为可量化的成本共同抵御风险，这样有助于提高资金实力并不雄厚的中小卖家的资金周转率。

对于淘宝买家来说，该产品的推出意味着将缩短维权过程。如果在买卖双方发生维权纠纷，需要店铺对买家赔付，"众乐宝"会先垫付理赔款，不必等待卖家转账。

4.3.3　众乐宝的创新型思路

众乐宝上线已经有2个多月，但市场反响并未达到理想的效果。或许是缴纳了保证金的淘宝卖家"不差钱"，也可能是卖家不愿有更多的机构"插足"到自己与客户的纠纷之间。以笔者曾经开设淘宝店的经验来看，任何涉及买家索赔的情况发生时，卖家都希望私下与买家解决，因为信誉在淘宝网至关重要。

不过，在思路创新方面，众乐宝已经做得非常优秀，它带给我们的应该是"渔"，而不是"鱼"。

1．理赔与追赔的新方式

众乐宝在理赔和追赔的形式上采取"先行垫付、事后追赔"的方式，即一旦买卖双方发生维权纠纷，需要店铺对买家赔付，"众乐宝"会先垫付理赔款，事后再向卖家追款。

这样的理赔形式对于卖家来说，提高了资金的使用效率；对于买家来说，保险的先行赔付可以缩短维权过程，更好地提升买家的购物体验。

2. 涉足于商业信用领域

如果说众乐宝为电商平台的中小卖家起到了保驾护航的作用，作为首款保险金融企业开发的互联网保险产品，众乐宝的上线也可以看作金融企业首次介入互联网商业信用领域，因此使中国商业信用保证体系的建设也产生了质的飞跃。

• 专 家 提 醒

互联网金融的本质是建立良好的信用体系，要跨越今天金融做不到的"鸿沟"，就是把信用体系建好，在这之后，金融体系自然而然地就会变得更加完善。

建立有保障的生态环境，既要鼓励卖家诚信经营，又要提高卖家经营的积极性，同时保障买家利益，在采用缴纳消费保证金的形式之后，信用体系更多的还是要靠更完善的风险管控机制。

3. 提供独特的风控体系

众乐宝的推出，为整个互联网交易活动提供了一整套风险管控体系，基于互联网数据的事前管控，对于高风险卖家可以有效识别，过往信用记录不佳的不良卖家可被排除在投保范畴之外。

以往的保险一般只为单方面提供交易保障，而众乐宝给保险行业带来新的思路，让保险可以成为一种双赢的金融方式。

4.4　银行投保，互联网银行投保更便捷

一般来说，银行都有自己的合作保险公司，各大银行都提供在线购买保险的服务，用户只需登录自己的网银（手银）即可在线购买保险产品。

对于出门在外的用户来说，使用手银客户端购买保险是特别方便的事情。手银投保也是网络保险不可或缺的一部分。

4.4.1　网上银行投保

用户登录各大银行的官方网站，在网页的醒目位置都可以看到在线投保的链接、频道或是栏目。如图 4-2 所示，为工商银行主页。

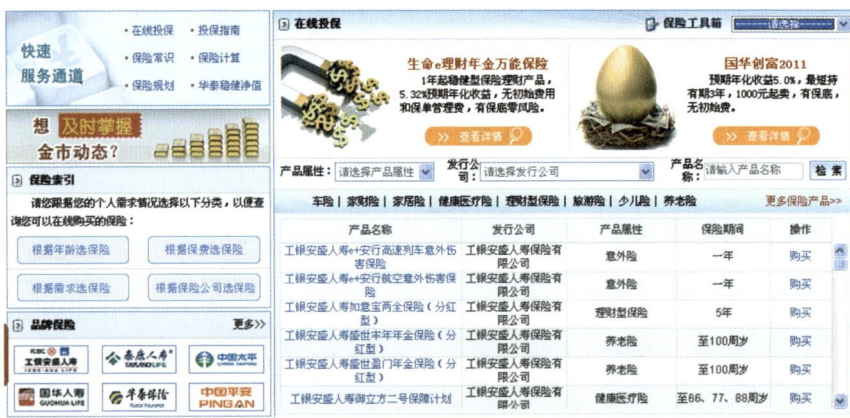

图 4-2　工商银行主页

各大银行的网上投保流程大致相似，一般来说可分为登录官网、选择产品、登录网银、填写信息、网上付款、寄送保单 6 个步骤，如图 4-3 所示。

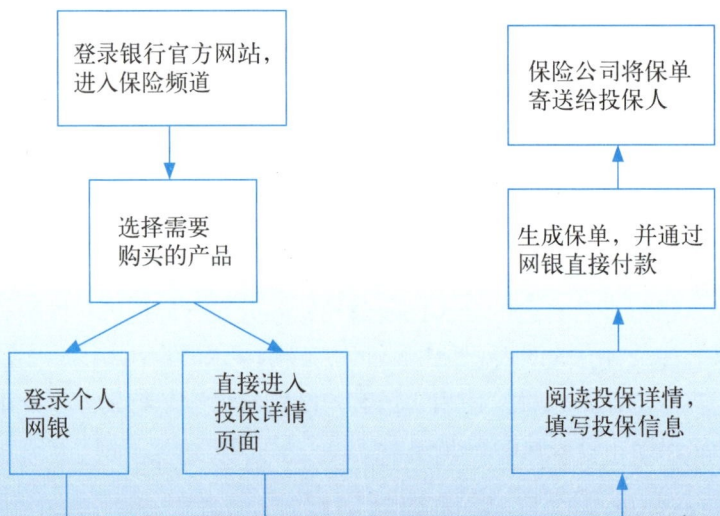

图 4-3　网上投保流程

4.4.2　手机银行投保

使用手机银行投保比网银更加方便，这里以工行手机银行为例，购买保险的方法如下。

(1) 用户登录后，在工行手机银行"投资理财"界面点击"保险业务"按钮，如图 4-4 所示。

(2) 在"保险业务"界面点击"手机投保"按钮，如图 4-5 所示。

图 4-4　点击"保险业务"按钮　　　图 4-5　点击"手机投保"按钮

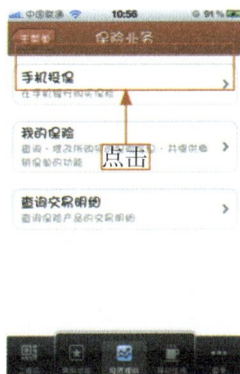

(3) 在打开的"手机投保"界面点击需要购买的保险种类即可查看详情，如图 4-6 所示。

(4) 在保险的详情界面点击"投保"按钮，如图 4-7 所示。

图 4-6　点击需要保险　　　　　图 4-7　点击"投保"按钮

(5) 阅读相关说明书、协议等文件后，点击"下一步"按钮，如图 4-8 所示。

(6) 输入身份证号码后 4 位数、证件有效截止日、购买的份数等信息后，点击"下一步"按钮，如图 4-9 所示。

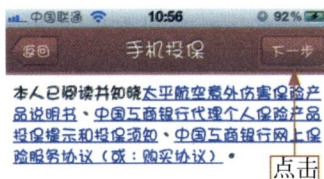

图 4-8　点击"下一步"按钮　　　　　图 4-9　点击"下一步"按钮

(7) 选择投保付款账户后点击"下一步"按钮，如图 4-10 所示。

(8) 确认信息无误后点击"确定"按钮，如图 4-11 所示。根据页面提示输入动态密码即可完成保险的购买。

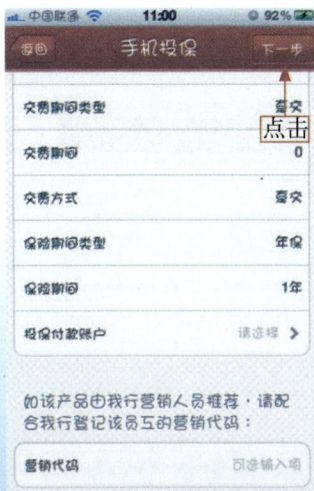

图 4-10　点击"下一步"按钮　　　　　图 4-11　点击"确定"按钮

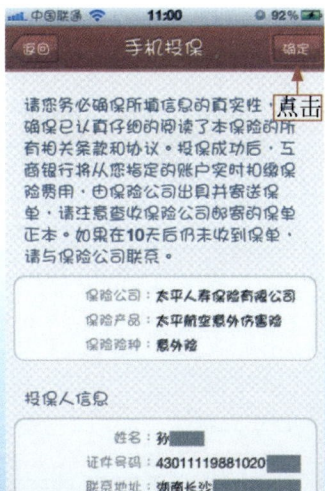

4.5 发展创新，互联网保险的新型产品

借助互联网，保险行业打破了传统的思维方式，推出了许多新型的互联网保险产品，这些产品可能让人耳目一新，也可能是为了博取眼球。不过互联网本身就具有娱乐精神，无论在互联网上出现怎样的保险产品，用户还是应该从自身的实际情况出发，考虑其是否有购买价值。

4.5.1 乐业保——为小微企业员工提供保障

淘宝网上的店铺已经超过 700 万家，带动就业过千万，衍生出很多新型就业群体，如网络卖家、店铺小二、网络客服等。这些"虚拟职业"难以得到"五险一金"的保障，且虚拟职业的从业者多数为 80 后、90 后的年轻人，他们对保险的意识更加淡薄。

乐业保则是专门针对这样的人群设计的一款保险产品，乐业保提供意外、医疗、养老等主要保障。如在癌症和身故的保障中，用户每月只需支出 10 元，发生事故即可获得一次性赔付 10 万元；每月支出 5 元，住院即可享受每天 50 元的津贴，可理赔的医院超过 3000 家，基本覆盖全国所有城市。

在淘宝的"卖家中心"找到"乐业保"选项，单击即可跳转至乐业保主页，如图 4-12 所示。用户可以为自己购买，也可为店铺员工进行投保，而被保的员工，即使离职转换工作，其在乐业保所享受的保障亦可由其携带，在新的卖家处续保。

图 4-12　乐业保主页

有资料显示，淘宝网上有 55.2% 的卖家没有参加基本社保，45% 的网店员工没有参加基本社保。不仅如此，这些人群购买商业保险的比例也仅为 27%。也就是说，保障缺位现象严重，一旦店主、员工突发意外或罹患重疾对于店铺经营将会产生严重影响。

• 专 家 提 醒

乐业保能以成本的价格提供保障，得益于淘宝保险背靠阿里小微金融服务集团的大数据资源。借助大数据对卖家诚信的挖掘，结合互联网特有的风险管理能力，为保险精算提供了更精准的依据。

4.5.2　余额宝二代——支付宝的保险理财产品

2014 年 2 月 14 日，余额宝正式推出两款保险理财产品，均为预期年化收益率 7% 的一年期保本保底万能险。其中一款为珠江汇赢 1 号，限售金额为 3.8 亿元；另一款为天安安心盈 B 款，限售金额为 2 亿元。令人难以置信的是，当天上午 10 点钟开售，总额为 5.8 亿元的"元宵节保险理财产品"在 3 分钟内即被抢购一空。

• 专 家 提 醒

作为金融与互联网交叉融合的产物，互联网金融是当前最具创新活力和增长潜力的新兴行业，也是新时期我国金融改革创新的重要领域和关键环节。当前互联网金融的渗透、竞争和强劲发展，已经成为金融市场创新发展的重要推动力量，并与传统金融形成相互博弈、相互交叉、共同促进的格局。

"元宵理财"在 3 分钟的时间内就宣告售罄，成交金额高达 5.8 亿元，这个速度堪称国内最成功的保险理财产品之一。"元宵理财"是继余额宝之后，支付宝推出的第二款理财产品。用户登录自己的支付宝账户后，即可在主页面看到余额宝二代的广告链接，如图 4-13 所示。

在余额宝让广大投资者对货币基金理财有了全面认识之后，此次"余额宝二代"的风靡也许会让普通民众改变对保险的认识，对未来保险理财产品的销售将起到极大的推动作用，也将直接利好保险类公司估值。

图 4-13　余额宝二代

4.5.3　赏月险——噱头与创新的相互结合

2013 年中秋节前夕，由安联财险与阿里小微金融服务集团旗下淘宝保险共同合作，推出了一款名为"赏月险"的保险产品，购买该保险后，若被保人在中秋节看不到月亮即可获赔。

1. 内容说明

赏月险的保费设置分为两档。其中一档投保价格为 20 元，若被保险人在赏月城市由于天气原因看不到月亮（即阴天或雨天），可获保险理赔 50 元。另一档投保价格为 99 元，赏月城市增加至 41 个，依照保险内容，如果被保险人在赏月城市由于天气原因看不到月亮，即可获保险理赔 188 元。

2. 理赔规则

赏月险的理赔标准将依据 2013 年 9 月 19 日中秋节当天，20 时至 24 时中国天气网的天气播报进行评判。如果在这一时段内，天气播报为阴天或雨天，则界定为未能看到月亮，可获得理赔。如果这一时段内为其他天气情况，则界定为看到月亮。

赏月险的赔付只和天气有关，并不是以个人是否实际看到月亮为准。当然前提是被保险人在赏月城市由于天气原因看不到月亮，即可获保险理赔。对于符合条件的被保险人，保险人将主动向被保险人支付津贴，支付方式为支付宝转账。

3．市场效果

据相关数据显示，此时共有 5154 名投保人购买了赏月险，获得赔偿的投保人约占总数的 9%。笔者估算，赏月险的保费收入超过 40 万元，赔偿金额最多 9 万元，获利可达 31 万元以上。

4．产品分析

赏月险是专门为互联网设计的保险产品，如果换成线下渠道销售，赏月险这种"标新立异"的险种肯定无法销售，甚至在代理人推销保险时，会被客户认为是骗子而扫地出门。因此，只有在互联网上，保险公司才能推送这样的创新险种。毕竟网购的人群以年轻人为主，他们接受新鲜事物的能力更强。

有不少网民表示，这样的险种与赌博差不多，"押 20 赔 50""押 99 赔 188"，推出这样的保险根本就是一个噱头。是创新也好，是噱头也罢，赏月险的开发对我国的保险行业绝对有积极意义，这可以认为是保险公司和互联网公司搭载合作模式的成功尝试。

4.5.4 脱光险——三重大礼引人注目

2013 年 11 月，淘宝网推出"脱光险"鼓励寻找爱情，单身人群若能在一年后注册登记结婚，即能获得保险公司提供的蜜月礼金。该险种套餐包括单身意外保障、交友网会员服务、婚嫁礼金三重大礼。

1．内容说明

脱光险共分三款："小清新"脱光险、"小奢华"脱光险、"大土豪"脱光险，保费从低到高，分别为 11.11 元、111.1 元、1111.1 元。其中，最具诱惑力的当数"大土豪"脱光险，不但赠送价值 349 元百合网 1 年水晶会员服务，而且提供 1 年的 60 万元意外伤害身故残疾保险、6 万元意外伤害医疗保险和最高 4999 元浪漫游礼金。

2．理赔规则

凡购买"脱光险"的单身男女，在 2014 年 11 月 1 日至 11 日期间注册登记结婚，在兑奖时间内致电客服人员，并提供保单号、身份证及本人结婚证照片，即视为脱光成功。

3．产品分析

　　其实脱光险的本质还是一年期的意外险，所谓脱光后的大礼，只能算是附加的福利。如果把保险当作一瓶酒，那么这种模式是将旧酒装到了新瓶子里，并且在销售的时候，重点宣传酒瓶，而非酒。互联网上的年轻人总喜欢尝试新鲜事物，而这样的互联网销售模式正好抓住了这一点。

理财平台，领略互联网理财的魅力

第5章

学前提示

在科学技术日渐发达的今天，互联网技术的应用已经不是什么新鲜事，那么物联网呢？作为当下智能家居开发以及智慧城市建设的中坚力量，物联网将应用于各个领域，并引领人们进入更加智能化的时代。

理财平台，
领略互联网
理财的魅力

- 先行了解，理财平台的基本特征
- 淘宝理财，理财平台的网店模式
- 百度财富，理财平台的资讯模式
- 天天基金网，理财平台的超市模式
- 盈盈理财，理财平台的移动模式

5.1　先行了解，理财平台的基本特征

理财平台是互联网金融门户中的一种，这些平台汇聚了大量的金融产品，并提供在线导购及购买匹配，可以认为是"理财产品超市"。

5.1.1　向用户提供市场信息

理财平台最大的特征是能够提供市场信息，并打造了"搜索＋比价"的金融产品在线搜索方式。用户可以在理财平台通过对比各个金融产品的价格、收益等信息，自行挑选合适的金融产品。因此，理财平台可以达到很好的"去中介"效果，用户不必再面对各种各样的理财顾问或是产品经理。

互联网金融理财平台的重要变革主要集中在搜索层，对大量的金融信息进行提炼、加工，可以让用户轻而易举地找到自己需要的产品。总而言之，用户借助互联网理财平台，从被动接受单一理财产品的模式变为了主动寻找多种理财产品的模式，如图 5-1 所示。

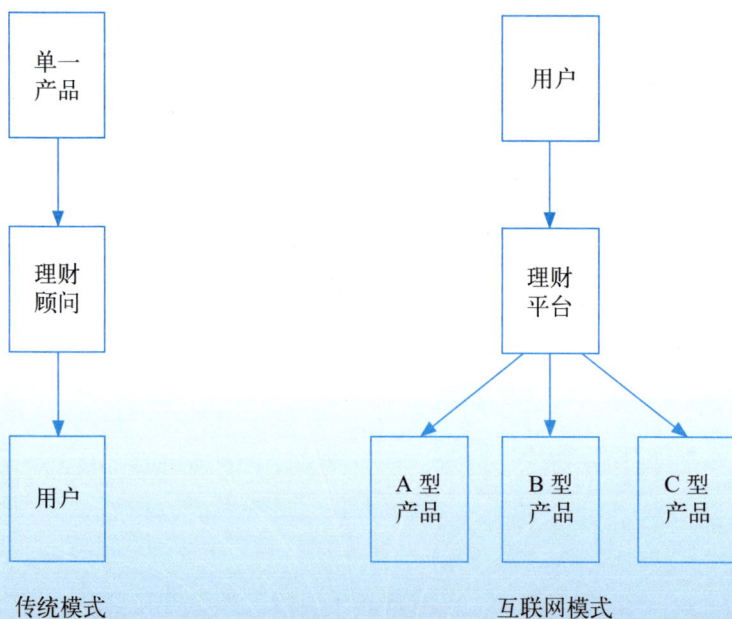

图 5-1　模式对比

理财平台在帮助用户获得需要的信息时，还能通过用户的数据了解他们的需求倾向，以便提供更好的服务。

大多数的平台网站提出了选购理财产品的条件，如投资周期、投入金额、回报率、风险率等，平台收集这些数据后，即可主推用户希望获得的投资产品。

5.1.2 更加注重用户的体验

理财平台相比传统理财产品的购买方式，一个核心的竞争优势是客户导向型战略。也就是通过对市场进行细致分类，确定目标客户群，提供与其需求对应的服务，更加注重用户的体验。

·专家提醒

从经济学的角度出发，理财平台注重用户体验的原因在于网络金融产品和服务具有规模经济的特性。

虽然理财平台额外增加一个产品或提供一次服务的边际成本较低，且随着平台规模的扩大，其平均成本也会被拉低，但是，理财平台的扩张只有在市场空间充裕、用户数量充沛的前提下才能实现。

5.1.3 体现渠道的固有价值

从整个产业来看，互联网理财平台的上游为金融产品供应商，即传统金融机构，下游则为客户。作为中间桥梁的理财平台，其最大的价值就是它的渠道价值，如图 5-2 所示。

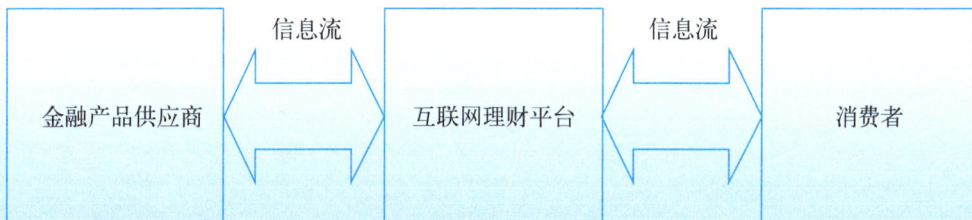

图 5-2 理财平台的价值

对于上游产业来说，客户是第一生产力，而互联网这种渠道是新型渠道，拥有巨大市场。同时，理财平台承载着大量的信息流，客户在平台上不需要逐一地浏览商品信息，而是可以根据特定需求进行反向的搜索比较。

无论是站在产业链的哪个角度来看，互联网理财平台都是必不可少的一部分。因此，当理财平台拥有品牌效应并积累了庞大的流量后，自然会成为金融机构的主要销售渠道。

5.2　淘宝理财，理财平台的网店模式

互联网理财平台有多种模式，网店模式由网购平台自然地进化而来。此类平台有许多种，如淘宝、京东、腾讯等传统网购平台都有理财平台的分支。本节以淘宝理财为例，为大家讲解如何在网店模式的理财平台购买理财产品。

5.2.1　挑选理财产品

淘宝理财平台可以使用淘宝网的账户直接登录，用户打开淘宝理财主页登录后，即可挑选自己需要的理财产品。

(1) 在主页上选择自己需要查看的理财类别，如图 5-3 所示。

图 5-3　选择理财产品类别

(2) 与网购挑选商品类似，用户可以随便挑选店铺（理财公司）和宝贝（理财产品），如图 5-4 所示。

图 5-4　挑选具体产品

(3) 用户单击任一理财产品即可进入产品介绍界面，如图 5-5 所示。

(4) 在产品介绍界面可以看到宝贝详情、月成交记录、历史收益回报等信息，如图 5-6 所示。

图 5-5　产品介绍界面

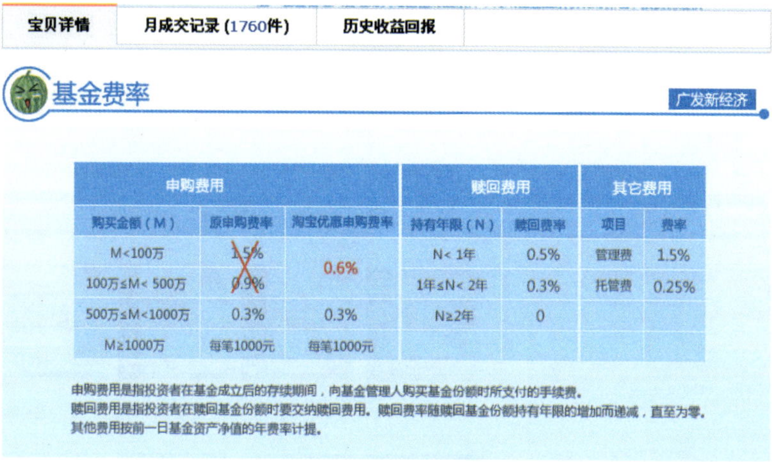

图 5-6　查看详细信息

5.2.2　进行风险测试

　　若用户是第一次在某店铺购买理财产品，在产品介绍界面单击"购买"按钮后，会自动跳转至风险测试页面，用户可以对自己进行风险测试，也可以选择跳过。对于新手来说，最好是得出测试结果后再考虑购买具体产品。风险测试一般是单选题，如图 5-7 所示。

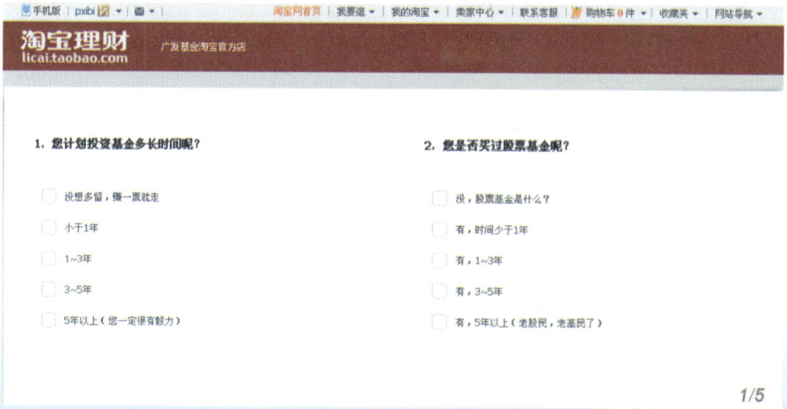

图 5-7　风险测试

　　答题完毕即可得到自己的测试结果，确认自己的风险承受能力适合该理财产品后，可单击"继续购买"按钮以购买产品，如图 5-8 所示。

图 5-8　单击"继续购买"按钮

• 专 家 提 醒

　　需要注意的是，使用淘宝账户购买理财产品时，需要先对账户进行实名认证，即绑定身份证号码和真实姓名。

5.2.3　网上购买支付

　　淘宝理财平台的产品可以使用支付宝付款购买，其具体方法如下。用户在产品介绍界面单击"购买"按钮，或是在风险测试完毕后单击"继续购买"按钮，即可进入"确认订单信息"界面，如图 5-9 所示。

图 5-9　"确认订单信息"界面

用户确认信息无误并单击"继续"按钮后，即可进入支付宝付款界面，如图 5-10 所示。

图 5-10　支付宝付款界面

5.3　百度财富，理财平台的资讯模式

资讯模式的理财平台只提供给用户理财产品的资讯，并不直接与用户产生经济关系，这种平台类似搜索引擎。本节将以百度搜索引擎旗下的百度财富为例，为大家讲解资讯类理财平台的使用方法。

5.3.1　搜索产品更加便捷

百度财富是百度官方金融平台，内含保险、理财、贷款、信用卡等频道，汇聚了全网正规的互联网金融资源。

(1) 用户登录其网站后，应先选择需要进入的频道，如图 5-11 所示。也可以在主页上直接单击各种类型的链接或搜索理财产品。

图 5-11　选择频道

(2) 进入具体频道后设置搜索条件，如图 5-12 所示。

图 5-12　设置搜索条件

(3) 系统根据用户设置的条件搜索出相应的产品，如图 5-13 所示。

• 专家提醒

　　实际上，用户是通过搜索引擎的牵线搭桥，直接与提供理财产品的公司进行垂直交易。

图 5-13　搜索出相应产品

5.3.2　提供垂直交易模式

用户根据上文所述找到所需要的产品后，单击"查看详情"按钮则会自动跳转至提供该产品的网站，如图 5-14 所示。

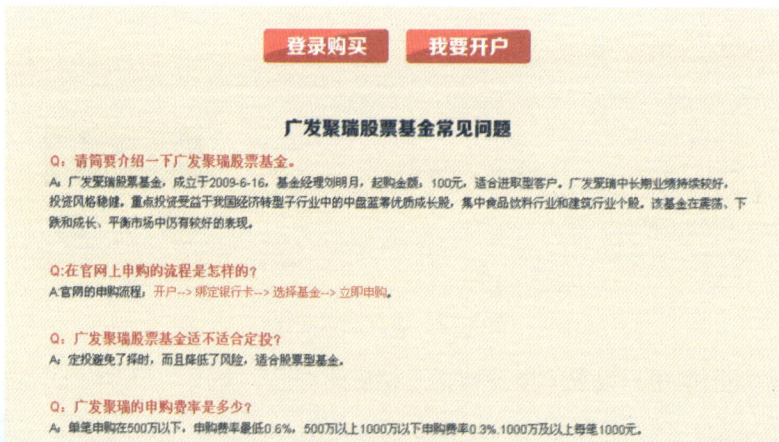

图 5-14　跳转至网站

假设用户选择的是广发基金的某理财产品，那么用户就需要在广发基金公司开户，如图 5-15 所示。开户后，其具体购买流程与网点购买类似，用户可参照前述方法进行操作。

图 5-15　开户页面

•专 家 提 醒

　　由于资讯模式的理财平台提供给用户的是垂直交易模式，因此若要购买多个公司的理财产品，则必须开设多个账户。但是，用户在公司直购可享受的优惠也是最多的，毕竟少了一些中间环节。

5.4　天天基金网，理财平台的超市模式

　　超市模式的理财平台更像是"麦德龙"，用户必须成为会员才能在其中"购物"，其门槛虽然较高（需要注册），但本质还是购买理财产品。本节将以天天基金网为例，为大家讲解超市模式理财平台的使用方法。

5.4.1　注册相对复杂

　　相对于其他模式的理财平台，超市模式的注册流程较多，除了常规的账户激活外，用户还需要使用网银转账绑定银行卡。但注册以后，用户购买任何理财产品都无须再进行注册，可以说是一种"一劳永逸"的模式。天天基金网的账户注册流程具体如下。

(1) 用户登录天天基金网主页，单击页面上方的"基金交易登录"按钮进入"基金交易登录"页面后，单击"10秒免费开户"按钮，如图5-16所示。

图 5-16　单击"10秒免费开户"按钮

(2) 在打开的"填写个人信息"界面填写真实姓名、手机号码后，单击"下一步"按钮，如图5-17所示。

图 5-17　单击"下一步"按钮

·专家提醒

　　天天基金网是东方财富信息股份有限公司的全资子公司，是中国证监会批准的首批独立基金销售机构，而母公司东方财富网，是中国访问量最大、影响力最大的财经门户网站。

(3) 设置交易密码并阅读协议后，单击"我已阅读并同意以下协议，下一步"按钮，如图 5-18 所示。

(4) 选择开户银行卡后，单击"下一步"按钮，如图 5-19 所示。

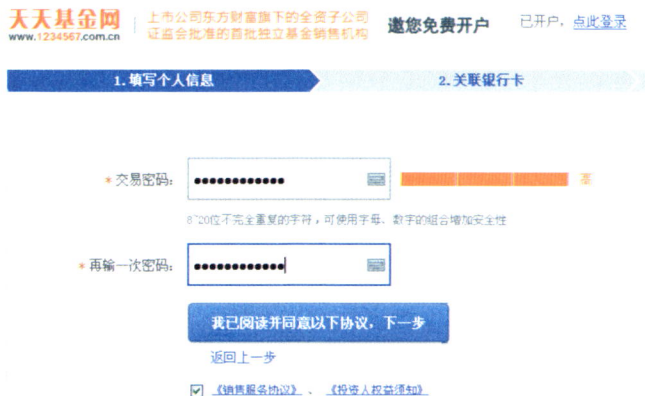

图 5-18　单击"我已阅读并同意以下协议，下一步"按钮

图 5-19　单击"下一步"按钮

(5) 弹出"银行直连验证"对话框，单击"确认"按钮，如图 5-20 所示。

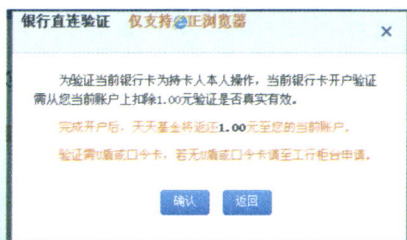

图 5-20　单击"确认"按钮

（6）在打开的界面中填写银行卡号、证件号、持卡人姓名后，单击"开始安全验证"按钮，如图 5-21 所示。

图 5-21　单击"开始安全验证"按钮

（7）网页将跳转至网银界面，用户根据页面上的提示进行网银转账即可，如图 5-22 所示。

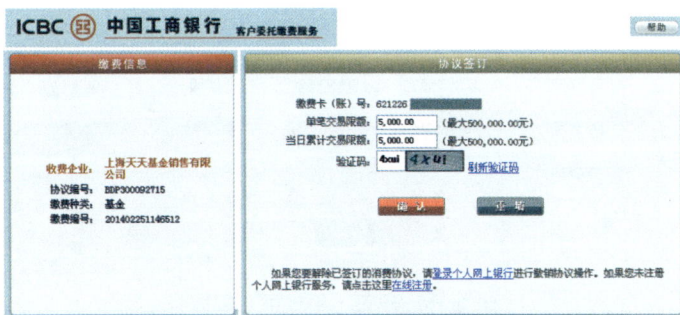

图 5-22　网银界面

5.4.2　产品购买方便

用户注册后，即可直接在网站查看自己感兴趣的基金品种，如图 5-23 所示。也可以在主页面单击"基金导购"按钮，查询自己需要的基金品种，如图 5-24 所示。购买基金的具体步骤可参考前面章节所述操作。此外，天天基金网还提供新基金申购、基金定投等服务。

图 5-23　选择产品

图 5-24　查询产品

5.5　盈盈理财，理财平台的移动模式

对于智能手机用户来说，他们更倾向于在手机上进行理财、投资。目前，比较主流的移动理财平台有铜板街、盈盈理财等，且它们都属于超市模式，用户注册以后，即可在手机上购买各种各样的理财产品。本节将以盈盈理财为例，为大家讲解移动理财平台的使用方法。

5.5.1　注册登录

用户注册并登录后，才能购买理财产品，其注册登录方法如下。

（1）进入盈盈理财主界面后，点击"登录"按钮，如图 5-25 所示。

（2）在打开的"填写手机号码"界面，输入手机号码并点击"下一步"按钮，如图 5-26 所示。

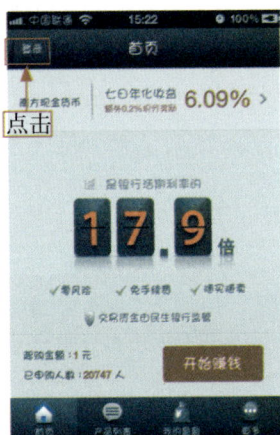

图 5-25　点击"登录"按钮

图 5-26　点击"下一步"按钮

（3）在打开的"填写验证码"界面填写短信验证码并点击"确定"按钮，如图 5-27 所示。

（4）完成注册登录之后，系统会自动跳转至产品列表界面，如图 5-28 所示。

图 5-27　点击"确定"按钮

图 5-28　完成注册登录

5.5.2　查看详情

用户在查看理财产品时，还能使用盈盈理财提供的较为方便的收益计算功能，其方法如下。

(1) 在"产品列表"界面点击合适的理财产品，如图 5-29 所示。

(2) 进入理财产品概况界面后，点击"预估收益"按钮，如图 5-30 所示。

图 5-29　选择理财产品　　　　图 5-30　点击"预估收益"按钮

• 专 家 提 醒

目前市场上互联网理财产品的收益率已经高于 2013 年同期及 5～6 月份钱荒时的货币基金产品收益率。

以活期宝为例，2013 年 1 月 22 日，华夏现金增利货币 A/E 公布的 7 日年化收益率为 5.08%；2014 年 1 月 21 日，华夏现金增利货币 A/E 最近 7 日年化收益率高达 7.031%。

如此高的收益率自然吸引了众多用户的青睐，但是收益率可以轻易"作高"。笔者认为，目前正是互联网理财平台抢占客户的好时机，纷纷拉高自己的收益率是自然的，但这种高水分的收益率基本没有参考价值。

此外，货币基金不等同于银行存款，其收益高低与市场状况有关。近期各种货币基金收益之所以走高，与 2013 年下半年货币市场利率中枢不断上移有关。

(3) 进入"预估收益"界面后即可查看收益状况，如图 5-31 所示。

(4) 点击金额文本框，输入自己的预期投资资金，如图 5-32 所示。

图 5-31 "预估收益"界面

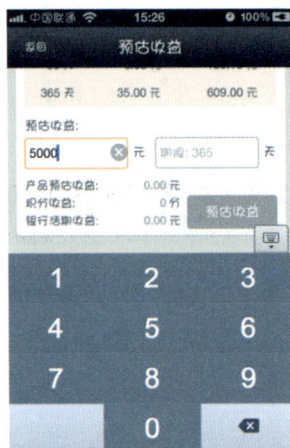

图 5-32 输入资金

(5) 输入天数后点击"预估收益"按钮，如图 5-33 所示。

(6) 稍等片刻，软件即可根据资金和天数预估出收益，如图 5-34 所示。

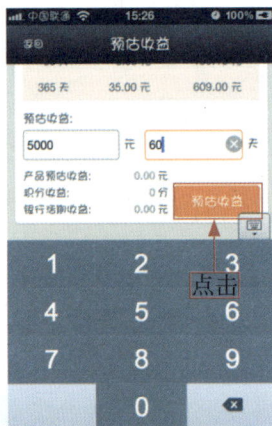

图 5-33 点击"预估收益"按钮

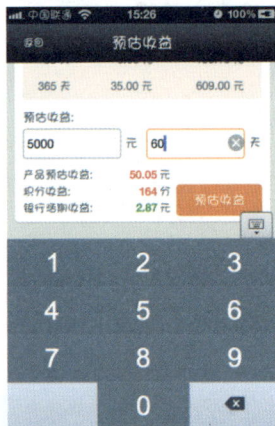

图 5-34 显示预估收益

5.5.3 买入产品

用户选择好需要购买的产品后，即可开始进行买入操作，其具体步骤如下。

(1) 在理财产品概况界面点击"申购"按钮，如图 5-35 所示。

(2) 在打开的"申购"界面输入申购金额之后，点击"下一步"按钮，如图 5-36 所示。

图 5-35　点击"申购"按钮　　　　图 5-36　点击"下一步"按钮

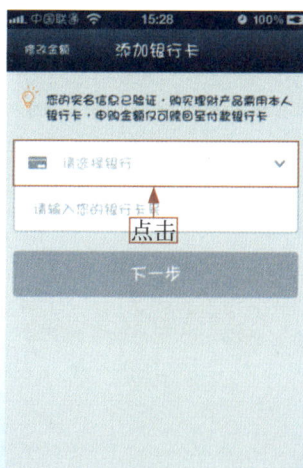

(3) 在打开的"身份信息确认"界面输入姓名和身份证号后点击"下一步"按钮，如图 5-37 所示。

(4) 进入"添加银行卡"界面，点击"请选择银行"按钮，如图 5-38 所示。

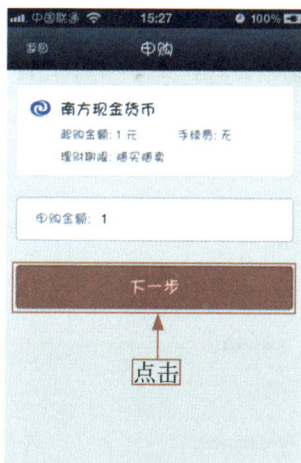

图 5-37　点击"下一步"按钮　　　　图 5-38　点击"请选择银行"按钮

　　(5) 打开"请选择银行"界面，选择自己银行卡所在的银行，如图 5-39 所示。

　　(6) 进入"添加银行卡"界面，输入银行卡号及开户地址后，点击"下一步"按钮，如图 5-40 所示。

图 5-39　选择银行

图 5-40　点击"下一步"按钮

　　(7) 进入"设置交易密码"界面，设置交易密码后点击"下一步"按钮，如图 5-41 所示。

　　(8) 用户确认交易信息无误后，点击"确认申购"按钮即可完成产品的买入，如图 5-42 所示。

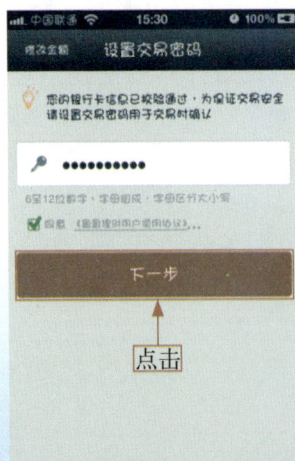

图 5-41　点击"下一步"按钮

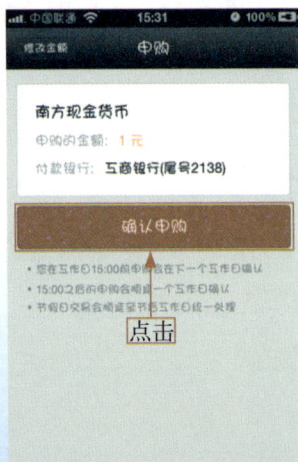

图 5-42　点击"确认申购"按钮

• 专 家 提 醒

"7 日年化收益率"是最直观反映基金业绩的指标，是指货币基金最近 7 个自然日，每万份基金份额平均收益折算的年收益率。它是一项短期指标，代表的只是基金过去 7 天的盈利水平，并不说明未来的收益水平。在考察该指标时，不能忽视对收益波动率的关注，因为收益波动率反映该基金未来收益预期是否具有稳定性。

一般情况下，如果 7 日年化收益率波动很大，投资者的实际收益率与购买时的收益率可能存在较大出入。因此，该指标无法作为长期投资的盈利指导。同时，收益水平只是评价货币市场基金优劣的一种因素，货币市场基金追求的是"安全性、流动性、收益性的协调与统一"。因此，资产的流动性水平也是货币市场基金的一个重要因素，即申请赎回后要多久才能拿到钱。

5.5.4　查询资金

用户可对自己账户的资金状况进行详细的查询，其方法如下。

(1) 在主界面点击"我的盈盈"按钮即可查看账户的概况，如图 5-43 所示。

(2) 在"我的盈盈"界面中点击"总资产"栏，可以查看资产总览，如图 5-44 所示。

图 5-43　点击"我的盈盈"按钮　　　　图 5-44　查看资产总览

（3）在"我的盈盈"界面点击自己所购买的产品，可查看其交易明细等信息，如图 5-45 所示。

（4）点击任意交易明细即可查看该明细的交易详情，如图 5-46 所示。

图 5-45　查看交易明细

图 5-46　查看交易详情

5.5.5　提升额度

用户绑定银行卡后，其默认的每日交易额度只有 10 000 元，对于大多数用户都会不够用，此时用户可以提升银行卡的交易额度，其方法如下。

（1）在"我的盈盈"界面点击"账户"栏进入账户中心，如图 5-47 所示。

（2）在账户中心点击"银行卡管理"按钮，如图 5-48 所示。

图 5-47　点击账户栏

图 5-48　点击"银行卡管理"按钮

(3) 进入"银行卡管理"界面，点击"提升交易额度"按钮，如图 5-49 所示。

(4) 进入"银行卡验证"界面，点击"我要验证"按钮，如图 5-50 所示。

图 5-49 点击"提升交易额度"按钮　　　图 5-50 点击"我要验证"按钮

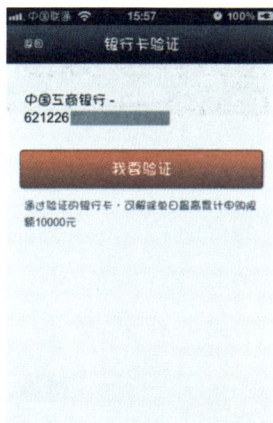

(5) 盈盈理财会给用户的银行卡打一笔小额资金，用户输入对应金额后点击"验证"按钮，如图 5-51 所示。

(6) 验证通过后，用户的每日交易额度可提升至 5 万元，如图 5-52 所示。

图 5-51 点击"验证"按钮　　　　　图 5-52 完成验证

5.5.6 赎回产品

用户可随时将自己购买的基金赎回，其方法如下。

(1) 在"我的盈盈"界面点击"赎回"按钮，如图 5-53 所示。

(2) 进入"赎回"界面，输入赎回的份额与交易密码后，点击"确认"按钮即可完成产品的卖出，将资金回笼，如图 5-54 所示。

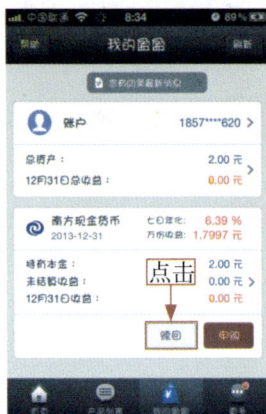

图 5-53　点击"赎回"按钮　　　　图 5-54　点击"确认"按钮

第三方支付，互联网金融的支付模式

第6章

学前提示

第三方支付引起了整个互联网支付的激烈竞争，包括阿里巴巴、腾讯在内的多家知名企业加入了竞争行列。在我国的互联网金融革命中，第三方支付的规模可以说是领跑全球。

第三方支付，互联网金融的支付模式

- 基础分析，第三方支付的入门知识
- 更新换代，第三方支付的发展历程
- 平台代表，第三方支付平台的选择
- 移动红包，主流的第三方支付模式
- 风险评测，第三方支付平台常见陷阱

6.1　基础分析，第三方支付的入门知识

随着电子商务的蓬勃发展，网上购物、在线交易对于消费者而言，已经从一种新鲜未知的事物变成了日常生活的一部分。对于这样一个你可能每天要接触事物，了解其基本知识是必要的。

6.1.1　第三方支付的具体概念

根据央行 2010 年在《非金融机构支付服务管理办法》中给出的非金融机构支付服务的定义，从广义上讲第三方支付是指非金融机构作为收、付款人的支付中介所提供的网络支付、预付卡、银行卡收单以及中国人民银行确定的其他支付服务。第三方支付已不仅仅局限于最初的互联网支付，而是成为线上线下全面覆盖，应用途径更为丰富的综合支付工具，在互联网金融中扮演着至关重要的角色，如图 6-1 所示。

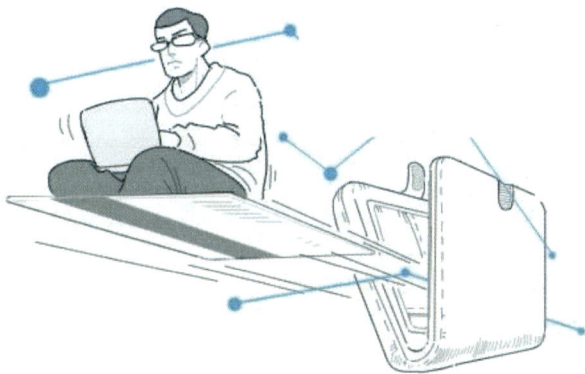

图 6-1　第三方支付平台扮演的角色

不过，互联网是高速发展的，如果根据互联网的思想来解释第三方支付平台的话，笔者认为，第三方支付平台是由"第三方"、"支付"和"平台"组成，因此其定义应该从三个方面来分析。

- 第三方：之所以称为"第三方"，是因为这些平台并不涉及资金的所有权，仅仅起到中转的作用。
- 支付：即结账。它原本是用来解决不同银行卡的网上银行之间的对接、异

常交易带来的信用缺失等问题，通过提供线上和线下的支付渠道，完成从消费者到商户以及金融机构间的货币支付、资金清算、查询统计等过程。

- 平台：之所以称为"平台"，是因为第三方支付的功用并不仅仅是进行付款与收款，还能提供多种个性化服务，满足用户日常生活中大部分收支行为。

6.1.2 第三方支付的运营模式

第三方支付是具备一定实力和信誉保障的独立机构，采用与各大银行签约的方式，提供与银行支付结算系统对接的交易平台的网络支付模式。从发展路径与用户积累途径来看，目前市场上第三方支付公司的运营模式可以归为两大类。

1. 独立模式

独立第三方支付模式是指第三方支付平台完全独立于电子商务网站，不负有担保功能，仅仅为用户提供支付产品和支付系统解决方案，在这方面以快钱、易宝支付、汇付天下、拉卡拉等为典型代表。在这种模式中，又可细分出平台的三大运作方式。

- 综合运作方式。这类平台没有支付宝在网购市场所占有的先天优势，它们把自己定位成电子支付平台，提供货到付款、线下结算等多种支付方式。"快钱"则是该方式的代表平台，目前，快钱线下业务规模已经占据整体业务规模的一半以上。
- 垂直运作方式。不同的行业在支付过程中存在一定的差异，垂直运作方式可以看作是一个"格式转换软件"，它提供跨行业通用性的解决方案。如易宝支付、汇付天下都是这种运作方式的代表平台。
- 刷卡运作方式。刷卡运作也就是"拉卡拉"这样的支付模式，即用户可以不通过计算机、手机端口进行支付。该方式适用于用户无法享受电子化服务的场合。

2. 担保模式

这种模式是以支付宝、财付通为代表，依托自由 B2C、C2C 电子商务网站提供担保功能的第三方支付模式。

货款暂由平台托管并由平台通知卖家货款到达、进行发货；在此类支付模式中，买方在电商网站选购商品后，使用第三方平台提供的账户进行货款支付，待买方检验物品并进行确认后，就可以通知平台付款给卖家，这时第三方支付平台再将款项转至卖方账户。

6.1.3　第三方支付的相关特点

第三方支付可以认为是一种新型的个人资产管理模式，它的特点极为鲜明，相较传统的支付模式，既有优点也有缺点。

1．优点

第三方平台结算支付模式有以下优点。

- 降低账户使用风险。信用卡信息或账户信息仅需要告知支付中介，而无须告诉每一个收款人，这大大减少了信用卡信息和账户信息失密的风险。
- 手续费低廉。支付中介集中了大量的电子小额交易，形成规模效应，因而支付成本较低。
- 使用方便。对支付者而言，他所面对的是友好的界面，不必考虑背后复杂的技术操作过程。
- 保障付款双方的利益。支付担保业务可以在很大程度上保障付款人的利益，分流了交易双方出现违约情况的风险。

2．缺点

作为一种新型结算支付模式，第三方平台还存在以下缺点。

- 是一种虚拟支付层的支付模式。在某些情况下，支付平台不能完成所有的收支流程，需要其他的"实际支付方式"完成实际支付层的操作。例如用户无法直接拿到发票。
- 平台运行风险。付款人的银行卡信息将暴露给第三方支付平台，如果这个第三方支付平台的信用度或者保密手段欠佳，将带给付款人相关风险。
- 法律保障有缺陷。第三方结算支付中介的法律地位缺乏规定，一旦该支付平台破产，消费者所购买的"电子货币"可能成了破产债权，无法得到保障。

6.1.4　第三方支付的平台服务

国内第三方支付平台根据市场需求，经过 10 年的发展，形成了以下三大特色服务。

1．一站式支付服务

第三方支付平台利用自身技术优势，集成多银行业务系统，为用户提供一站式支付服务。

目前，国内商业银行的电子商务在线支付服务尚处于"各自为战"的局面，如果某一电商企业只在单一银行开通在线支付服务，其覆盖的客户群只能是一家银行的电子银行客户。

同时，各家银行电子商务在线支付的服务标准和接口并不统一，电商企业如果希望扩大支付客户群，就需要在各家商业银行逐一开通业务，成本相对较高。

但是，第三方支付平台通过在各家商业银行开通电商在线支付服务的方式，整合了各商业银行的支付网关接口，形成"网上的银联"，即商户只需一次性接入，就可使用该支付平台支持的所有银行卡进行网上收付款。

2．在线开户服务

2010 年 6 月，中国人民银行正式公布《非金融机构支付服务管理办法》，对第三方支付机构支付账户的开立、合规使用等问题提出了具体要求。目前，国内第三方支付公司普遍采用客户线上自助注册的账户开立模式。

这种相对宽松的开户环境促进了国内第三方支付市场的发展，用户只需在电脑或手机上通过简单的操作即可完成开户。

相比国内商业银行的账户开立必须要求客户临柜的方式，第三方支付平台将直接抢占一部分市场。

3．在线收单服务

国内商业银行不向个人客户提供收单服务，银行不能直接为 C2C 平台上的个人卖家服务，第三方支付平台的成长历程与其关联交易平台密切相关，正好填补了这块空白。

第三方支付的本质是支付工具，其业务领域就是资金流，所有涉及购买评价、物流信息、客户行为信息分析的管理、整合工作都是由关联性交易平台完成的。因此，支付工具也将面临先天性难题，难以主动拓展新的市场、客户，而必须依赖关联性的交易平台。

6.2　更新换代，第三方支付的发展历程

总的来说，第三方支付的发展可分为两大阶段，一是依托个人电子商务市场(C2C 市场)起源、壮大、成熟；二是向外部专业化、垂直化电子商务网站(B2C 市场)深入拓展。本节主要讲述第三方支付在国内外的发展历程。

6.2.1　第三方支付在国外的发展

1996 年，全球第一家第三方支付公司在美国诞生，随后逐渐涌现出 Amazon Payments、Yahoo PayDirect、 PayPal 等一批第三方支付公司，其中以 PayPal 最为突出，其发展历程基本代表了北美第三方支付市场的发展缩影，具体可分为以下 4 个阶段。

1．初探电子商务

1998 年 PayPal 公司成立，其初衷简单明确——应对全球逐渐兴起的电子商务发展热潮，弥补商业银行不能覆盖个人收单业务领域的不足。

2．小有成绩

1998—2001 年，在网购市场的升温下，PayPal 市场拓展取得了一定成绩。

3．步入发展"快车道"

2002 年，PayPal 被全球最大的 C2C 网上交易平台 eBay 全资收购。其实，早在 2002 年时，eBay 已经是全球最大的个人电子商务交易平台（也称跳蚤市场或 C2C 市场），汇集了各种二手商品。

但是 eBay 主要是一个产品展示平台，商品的所有者和购买方都是个人，而商业银行、银行卡组织又不向个人客户提供银行卡收单服务，因此，eBay 平台的买方大都使用银行或邮局汇款的传统支付方式，时间长、效率低。为解决支付"瓶颈"问题，eBay 最终将 PayPal 收入麾下。

4．成为巨头

此后，仅 2003 年 1 年时间，PayPal 就依托 eBay 庞大的市场份额，实现了 4.4 亿美元的交易金额，较 2002 年暴增 359%。目前，PayPal 在全球范围内拥有 1.53 亿个账户，是全球最著名的第三方支付机构之一。

专家提醒

在为 eBay 提供支付服务的基础上，PayPal 也正在努力将业务扩展到更广阔的电子商务领域。在北美市场，PayPal 已经和 535 家独立的 B2C 电子商务在线商城签订了合作协议，大到零售巨头沃尔玛，小到普通的比萨饼屋等都支持使用 PayPal 支付。

6.2.2　第三方支付在国内的发展

国内第三方支付市场的发展历程与国外基本一致，主要分为以下两个阶段。

● 2004—2010 年：国内第三方支付机构依托关联性交易平台积累了大量的用户群。在这一阶段，国内外的发展极其相似，都是第三方支付机构依托关联交易平台开拓市场。

● 2010 年之后：以中国人民银行《非金融机构支付服务管理办法》正式发布为标志，第三方支付机构开始广泛介入细分行业的支付市场，如与人们生活紧密相关的水、电、气、通信等日常费用的缴纳等。

国内第三方支付机构凭借整合多银行支付网关接口，享有"在线开户"待遇以及信用担保机制创新等多方面的业务优势。

目前，国内业务规模前两位的第三方支付公司分别是支付宝和财付通，第三方支付平台的市场占有率如图 6-2 所示。

据最新公布的一份数据显示，2013 年中国第三方移动支付交易规模同比上涨700%，仅支付宝平台的付款就超过 9000 亿元，该数据已经超过美国的 PayPal。支付宝已经成为全球最大的支付平台。

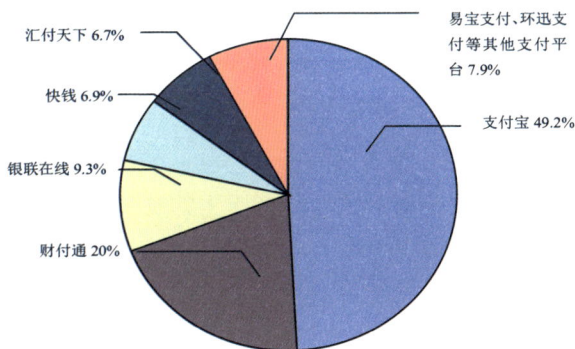

图 6-2　第三方支付平台市场占有率

6.2.3　国内外第三方支付的差异

无论是国内还是国外，第三方支付走向成熟的原因都是依托于网购平台，但最终的运行模式却有一定的差异。下面以 PayPal 为代表，介绍国内外第三方支付的差异。

1．盈利模式

国内的第三方支付机构主要有两大营收来源：一是为商家提供支付服务所收取的交易佣金，二是资金在银行产生的利息收益。

PayPal 在国外市场的主要收入有两大来源，内容如下。

- 一是商家提供支付服务收取的交易佣金。
- 二是客户从 PayPal 账户向银行账户转移资金时收取的手续费。

2．交易流程

国内第三方支付机构在 C2C 支付市场，以支付中介的身份参与买家向卖家的支付过程。在交易未完成前，资金始终停留在第三方支付机构的账户上，而对外部 B2C 商户，则直接将交易资金划入电子商务企业的收款账户。

PayPal 无论在 eBay 平台，还是在其他 B2C 商户平台都采取直接支付方式，不承担支付中介的职能，交易资金直接划入卖方账户。

也就是说，国内第三方支付机构是从促成交易的角度出发，重在解决交易过程中的信任问题。而 PayPal 的平台是以成熟的信用体系为后盾，从服务交易的角度出发，强调支付便捷性和交易效率、成本。

3．支付方式

国内第三方支付机构与各家银行进行系统接入，其验证要素依据各行电子银行的安全保障规则而定。

PayPal 则无须和国外各个商业银行进行系统连接，国外商业银行也大都不提供类似国内银行 B2C 方式的在线支付服务。PayPal 只需选择一家商业银行作为银行卡支付的收单机构即可实现对各家银行持卡人的支付，支付途径是通过银行卡组织 (如 Visa) 提供的支付服务将银行卡资金转入虚拟账户，验证要素统一遵循银行卡组织的风险控制标准。

·专家提醒

造成国内外支付实现方式存在差异的原因是国内外信用体系的差异，另一方面也间接体现了国外线上收单市场的竞争格局。银行卡组织在国外线上、线下消费跨行清算领域都有较强的竞争和垄断优势。

4．监管环境

国内外针对第三方支付市场的监管差异，主要体现在对第三方支付公司资金沉淀的界定和虚拟货币铸币税的监管领域。

中国人民银行在 2011 年 11 月发布的《支付机构客户备付金存管暂行办法（征求意见稿）》明确了第三方支付机构最高可获得备付金利息收益的 90%，剩余不低于 l0% 的比例用于风险拨备。

对国内第三方支付机构而言，在创造虚拟货币和铸币税方面，客户存入资金的数量与客户银行账户转出的金额一致，相应的虚拟货币可以在联网商家购买物品，并在支付平台与商家之间进行兑换。

• 专 家 提 醒

从形式上看，第三方支付平台保留了与存入货币相同的币种形式和数量，但在实际操作中，第三方支付平台为吸引客户，常常以红包、优惠券等方式间接增加客户在第三方支付机构中的资金总量，而并不一定同步增加其在商业银行的备付金。

国外监管体系普遍将第三方支付机构定义为非银行金融机构，下面同样以 PayPal 在美国的监管模式为例进行分析。

美国的商业事务属于州法律管辖，并非都由联邦统一制定，而美国大部分州将其定义为"非银行金融机构"。这主要是因为第三方支付机构主要从事支付结算服务，不能吸储和放贷。

PayPal 的资金托管方——美国联邦储蓄保险公司 (FDIC) 认为，虽然 PayPal 有大量的资金沉淀，但联邦储蓄保险公司仅为这些资金履行监管和保险职能，这些资金并不能用于贷款、投资等经营活动。

6.2.4　第三方支付未来发展趋势

我国第三方支付平台的大放异彩与金融的趋势、实际国情密不可分，人口基数巨大、网络的普及，都是第三方支付迅猛发展的原因。其趋势有以下几点。

1. 与跨境电子商务的交融

作为世界第一大出口国和第二大进口国，国内支付市场宏观环境优越，拥有庞大的全球电子支付市场和快速增长的跨境交易规模，跨境支付、海外市场无疑是第三方支付的下一个争夺点。

随着第三方支付牌照的尘埃落定，第三方支付机构正在加速布局跨境支付领域。目前，国内已有包括支付宝、财付通在内的多家第三方支付企业以及银联涉足跨境支付业务，预计未来跨境支付竞争将愈加激烈。

2．与电子支付产品的交融

支付不仅仅是经济活动的起点和终点，也是引发融资、投资等金融需求的基础。第三方支付机构将以网上支付为根本，开始探索研究基于支付交易而衍生的融资、投资服务，提升电商市场的综合竞争实力。

3．越来越激烈的市场竞争

随着支付行业宏观发展环境的变化，支付企业发展所面临的核心市场资源也悄然发生变化。未来，唯有不断创新，才能促使支付企业实现业务差异化，以丰富的服务、优质的用户体验为基础，赢得行业竞争优势。

• 专 家 提 醒

　　已有一部分第三方支付机构从网络购物、商旅服务等传统意义的第三服务产业，向传统金融、直销、物流等交易规模更大、信息化需求更高的第二产业甚至是第一产业进行产业链纵深拓展。

第三方支付机构在政策地位的确立下，在横向层面拓展更多的服务行业和领域，同时实现在不同业务领域产业链上的纵深拓展，为企业创造出新的盈利增长点。

6.3　平台代表，第三方支付平台的选择

截至2013年，我国共有250家第三方支付平台取得了央行颁布的《支付业务许可证》，但市面上常见的支付平台只有几家"巨头"，第三方支付企业有着巨大的强弱分化。本节将介绍国内较大、市场占有率较高的几家支付平台。

6.3.1　支付宝——网上购物的最佳选择

支付宝于2004年正式建立，其全名是支付宝（中国）网络技术有限公司，是国内领先的第三方支付平台。

如图6-3所示，为支付宝的官方主页。

图6-3　支付宝官方主页

支付宝可以说是目前网购必备，也是应用最全面的第三方支付平台。从2004年建立至今，支付宝及支付宝钱包已成为线上及线下众多商家首选的支付解决方案，为连接亿万用户及商户提供了基础的资金流服务。

6.3.2　财付通——QQ用户的必备之选

财付通是腾讯集团旗下的第三方支付平台，服务的个人用户已超过2亿，服务的企业客户也超过40万，覆盖的行业包括游戏、航旅、电商、保险、电信、物流、钢铁以及基金等。

财付通提供快捷支付、财付通余额支付、分期支付、委托代扣、epos支付和微支付等多种支付产品。腾讯旗下各类产品、游戏、服务都可以使用财付通进行支付，绝对是QQ达人的首选。如图6-4所示，为财付通官方主页。

图6-4　财付通官方主页

财付通与支付宝的状况类似，财付通自身的网购平台为其带来了巨大的市场占有率，其发展模式、业务特色也有一定的相似性。

6.3.3　Apple Pay——更简单的支付方式

Apple Pay，是苹果公司在 2014 苹果秋季新品发布会上发布的一种基于 NFC 的手机支付功能，于 2014 年 10 月 20 日正式上线。

互联网经济模式下，桌面计算平台和移动计算终端，不断地推动着电子商务蚕食传统线下商务模式份额的步伐。

在这样的时代背景下，以及基于传统金融服务的信用卡和储蓄卡还难以被取代的现实下，如何能够成为消费者用于捆绑信用卡的线上消费支付平台，甚至是真正取代钱包的线下消费终端，就成了各大科技行业巨头的争夺焦点。

这场支付入口的争夺战，在线上支付其实早已打响。在美国的 Paypal 和支付宝都已经在这个领域耕耘多年。

2014 年，Apple Pay 的发布与微信支付以及其他移动支付客户端功能的丰富化，使得这场争夺在中美两个世界最大经济体同时延伸到了线下移动支付。在这场并非纯粹是技术能力的较量中，各大企业纷纷利用自身优势攻城略地。

北京时间 2014 年 9 月 10 日凌晨，在苹果发布会上，苹果 CEO 库克表示，调查数据显示，每年信用卡消费为 120 亿美元，每天有高达 2 亿美元的信用卡转账。但信用卡支付过程非常烦琐。

库克表示所有以前的移动支付方式都失败了，而苹果基于 NFC 的 Apple Pay 只需在终端读取器上轻轻一"靠"，整个支付过程十分简单。同时库克称 Apple Pay 所有存储的支付信息都是经过加密的。

2014 年 10 月 20 日，苹果公司的"苹果支付(Apple Pay)"服务正式在美国上线。使用者需要先将设备的操作系统升级到最新的 iOS8 版本。

截至 2015 年 3 月，美国有超过 2500 家银行支持 Apple Pay，接受 Apple Pay 的网店多达 70 余万处，而且每天都有更多的商户和 App 在加入这个行列。

2015 年 3 月 7 日，苹果支付服务采用近场通信技术，用户可用苹果手机进行免接触支付，免去刷信用卡支付步骤。用户的信用卡、借记卡信息事先存储在手机中，用户将手指放在手机的指纹识别传感器上，将手机靠近读卡器，即完成支付。

Apple Pay 自上线来，已经占据数字支付市场交易额的 1%。三分之二的 Apple

Pay 新用户在 11 月份多次使用这项服务。Apple Pay 用户平均每周使用 Apple Pay 1.4 次。

苹果方面已与美国银行等 6 家银行达成合作。这意味着苹果将覆盖约为 80% 的美国信用卡用户。苹果公布了支持这一支付方式的合作伙伴所需要的各个使用场景，其中包括麦当劳、Subway、星巴克、迪士尼宠物店 Petco、梅西百货、丝芙兰化妆品专柜等。

苹果正致力于将这个功能拓展到更多的国家，使更多的用户摆脱自己的实体信用卡。库克称，这将永远改变所有人购买商品的习惯。苹果最新发布的手表产品也将支持 Apple Pay。

随着苹果及银联的相继加入与持续发力，阻碍 NFC 移动支付的困难有望实现重大突破，NFC 移动支付行业有望迎来爆发式增长。在 10 月份的软件升级之后，美国用户将会享受到 Apple Pay 所带来的便利。苹果同时还发布了 Apple Pay 的 API，并称正在努力将该功能带到其他国家。

• 专 家 提 醒

2014 年 10 月 27 日，库克透露将和马云探讨两公司的 Apple Pay 和支付宝合作事宜。马云方面也表示，阿里巴巴希望和苹果进行一些合作，他本人希望两个公司可以一起做一些事。

双方主要会谈论分销方面的合作，截至 2014 年 10 月，天猫仍然是苹果除其官方网站外的首个官方直营电商渠道。

目前由于谷歌对于自家操作系统的用户终端没有绝对控制力，而且安卓操作系统终端长期存在的碎片化问题（各个安卓终端制造商都会定制化自己的系统并且使用不同版本的安卓操作系统），使得谷歌很难统一地面向市场推广其支付平台谷歌钱包（Google Wallet）。

虽然众多的安卓终端已经加载了近场通信技术（Near Field Communication，NFC）并具备了支付功能，但由于缺乏统一的市场推广与设备普及，这一技术并未能成功被市场接受。

反观苹果方面，由于对其操作系统与终端具有百分之百的把控，并且具有任何一家企业都无法比拟的市场影响力，苹果从未急于进入支付领域，而是步步为营地整体布局。

2012 年发布的 Passbook 应用，2013 年发布的 Touch ID 技术，科技界一直在猜测这是苹果在为其支付平台布局，因为这些技术已经使 iPhone 具备了卡片加载和身份认证能力。

终于在 2014 年，苹果为 iPhone 加载了近场通信，并发布了 Apple Pay。再整合之前已经发布的 TouchID，iPhone 使曾经的刷卡、输入密码、签字的支付过程变成了点击 Home 键的简洁快速而安全的消费体验。

新推出的 Apple Watch 采用在佩戴手表的时候进行身份认证的技术，使得 Apple Watch 在整个佩戴过程中都可以直接进行支付而不必进行再次认证。也就是说，佩戴者只需要在支付终端晃动一下 Apple Watch 即可完成支付。而在技术因素之外，苹果在市场上强大的影响力使其有能力推动美国的银行和零售商同时接受其解决方案并配置相关设备。

·专 家 提 醒

同时必须要说明的是，苹果表示并不会收集任何消费数据，所以并不会在数据分析方面获得任何收益，而是从银行交易中分成。

美国银行业方面之所以接受苹果的解决方案，一方面是因为他们相信 Apple Pay 会帮助他们将消费者更多地引向信用卡消费，另一方面银行业认为苹果只是在建立一种新的渠道，而不是取代银行。

美国合众银行（U.S.Bancorp）的首席执行官在一次投资者会议中表示"不要将渠道和银行的角色搞混，不管你是使用手机还是手杖支付，你都需要商户去交易现金和银行去完成现金的转移。"

相关机构分析预测，到 2019 年美国移动支付会从 2014 年的 520 亿美元成长到 1420 亿美元，而 2015 年 Apple Pay 会继续拉动整个移动支付行业，并成为移动支付尤其是安全方面的标杆。

作为反击，谷歌已经开始进行相关收购，并准备在新的美国运营商销售的安卓手机上预装其谷歌钱包。同样处于谷歌阵营的三星同样发布了三星支付（Samsung Pay）。

6.3.4　银联在线——传统支付的改变

银联属于一个协调组织，处于我国银行卡产业的核心和枢纽地位，对我国银行卡产业发展发挥着基础性作用。

银联在线与一般的第三方支付平台不同，它是由中国银联与商业银行共同推出的线上支付平台，全面支持各类型银联卡，可以把银联在线看作是一个"官方"的支付平台。

• 专 家 提 醒

因为有银联这样一个比较让人"放心"的旗号，这让一些不能接受支付平台的，较为传统的用户敢于尝试线上支付，可以说是填补了某些第三方支付平台无法企及的空白。

银联在线支付是中国银联倾力打造的互联网业务综合商务门户网站，其具体使用方式与第三方支付平台类似，其开通流程可在网上进行，只要验证银行卡即可完成开通。如图 6-5 所示，为银联在线支付主页。

图 6-5　银联在线支付主页

简单地说，银联在线的用户无须开通网银即可实现线上支付，支持的卡包括借记卡、信用卡和储值卡等。

6.3.5　拉卡拉——随时随地刷卡支付

拉卡拉成立于 2005 年，是中国便民金融服务的拓荒者，是最早开展互联网金融业务的支付机构之一。

目前，拉卡拉又推出一款新的"神器"，它通过手机的耳机插孔，外接一个小型的刷卡器，用户下载拉卡拉的 App 后，即可实现随时随地刷卡支付、消费等。如图 6-6 所示，为拉卡拉手机刷卡器。

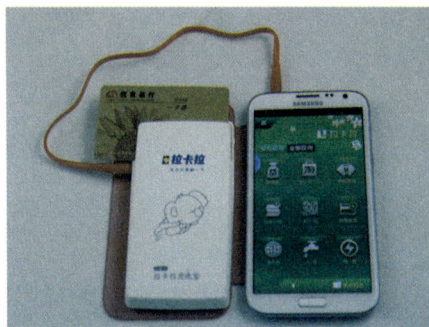

图 6-6　拉卡拉手机刷卡器

拉卡拉的功能包括手机刷卡支付、手机钱包支付、商户收单服务、个人及企业移动支付等创新业务，是目前唯一一家同时覆盖线上线下以及个人金融服务、收单服务、社区电商的第三方支付企业。

6.3.6　快钱——线上与线下相互结合

快钱是国内领先的独立第三方支付企业，不仅有线上支付平台，还有快钱POS机支持线下支付。用户可以使用手机号码或是邮箱地址，在网上注册快钱账户。如图 6-7 所示，为快钱主页。

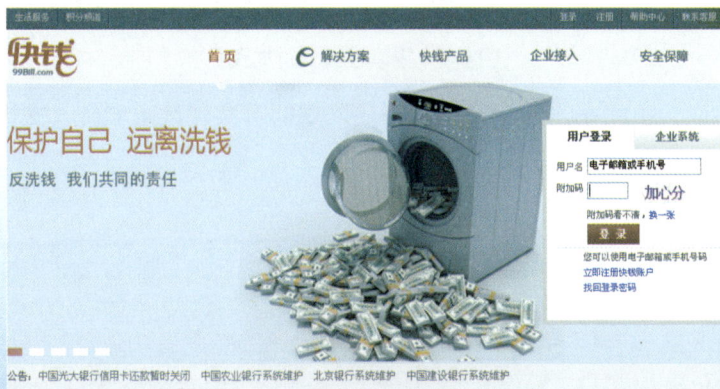

图 6-7　快钱主页

快钱的业务范围不仅涵盖商旅、保险、电子商务、物流等现代化服务产业，也渗透到制造、医药、服装等传统领域。合作伙伴覆盖南方航空、平安集团、中国人寿、京东商城、当当网、宅急送、百度、新浪、李宁以及联想和戴尔等各行业的领军企业。

• 专 家 提 醒

早在 2008 年，PayPal 与快钱牵手共拓国际支付市场，开创了电子支付对手之间合作的先例。从竞争走向合作，是电子支付市场实现共赢的一个良好开端。

6.3.7 汇付天下——全方位支付服务

汇付天下于 2006 年 7 月在上海成立，是首批获得央行颁发的《支付业务许可证》的支付平台。

汇付天下定位于金融支付专家，提供网上支付、基金理财、POS 收单、移动支付等全方位支付服务，为行业客户提供定制化综合支付解决方案。汇付天下的支付功能，如图 6-8 所示。

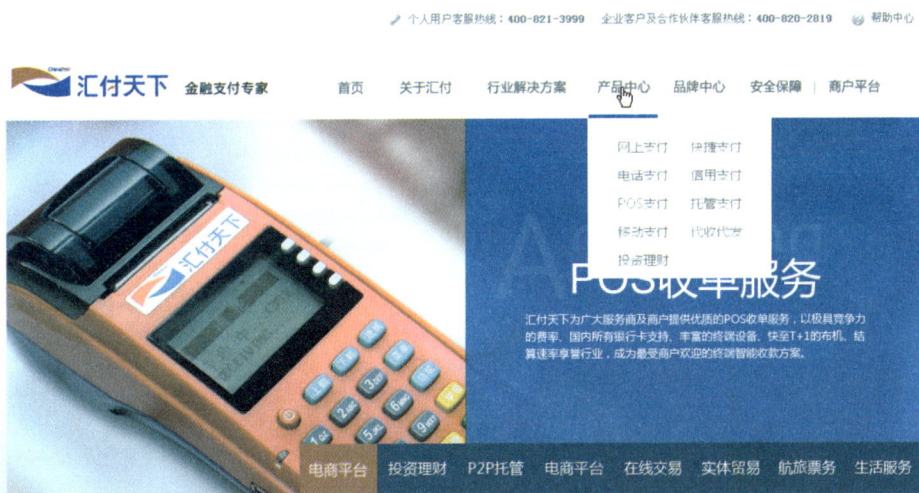

图 6-8 汇付天下的支付功能

• 专 家 提 醒

余额宝推出的"T＋0"的基金模式，让所有用户都明白了有一种收益高于银行 10 多倍的"活期存款"方式。

随后，余额宝进驻手机客户端，用户每天都能通过支付宝钱包查看余额宝收益，这刺激了支付宝钱包的打开率和用户黏性。有数据显示，使用支付宝购买余额宝的消费者，将近有 70% 来自手机钱包。

6.4 移动红包，主流的第三方支付模式

2015 年春节前夕，支付宝、微信、微博、陌陌、手机 QQ、百度钱包纷纷开启红包活动，玩法也千变万化。与 2014 年相比，2015 年红包大战可谓百花齐放，各大社交网站争先推出红包，而用户们也是抢得手抽筋。

如今，在网络上抢红包，成为逢年过节的"新风俗"。通过抢红包看似不起眼的"块儿八毛"，却基本实现了移动支付的全民普及，这让互联网企业、金融机构和商家发现了居民生活和消费中移动支付的蓝海是何等诱人。

从 2 月 11 日开始，以微信和支付宝为代表的"红包"大战拉开序幕。根据资料显示，仅仅从小年夜到正月初一，各大互联网巨头以及商家将通过微信、QQ、支付宝钱包、微博、百度、无秘等软件、社交平台送出上百亿元红包。

自从 2014 年年初，微信借助"红包"这一核武器逆袭支付宝成功后，所有的社交平台以及移动支付都认识到了"点一点"、"拆一拆"这个简单动作背后寓含的巨大营销效果。

如今，"抢红包"成为互联网企业的标配，如果某个企业没被网友在抢红包后称一声"土豪"，就意味着失去了一次最好的曝光机会。

6.4.1 微信红包

2014 年 1 月 25 日晚，微信新版 5.2 上线，一个有趣的公众号——"新年红包"开始"病毒式"地在微信群、朋友圈中传播开来，如图 6-9 平台和支付平台也瞄准了红包商机。"抢红包"的小游戏迅速盖过"打飞机"，成为时下拇指族中最火的活动。

图 6-9　微信红包

在 2015 年的春晚播出时，大家只要拿起手机，打开微信，进入"发现——摇一摇"，切换到摇歌曲模式，然后对着电视摇一摇，微信就会根据电视里的声音识别，进入春晚互动页面。大家可以开抢由各企业赞助商提供的价值超过 5 亿元人民币的微信现金红包！

数据显示，羊年春晚微信"摇一摇"互动总次数超过 110 亿次，央视春晚摇红包创造了全民欢乐互动的历史新高，让"看春晚"、"抢红包"、"摇一摇"成了 2015 年亿万中国家庭的新年关键词。

2015 年除夕至初五（共六日），微信红包收发总量为 32.7 亿次，其中除夕当日收发总数达到 10.1 亿次，创下了历史新高。

除了抢新年红包外，用户也可以自己包红包，然后发给亲朋好友。红包发放的金额没有设上限，也不设人数限制，但发送给指定好友的红包面值最小为 1 元人民币。新年红包目前只支持储蓄卡付款，接获的一方在打开红包后，钱款将自动进入其微信支付账户，并可在最多一日之内再转入与其微信关联的银行卡。

微信派发红包的形式共有两种，内容如下。

- 第一种是普通等额红包，一对一或者一对多发送；
- 第二种更有新意，被称作"拼手气群红包"，用户设定好总金额以及红包个数之后，可以生成不同金额的红包。

微信红包的目的是通过社交圈扩散的方式，利用"支付＋社交"的模式，让用户开通微信支付。而收到红包的用户想要变现，则需要绑定银行储蓄卡，微信支付的交易量也随之节节攀升。

在微信红包面前，好朋友的一句"给你发红包了，关联一下银行卡，收下吧"，将会比任何广告都有奇效。

·专家提醒

　　与投入数亿元、借嘀嘀打车等来培育用户习惯不同，微信红包几乎不费腾讯"一兵一卒"，就让用户在自娱自乐的同时，轻轻松松地"交出"了银行储蓄卡，加入了微信支付的大军。

6.4.2　QQ 红包

　　据悉，手机 QQ 在 2015 年春节期间发出 30 亿元的红包。一种是明星红包，从小年夜到除夕前一天会在手机 QQ 发放现金红包，如图 6-10 所示。另一种是企业红包，在除夕当天，会有十多家知名企业联合手机 QQ 一起发放红包，红包由现金和代金券组成，如图 6-11 所示。

图 6-10　QQ 明星红包

图 6-11　企业红包

　　根据手机 QQ 提供的数据，上线仅一个月的手机 QQ 红包，除夕夜大爆发，如图 6-12 所示。QQ 春节红包除夕收发总量 6.37 亿个，除夕抢红包用户数 1.54 亿；QQ 用户为春晚节目投票 6.7 亿次；QQ 春晚兴趣部落页面浏览量超过 19 亿次。边投票边抢红包、边看春晚边吐槽，已经成为羊年除夕一道特殊的风景线。

　　据悉，手机 QQ 的红包功能是由手机 QQ 和财付通联合推出，在 2015 年 1 月 16 日正式上线。QQ 红包同样具有"拼手气红包"和"普通红包"两种红包形式，其使用方法与微信差不多，如图 6-13 所示。

图 6-12　QQ 红包的相关数据

图 6-13　"QQ 红包"界面

　　"拼手气红包"即是大家熟知的"拼人品"抢红包，金额随机发放。"普通红包"则是定额红包。除此之外，QQ 红包还融入了更多社交的元素，用户还可以通过"红包排行榜"查看好友收、发红包的排名，看看哪些人进入了爱发红包的"土豪榜"，而哪些人抢到的最多成为"人气王"。

　　腾讯公司副总裁殷宇表示，QQ 春节红包活动不管是活动本身数据的增长，还是对手机 QQ 其他业务的拉动作用，都十分明显，基本完成了最初的目标。"QQ 钱包在移动支付市场的布局又向前迈了一大步。"

　　此次手机 QQ 通过春节红包活动，还带来了个人红包的快速增长，很多人通过抢 QQ 明星和企业红包活动，进行了第一次的手机绑卡，并且开始自己发红包给亲朋好友。腾讯财付通助理总经理郑浩剑表示，"基于 QQ 长达 16 年的社交关系链，QQ 个人红包可以有效覆盖更多的用户，一些同学群、老乡群、兴趣群给QQ 红包提供了更加多元化的使用场景"。

　　此次手机 QQ 加入春节红包大战，和微信红包通过差异性互补，联手夹击支付宝，这一方面体现出腾讯已经成了春节红包这个社交场景的主场，相当于阿里的"双十一"；另一方面，此次红包大战在很大程度上拉动了腾讯在移动支付市场的份额，整个移动支付领域的"WAQ（微信支付、阿里巴巴支付宝、QQ 钱包）三国杀"的格局已经初步形成。

6.4.3　微博红包

去年新浪微博首次推出现金红包，同时还有粉丝联名红包、群组红包等不同玩法。从 2 月 2 日微博"让红包飞"活动以来，截至 2 月 9 日，已经有 1500 万用户在微博抢到红包，如图 6-14 所示。

图 6-14　微博红包

新浪科技讯 3 月 6 日晚间消息，微博 2015 年"让红包飞"活动落幕，过去 1 个多月内，总价值高达 15 亿的微博红包引爆了网友热情。在这场明星名人、企业机构和网友共同参与的全民盛宴中，网友共计 5.2 亿多次参与抢红包，其中 7200 多万网友抢到红包，而微博日活跃用户也一度突破 1 亿大关。除了抢红包，410 万人为明星红包塞钱也充分显示出网友的任性一面，微博"让红包飞"页面，如图 6-15 所示。

图 6-15　微博"让红包飞"页面

6.4.4　陌陌红包

　　就在腾讯、阿里、新浪微博等互联网企业纷纷启动招商计划，引入企业参与去年春节的"红包"大战时，也有另类互联网企业——陌陌选择不与商家合作，自发红包。据了解，陌陌在春节拿出 400 万元现金发放给用户，400 万元现金在三天内发完，总共投放 1 万多个群组中，如图 6-16 所示。

　　事实上，尽管互联网公司针对春节期间的营销活动此起彼伏，甚至可以用一浪高过一浪来形容，但大部分还是以产品资源的形式进行回馈（如代金券、专车券），选择用真金白银回馈用户的公司似乎只有陌陌一家。

　　陌陌用户个人发放的群红包上限金额为 8000元，金额除以红包个数，每个红包金额需大于 0.1 元。发给个人的红包，单个金额上限 200 元，每日发放个数不限。用户抢得红包后，需在 3 月 12 日之前提现。

图 6-16　陌陌红包

6.4.5　支付宝红包

　　支付宝红包分为现金红包和商家优惠券，用户抢到的现金红包，将进入用户的支付宝账户余额，可以在支持支付宝消费的地方使用，或提现到银行卡；用户抢到的商户优惠券，在相应的商户消费时可以使用。支付宝红包，如图 6-17 所示。

　　红包发放时间：2015.2.11 ～ 2015.2.19（16、17 日休息不发）。抢红包在整点开始，每次持续半个小时。同一用户在每一个时间段只能参与一次，同一支付宝账户、银行卡、身份证、手机号及同一部手机均视为同一用户。

图 6-17 支付宝红包

支付宝红包 6 个亿，其中现金红包 1.56 亿元，购物红包为 5 亿元。

支付宝用户数量绝对是数以亿计的，但是，对于阿里方面，最为头疼的问题就是，尽管用了千招万式，依然无法将每天活跃的网购用户数量转换为在线 IM 聊天用户数量。

在用户细分下的互联网现状下，腾讯掌握着庞大的即时通讯用户数量，支付宝红包虽然使尽浑身解数，但是微信朋友圈大门依旧对其紧闭，阿里当然不会这么坐以待毙，无奈之下，只能深度开发支付宝红包功能。

1. 支付宝红包口令

阿里旗下最为活跃的手机用户应用，当属支付宝钱包了，最新的支付宝钱包，已经将红包功能放置在了非常醒目的位置。

在先前直接分享红包，被微信拒之朋友圈门外后，阿里无奈选择了输入口令让腾讯用户在朋友圈或是个人、群聊天中贴出图片，让用户好友跳转至支付宝通过口令领取红包，这样的优势就是直截了当地用红包诱惑，带动接收红包方直接使用支付宝红包以及旗下其他支付功能。

2. 支付宝多种红包玩法

除了红包口令，支付宝红包还采用多种趣味玩法来有别于手机 QQ、微信红包。如接龙红包、面对面红包、甚至越洋红包，这些多样玩法也正是出于 80 后、

90 后喜欢接受更多新式玩法而制定的。

越洋红包也是因为支付宝在这方面的优势——免除手续费，填补手机 QQ、微信一些红包支付功能上的空白。对于竞争腾讯祭出的左膀右臂，支付宝红包这样做也是让用户看到它们的用心。

6.5 风险评测，第三方支付平台常见陷阱

由于网购的蓬勃发展，我国的第三方支付平台也跟着水涨船高，其业务范围涵盖生活中的许多收支项目，但其中陷阱也不少。

6.5.1 防止网购木马

木马链接的陷阱随处可见，消费者一不小心就会掉入陷阱，并且还很难发现。不法分子往往通过购物网站，以木马、假链接的形式或是直接以真实的独立域名网站进行诈骗。

其表现形式主要以网购低价诱骗、网络钓鱼、订票网站诈骗、团购网站诈骗以及网络中奖诈骗等方式为主。消费者一旦单击对方提供的此类网站并产生了支付购买行为，最终就难免财物两空。

支付平台的一些规则设定也增加了被骗的风险，增加了维权难度。例如很多非淘宝的外部商城可以跳过支付宝来对接网购者的网银。

用户跳转网银支付的时候会产生一个虚拟的公共账户，这个虚拟账户是诈骗得以实现的关键。

如果用户跳转到通过"钓鱼"网站来支付，虽然输入了自己的支付宝账户、密码，但这些过程都是虚假的，实际上并不是登录在自己的支付宝，通过这个虚拟账户完成了交易，用户网银的资金将直接被钓鱼网站的账户截走。总的来说，通过支付平台进行网购应注意以下几点。

- 用户应不接收陌生文件，不点击不明链接。
- 用户应该及时更新杀毒软件，以便清除最新型的病毒，做好主动防御工作比被动防御更加有用。
- 一旦出现"等待买家付款"或类似的情况，消费者应立即停止其他交易，

153

并联系客服人员。

6.5.2　防止虚假客服

不法分子完全可以通过一些手段，让自己的诈骗网页靠前，或者用户的电脑中木马后，自动链接到诈骗网页。这就让一些喜欢通过搜索引擎登录网站的用户，更容易链接至诈骗网站。

公安部门目前在处理复杂的网络欺诈案件时，还缺少更多的法律法规支撑，缺少职责界定、办案经验和部门支持，缺少合理的流程，缺少足够的重视，而涉及的相关企业，更缺乏帮消费者维权的诚意。

消费者在购物时一定不要接收对方的文件包，不要贪图小便宜，打开的购物和支付链接要看清是不是属于官网，并时刻注意杀毒和更新反木马软件以确保电脑安全。需要获取客服电话时，最好是拨打"114"查询。

• 专 家 提 醒

那些涉及金额较小的欺诈事件，维权时更是难上加难。比如，有消费者在使用财付通充值Q币时钱花掉了却没充值成功，此类事件发生后，大多数消费者只能自认倒霉。面对极容易被骗、事后又难以维权的情况，消费者只能从自己做起，提高防范意识。

6.5.3　防止假冒诈骗

一些诈骗团伙以超低价格为诱饵，雇人在各网站上发布出售Q币的信息，再将第三方支付平台发给买家，等买家将款项打给该支付平台后，他们就从第三方支付平台提取现金，按照一定比例分成。

该特大网络诈骗团伙人员分工明确，"枪手"负责通过网络聊天寻找诈骗对象；专门发布信息的人叫"发手"；专门取钱的叫作"取手"。诈骗团伙头目和某第三方支付平台签订了合作协议，该支付平台留取"诈骗资金"的5%作为管理费，剩余款项则全被该诈骗团伙瓜分。

面对支付平台与诈骗团伙联手的骗局，投资者唯有选择大型的第三方支付平台，才能保证不掉入诈骗陷阱。

社交金融，社交平台的金融化趋势

第7章

学前提示

随着移动互联网的发展，社交网络平台有了空前的规模，它为人们提供了一个相对公平的、平等的、能够自由发声的平台，这种"自媒体"式的信息对等，正好与互联网金融的必备条件不谋而合。

社交金融，社交平台的金融化趋势

- 蓄势待发，社交平台进军金融行业
- 行业案例，典型社交金融方案解析
- 社交实战，微信金融功能全面分析
- 陷阱防范，微信中暴露的相关问题

7.1 蓄势待发，社交平台进军金融行业

目前，已经有不少社交平台提供各种金融服务，如微信、新浪微博、Facebook 等。这些平台本身没有金融性质，但它们却纷纷涌入互联网金融市场，无论是出于何种原因，都能证明互联网具有先天的金融优势。

7.1.1 社交平台为何能与金融结合

看似与金融毫无关系的社交平台之所以能够插手金融行业，原因如下。
- 社交网络必须在广告收益外找到一个更稳定的盈利模式。
- 社交平台的用户基数足以证明它有进入金融行业的资格，这是让许多金融机构"眼红"的优势。
- 社交网络本身就有虚拟货币、电子商务、信用卡支付等服务，如腾讯的 Q 币。

综上所述，社交平台和传统金融业者所做的事极为相似，只是发生的场域不同而已，而且社交网站在提供这些服务时，多半需要实体金融业者的支持或串接，两者的关系越来越紧密。

不过，社交网络开始从事金融服务还有很多的问题需要解决，如社交网站会员资料的授权、线上金融的安全性等。

7.1.2 移动支付是社交金融的趋势

近年来与移动支付相关的新产品、新技术如雨后春笋般出现，但做支付的不一定擅长做社交软件，而擅长做社交软件的又不一定能做好支付。目前，中国金融体系最大的问题在于机构过于单一和庞大，老百姓的需求无法得到有效满足。在传统的金融业封闭的思维下，金融服务业能够覆盖的客户只是少数。

如果把互联网和金融结合起来，通过对数据进行分析，这样可以降低金融服务的门槛，从而改变整个金融的服务模式。

综观全球，致力于移动支付这一领域的技术公司的投资价值正在为市场所认可。如总部位于旧金山，由 Twitter 联合创始人创办并执掌的 Square 公司通过类"电子钱包"的软件产品，已经可以支持手机支付预约以及"刷脸"消费。

有消息称，Square 于 2013 年 5 月初筹集了 2 亿美元新资金，使其估值达 32.5 亿美元。该消息还预计，Square 公司有望在未来 5 年内创造逾 10 亿美元的收入。假设该公司利润率达 75%，税率为 35%，则能收获 2.82 亿美元的净利润。

7.1.3　社交平台于小微金融很有利

社交网络平台以一种爆炸式 (或称病毒式) 的模式传播消息。若某用户发了一条极有吸引力的信息，其好友会纷纷转发，而好友的好友看到这条消息后又会再次转发。这样层层地传播下去，形成了一个分支越来越多的传播链，其受众人群会呈爆炸式增长，如图 7-1 所示。

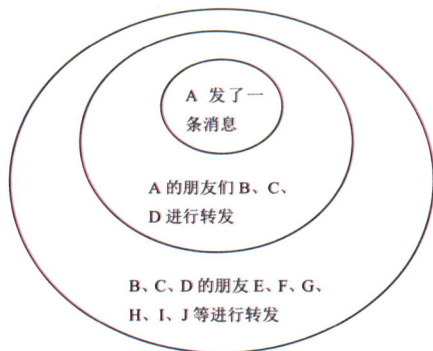

图 7-1　爆炸式传播

对于小微金融来说，只有这样几何增长的受众模式才能支撑其企业的利益，广告最好的效果也就是"一传十，十传百"。

7.2　行业案例，典型社交金融方案解析

我国互联网社交平台众多，几乎所有的社交平台都有自己金融的路线。本节将展示各大社交平台的互联网金融方案。

7.2.1 微信——提供全方位金融服务

微信是目前与互联网金融连接最紧密的社交平台，提供多种金融服务功能，包括支付、购物、购买理财产品以及微信特有的"微信银行"等。微信并不是单纯地将金融嫁接到软件中，而是基于微信本身的社交功能，创造出新的金融方式。

1. 扫描二维码付款

微信提供能够进行二维码扫描的"扫一扫"功能，通过扫描微信支付的二维码，即可直接付款。该功能构建并实现了一个理想的购物场景：消费者只需要利用碎片化时间，即可高效地完成购买行为，让有二维码的地方成为一个卖场，如图7-2所示。

图 7-2 "二维码"卖场

2. 朋友圈

"朋友圈"是指用户在微信上通过一些渠道认识的朋友形成的一个圈子，类似于微博。用户可以查看朋友发的照片和言论，也可以分享自己的心情，这本来是丰富人际交往活动的功能，但有人将它当作销售工具出售商品并获得了不错的收益。

王小姐的老家在湖北，盛产野生天麻，某日她父亲给她寄来了半斤，让她炖汤喝补补身体。收到天麻后，王小姐就用它来炖了鸡汤，并在微信朋友圈里"晒"了一下。没想到这一晒，竟引发了很多微信好友的关注。后来还有朋友到王小姐家里尝她做的汤，并要求带些天麻回家。

"朋友圈的人问的多了，有需求的多了，我干脆开始卖天麻了。"王小姐说。随后她让父亲从家里多寄些天麻过来，而这第一批货仅仅在半个月之内就销售一空，这批货让王小姐赚了足足3000多元。

3．公众服务平台

微信公众服务平台是开发者或商家在微信公众平台上申请的应用账号，商家可在微信平台上与特定群体进行文字、图片、语音、视频的全方位沟通、互动。公众服务号有以下两种。

服务号：给企业和组织提供更强大的业务服务与用户管理能力，帮助企业快速实现全新的公众号服务平台。

订阅号：为媒体和个人提供一种新的信息传播方式，构建与读者之间更好的沟通与管理模式。

7.2.2 新浪微财富——通过微博购买基金

新浪作为互联网门户网站之一，也开始内测"微财富"理财平台。微财富由新浪支付团队全权打造，已经和多家基金公司达成合作，目前已经完成最后的测试，微博版"余额宝"即将上市。

与余额宝依托支付宝，财付通依托微信一样，微财富同样会和新浪微博进行有深度的互动。新浪微博甚至早于微信推出移动支付产品"微博钱包"。微博钱包现已经在所有微博客户端内置，用户可以直接在微博客户端进行水电煤、电话费缴费，购买优惠券，如图 7-3 所示。

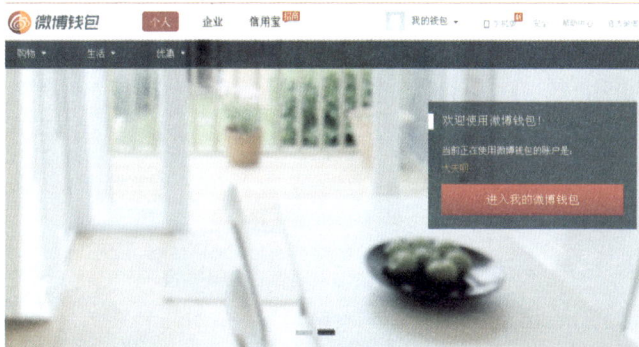

图 7-3 新浪微财富

在前期的准备工作中，新浪微博已经推出"粉丝服务平台"，以用户主动订阅为基础，所有认证用户均可以申请使用，被认为是推动微博从"营销"平台向"营销＋服务"平台转型的利器。

同时，为了配合粉丝服务平台的上线，新浪微博已于近期将私信接口升级为"消息服务"并对外开放，主要提供"自定义回复"、"私信提醒"及"订阅发送"三个主要接口，支持"蓝V账号"通过接口实现粉丝服务平台的私信自动回复、私信人工客服及订阅提醒功能。

微博给新浪未来的增长带来了巨大的想象空间，对于拥有5.36亿用户的微博平台而言，强大的支付体系无疑是未来新浪实践更多业务创新的基石。新浪不仅可以帮助金融机构低成本地获取用户，而且可以通过搭建各类金融平台并提供类似于专属的微博私信、专属秘书等，为用户提供更多个性化的理财服务。

• 专 家 提 醒

> 虽然众多互联网公司都在利用自身渠道和用户优势积极布局金融领域，但最终效果如何、收益如何，不是仅凭几句有噱头的宣传语或者短期某类产品的收益率水平就能说明问题的。

7.2.3　平安壹钱包——提供生活化金融服务

目前，平安集团也在大力开拓互联网金融市场。平安大当家马明哲提出以"壹钱包"为核心平台的"1333"社交金融服务平台战略，该战略计划共分4部分。

- 依托一个钱包：壹钱包。
- 实现三大功能：管理财富、管理健康、管理生活。
- 覆盖三层用户：平安员工、平安客户、社会大众。
- 历经三个阶段：基础整合、金融整合、服务整合。

面对互联网金融浪潮，平安从社交金融里的"医、食、住、行、玩"的生活场景出发，依托壹钱包整合各项资源，成为个人金融生活服务商。作为"1333"战略的重要一环，壹钱包测试版已正式上线，如图7-4所示。

图7-4　壹钱包

壹钱包测试版主要具备转账支付和社交聊天功能，随着壹钱包产品的进一步升级，平安的金融品牌优势将使壹钱包的功能更多，甚至可以在此平台上实现全部金融功能，包括投资、理财、保险等；壹钱包虽然名为"钱包"，但它实际上是用社交平台的优势进行各种金融活动，是从支付的领域来推进社交，更像是"加入了社交功能的支付宝"。

• 专 家 提 醒

马明哲曾表示，互联网上最赚钱的两块个人业务是"资产"与"健康"，而平安壹钱包与微信支付或支付宝钱包的最大差异就在于壹钱包的两个支柱是"资产"与"健康"，平安拥有这两块领域的大量数据，且有深度的理解。

7.2.4　盛大 Youni——实现个人间支付转账

2011 年 4 月，盛大推出一款即时通信软件"有你"，但却一直处于不温不火的状态，没能在移动 IM 市场上成功占得一席之地。

然而就在外界几乎已经淡忘了这款产品时，重新包装后的"有你"却又突然出现在了大家的面前。2013 年 10 月 16 日，新版"有你"正式发布。与旧版本不同的是，新版"有你"基于熟人关系整合了个人间的支付转账。通过这款产品，用户可轻松实现给好友转账，如图 7-5 所示。

图 7-5　盛大 Youni

目前，"有你"只导入了通讯录作为熟人社交的唯一纽带。在场景应用方面，新版"有你"正式上线朋友之间的闲置物品交易平台，后续还将陆续推出个人借款、AA 聚餐、拼车、汇款、捐赠、众筹等功能。

7.2.5　Facebook——打造社交化金融板块

　　Facebook Messenger 原本是一款桌面窗口聊天客户端，但 Facebook 的目标是将 Messenger 打造成一款万能应用，用户直接通过 Messenger 就能够享受所有的金融服务，这样让其他的应用成为无关应用。例如，用户可以在其 Messenger 上绑定 Visa 或万事达（Master Card）借记卡，免费向 Facebook 好友转账，如图 7-6 所示。

图 7-6　Facebook

7.3　社交实战，微信金融功能全面解析

　　微信中大部分功能都与金融息息相关，或者说可以利用这些功能进行金融活动。本节将以微信为例，以点带面地解析社交平台是如何涉足金融行业的。

7.3.1　平台注册

　　无论是个体企业，还是大型集团公司；无论是卖水果，还是房产大亨，都可以自由地注册微信公众账户，发布自己的最新消息，或是提供服务。

　　用户登录微信的官方网站后，在"公众平台"界面中点击"立即注册"按钮，即可开始注册自己的公众账户，如图 7-7 所示。

图 7-7　点击"立即注册"按钮

　　注册公众账户的大致过程可分为填写基本信息、邮箱激活、信息登记、选择类型以及填写公众号信息五大步骤，用户可以根据提示完成注册，如图 7-8 所示。

图 7-8　注册流程

• 专 家 提 醒

　　注册公众平台需要填写的资料相对较多，还需要拍摄一张手持身份证的免冠照片。该照片需要保证身份证上的字迹、人物头像的五官清晰可见，照片内容真实，不能有任何修改。

7.3.2　支付开启

　　与支付宝类似，微信支付也是一种"快捷支付"的方式，用户必须先给自己的账户绑定一张银行卡。

　　（1）在"我"界面中点击"我的银行卡"按钮，如图 7-9 所示。

　　（2）进入"我的银行卡"界面，点击"添加银行卡"按钮，如图 7-10 所示。

图 7-9　点击"我的银行卡"按钮　　　图 7-10　点击"添加银行卡"按钮

（3）进入"添加银行卡"界面，输入需绑定的银行卡卡号并点击"下一步"按钮，如图 7-11 所示。

（4）进入"填写银行卡信息"界面，输入银行卡的信息并点击"下一步"按钮，如图 7-12 所示。

图 7-11　输入银行卡卡号　　　　图 7-12　填写银行卡信息

（5）进入"验证手机号"界面，输入手机验证码并点击"下一步"按钮，如图 7-13 所示。

（6）进入"设置支付密码"界面，设置 6 位数微信支付密码，如图 7-14 所示。支付密码应输入两次，且两次输入的密码应该一致。

图 7-13　输入手机验证码	图 7-14　设置支付密码

• 专 家 提 醒

　　与其他支付软件不同的是，微信支付只能设置 6 位数的支付密码，相对于多位数的数字＋字母组合，其被破解的可能性更大。因此，用户的密码一定不能"有迹可循"，如设置成身份证里的数字、银行卡上的数字都是不安全的。

7.3.3　产品购买

使用微信可以直接购买理财产品，即通过与余额宝类似的理财通。据了解，理财通由腾讯旗下财付通提供产品支持，理财通与余额宝一样均是通过货币基金的方式让投资者获取收益，并且能够实时结算。理财通的合作伙伴为华夏基金。

微信作为一款超过 3 亿人使用的手机应用，一旦将这些资源利用起来，将对传统金融市场产生巨大的冲击。使用微信购买理财通的具体方法如下。

（1）当用户绑定银行卡后，按照前述方法进入"我的银行卡"界面，点击"理财通"按钮，如图 7-15 所示。

（2）在打开的界面中点击"购买"按钮，如图 7-16 所示。

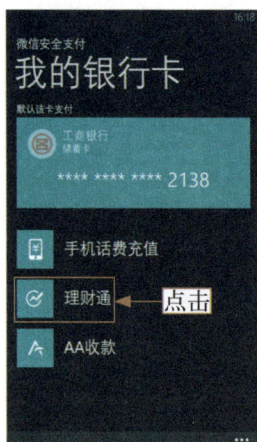

图 7-15　点击"理财通"按钮　　图 7-16　点击"购买"按钮

（3）输入需要购买的金额后，点击"购买"按钮，如图 7-17 所示。

（4）在打开的"确认交易"界面确认交易信息后点击"立即支付"按钮，如图 7-18 所示。

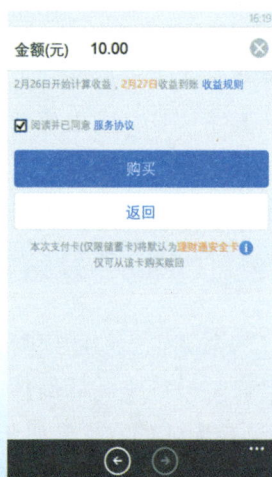

图 7-17　购买金额　　图 7-18　确认交易信息

（5）在打开的界面中输入支付密码后点击"立即支付"按钮，即可完成理财产品的购买，如图 7-19 所示。

（6）稍等片刻即可显示交易详情，如图 7-20 所示。

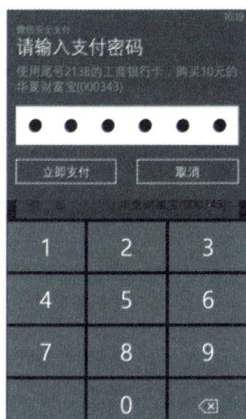

图 7-19　输入支付密码

图 7-20　交易详情

7.3.4　扫码支付

对于支持微信支付的网购平台，用户可以使用微信进行扫码付款。用户在购物平台选择好需要购买的商品、填写订单后，即可选择"微信支付"进行付款。下面以腾讯旗下的网购平台"易迅网"为例，介绍微信支付的具体方法。

（1）在付款界面切换到"支付平台"选项卡，选中"微信支付"单选按钮后，单击"确认支付方式"按钮，如图 7-21 所示。

图 7-21　单击"确认支付方式"按钮

（2）确认订单信息无误后单击"立即付款"按钮，如图 7-22 所示。

图 7-22　单击"立即付款"按钮

（3）网页生成微信付款的二维码，如图 7-23 所示。

（4）用户打开微信的"扫一扫"功能，将摄像头对准网页上的二维码，如图 7-24 所示。

¥9.20

图 7-23　生成二维码

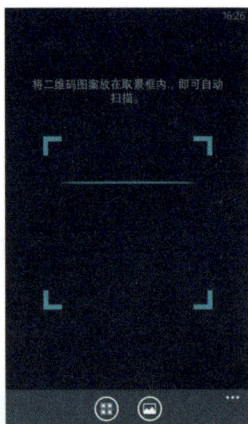

图 7-24　扫描二维码

（5）手机扫描二维码后跳转至"微信安全支付"界面，点击"立即支付"按钮，如图 7-25 所示。

（6）输入支付密码后点击"立即支付"按钮，即可完成微信扫码支付，如图 7-26 所示。

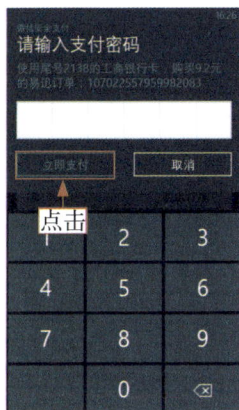

图 7-25　"微信安全支付"界面　　图 7-26　点击"立即支付"按钮

7.3.5　朋友圈销售

用户每次刷新微信朋友圈，可能都会蹦出不少海外代购、高仿A货、护肤品、服装等各种交易信息。这是一种新的电商"熟人营销模式"，若微信用户都使用微信支付，那么，这样一款聊天软件可以完成开网店的所有程序。当然，这种"微信网店"肯定无法与更加专业的大型网购网站相比。

• 专家提醒

随着社会的发展，人们对电子商务的日益需求，导致很多商城空有货源却缺乏销售渠道。一些大型商城大胆地创新，将微信营销与商城结合起来，加上商城自身的WAP版本，让用户用手机也可以轻松购物。

微信是大家都知道的一个社交软件，随着腾讯的微信的开放，可以让大型供货商结合腾讯开放的API接口，完成一整条微信营销渠道，加盟的用户一律分配专属二维码商城或者微信商城。通过专业的营销团队定期推送促销信息，企业无须操心任何推广问题，也不需要自己花大量的时间去考虑微信促销内容的问题。

由于微信平台用户基数的巨大，对于有头脑的用户来说，微信的朋友圈功能完全可以作为宣传产品的途径，或是销售的渠道。这是一种新型的理财方式，用户首先要明白朋友圈如何使用，才能学会怎样利用它来挣钱。学会查看朋友圈则是第一步，其具体方法如下。

（1）进入软件后，在界面下方点击"发现"按钮，进入"发现"界面点击上方的"朋友圈"按钮，如图 7-27 所示。

（2）软件会按照时间顺序显示朋友发表的言论，如图 7-28 所示。

图 7-27　点击"朋友圈"按钮

图 7-28　显示朋友的言论

（3）点击任意朋友的头像会进入他的空间，如图 7-29 所示。

（4）点击任意言论即可对该言论发表自己的评论，如图 7-30 所示。

图 7-29　进入朋友的空间

图 7-30　发表自己的评论

用户可以在朋友圈发表自己的所见所闻、生活感悟或逸闻等，或者给自己卖出的商品打广告，其方法如下。

（1）进入朋友圈后，点击上方的"相机"图标，如图 7-31 所示。

（2）直接拍摄照片或从相册中选择照片，如图 7-32 所示。

图 7-31　点击"相机"图标

图 7-32　选择照片来源

（3）若从相册中选择，直接选择照片即可，如图 7-33 所示。

（4）编写需要发表的言论并点击"发送"按钮，如图 7-34 所示。

图 7-33　选择照片

图 7-34　点击"发送"按钮

7.4　陷阱防范，微信中暴露的相关问题

微信虽然非常方便，但是营销火热的背后，是人员的复杂性。尤其是微信在

推出了在线支付功能后，发现了许多针对微信用户的购物陷阱，需要我们特别小心注意。

7.4.1 朋友圈的广告骗局

根据网络调查，超过 98% 的网友，他们的朋友圈里都有销售广告。近日有网友在爆料，他在微信里花了近千元买的衣服，收到货时与描述出入很大。询问提出退货后，却遭到对方的恶语相向，而商家的购物广告，是朋友圈里推荐的。

如今，部分微信公众账号已开通在线购物功能，用户可以运用微信购买商品或服务，还可以通过腾讯旗下的财付通完成支付环节，或通过财付通平台使用银行卡支付，整个购买和支付过程均在微信内完成，并不是直接去银行给卖家转账。对于朋友圈里私自发放的销售广告，大家一定要小心对待。

7.4.2 微信名牌代购陷阱

笔者的朋友小李经常用微信的"查找附近人"功能来寻找有用账号。一次她看到一个"名牌代购"账号，她正好艳羡朋友所买的某外国品牌钱包，看到该账号还是官方认证的，就毫不犹豫地加了该账号，之后经常收到其推送的折扣信息和特定商品。前几天，该微信账号推荐了一款价值近千元的皮包，小李一看非常喜欢，三言两语之下，便敲定了所购买的型号，并通过链接交付了 1000 元定金。

几天后包裹送达了，小李这才发现买到的皮包根本不是正品，而是仿制品，做工也很粗糙。气愤之下，小李联系该账号，卖家刚开始说"产品绝对正货，如假包换"，后来就索性再也不回复信息。第二天，小李再询问，发现自己已被拉黑。

其实，小李的遭遇并不是个案，经常有买家通过微信网购，转账后钱被骗走。所谓"卖家"多通过各种方式，让消费者先支付定金或全款，然后就一跑了之。消费者找不到人，维权也陷入困局。微信代购盛行，骗局也花样多变，其根本原因在于微信平台没有信用监督和资金安全保障机制，网络运营商对发布信息的审查和监管不力。

7.4.3 微信中的木马植入

随着手机等移动终端的普及，使用手机的用户越来越多，人们在享受便利的同时，各类木马程序陷阱也令手机使用存在风险。

支付宝此前发布的统计数据显示，原本集中在电脑间传播的木马已经将矛头对准了手机，近几年以来发现的新木马几乎全部是手机木马，而微信等平台则成为木马欺诈重灾区，用户接收一个图片链接、扫描一个二维码就可能会带来经济损失。

据了解，"伪装好友"及"假装购物"都是不法分子近期针对微信用户的惯常手机木马作案伎俩，用户也最容易上当受骗，特别是可轻易通过修改头像和名称伪装好友的微信给用户带来极大的安全隐患。

手机木马一般有两大特征：一是多以图片、网址、二维码的形式伪装；二是需要用户点击下载操作。因此，用户使用微信等手机聊天应用时，要特别加强安全意识，在完全确定对方身份之前最好不要接收对方发送的链接或图片，也不要直接向陌生人付款，以免被骗。

7.4.4　不合法的公众平台

由于微信交流具有高度的隐私性和一对多的朋友圈服务特性，以及逼近 4 亿的庞大用户群体，不少商家纷纷瞄上这一交流平台，在上面公开叫卖高仿名牌产品。用户只要打开微信，在添加朋友一栏输入"精品"二字，屏幕立刻会显示出一堆公共营销账号，这些账号均有腾讯微博官方认证。而这些微信公众账号的背后，有一大部分是不合法的。

- 微信不是专业购物平台。这些卖家之所以选择微信平台，是因为现在市场上对高仿产品查得很严。即使有实体店，也不能光明正大地摆出来卖，更不敢上淘宝网开店，因为不仅流程复杂，而且审查很严，随时有可能被封店。
- 方便找到陌生客户。除了采用熟客介绍的方式，不少卖家还会使用微信功能中的"摇一摇"和"附近的人"来"撒网"寻找客户。这些商家定期与用户沟通、交流，然后不断地在朋友圈里发产品图片，发得多了，喜欢的人自然会留下来看，而留下来的人总有一天会成为客户。

在微信上面买东西，一般采用先打款后发货的方式，这样用户很容易遇上诈骗。目前，微信没有实行实名制，很难查到用户的真实信息，一旦遇上骗子，消费者的自身权益很难得到保障。

电商金融，电商网站中的商品交易

第8章

学前提示

如今，C2C、B2C、B2B 以及 O2O 网购平台，都可以算作是互联网金融平台的一种类型，并且网购平台对互联网金融、大数据金融、创新金融也有巨大的贡献。

电商金融，电商网站中的商品交易

- 先行了解，电商金融的基本知识介绍
- 平台代表，4 大电商金融商业模式
- 商品交易，利用淘宝进行网上购物

8.1　先行了解，电商金融基本知识介绍

随着互联网的迅猛发展，电商金融这一概念慢慢出现，它逐渐对人们的生产和生活产生了巨大的影响，本节将对电商金融做一个简单地了解与分析。

8.1.1　电商金融的具体概念

电商金融是指在互联网上，以电子交易方式进行商品交易或者相关服务的金融活动，它是传统商业活动各环节的电子化、网络化。

电商金融主要由以下4部分组成。

- 商家。商城是消费的源头，就像生活中的商场一样，没有卖就没有买。
- 产品。产品是商城的资本，是商城获取利润、顾客满足需求的重要物质，也是电商的重要因素。
- 消费者。消费者就是商家的资源，是利益的源头，有了消费者，买卖的链条才完善。
- 物流。电子商务的成功交易，必须要有物流这一关，它是整个交易链条的最后一环。

电商金融主要是利用以下三种技术，实现了互联网营销的电子化、数字化、网络化、商务化。

- 计算机技术。
- 网络技术。
- 远程通信技术。

8.1.2　电商金融的特征表现

电子商务是一个不断发展的概念，如今的电子商务与最初的概念并不完全一样，同样也有着不同的特征。与传统商务形式相比，电子商务有以下七个特点。

1. 全球化的市场

互联网时代，将世界各地的人集中在互联网平台上，电子商务就好像一个巨大的集市一样，凡是能够上网的人，无论身处世界何处，都将被包容在一个市场中，

都有可能成为网上企业的客户。

2.　交易更加快捷、方便

电子商务能在世界各地瞬间完成信息、资金的传递，整个过程无须人员干预，完全由计算机自动处理，自动化加快了交易速度，使交易变得更加快捷、方便。

3.　整个交易完全虚拟化

电子商务通过互联网进行贸易、洽谈、签约、订货、支付等，无须当面进行，整个交易完全虚拟化，甚至连电子商务中的商品也正在逐渐虚拟化，有时候交易的不是某件商品，而是某一项服务、某一条信息等，如话费充值。

4.　成本大大降低

由于通过网络进行商务活动，信息成本低，能够节约各个方面的费用，因此整个活动成本大大降低。

5.　交易过程比较透明

电子商务中双方的所有洽谈以及业务都在网络上进行，洽谈内容及业务过程都有迹可循，因此在发生商业纠纷时，非常容易分辨是非。

6.　交易标准化，降低风险

电子商务的操作需要按标准一步步进行，无论什么商品，基本上都只有一套交易流程，这样既方便了买卖双方，更能降低交易的风险。

7.　可以连续交易

电子商务可以实现24小时连续交易，任何人都可以在任何时候向网上卖家查询信息、付款交易。

8.1.3　电商金融的常见功能

电商金融可以提供网上交易和管理等全过程的金融服务，它主要包含以下6个方面的功能。

- 交易管理。
- 广告宣传。
- 网上订购。
- 网络支付。
- 咨询洽谈。
- 服务传递。

8.1.4 电商金融更加精准化

随着互联网技术迅速发展，企业已经能够对消费群体进行不同程度的细分，如在移动终端上开发出的母婴 APP，就是针对母婴用户人群而制定的；手游商家会根据自家品牌的用户群定位，而进行有针对性的广告推送。正是因为这种垂直化的、细分化的用户群定位，才能够让电商营销更加精准化。

还有些专业机构，能够为企业提供追踪用户行为的平台和软件，帮助企业运用强大的运算和数据分析功能了解每一个用户的行为轨迹，以最快的速度找到自己的目标消费群体。

互联网时代，精准营销是大势所趋，它主要具有以下三个方面的作用。

- 精准营销提升交易率，给企业带来更多的回报。
- 精准营销带来良好体验，帮助企业塑造品牌形象。
- 精准营销传递丰富内容，给用户带来更多的信息。

8.2 平台代表，4 大电商金融商业模式

传统电商的金融活动主要有 B2B、B2C、C2C 三种商业模式，近些年来，随着新型消费方式的出现，O2O 模式也在市场上迅速发展起来，本节将着重对这 4 种电商金融的商业模式进行分析。

8.2.1 B2B 商业模式

B2B 是英文 Business to Business 的缩写，意思是商家对商家，即企业与企业之间的营销关系。目前，我国较大的 B2B 平台有阿里巴巴、慧聪网等。B2B 平台与 C2C 平台可以组成一个完整的产业链，即 C2C 平台卖家在 B2B 平台获取货源，如图 8-1 所示。

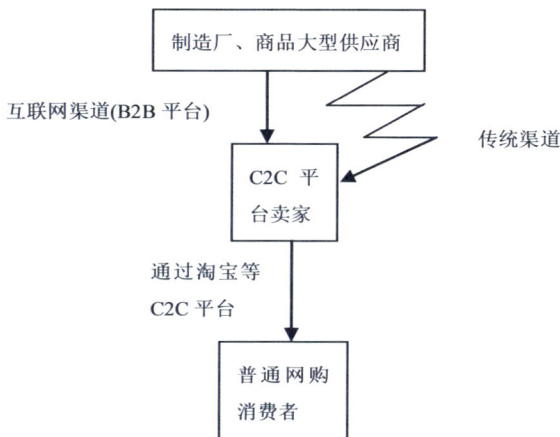

图 8-1　B2B 与 C2C 组成的产业链

　　阿里巴巴不仅在国内傲视群雄，而且还是全球 B2B 电子商务的著名品牌，是全球领先的网上交易市场和商人社区。它拥有超过 1400 万网商的电子商务网站，遍布全球 220 个国家和地区。与传统 B2B 不同的是，只要是大批量购买某一商品的用户，都可以在阿里巴巴注册、购买。此外 B2B 平台还可以提供 B2C 服务，如图 8-2 所示。

图 8-2　阿里巴巴官方网站

特别值得一提的是阿里巴巴集团推出的消费贷款服务——蚂蚁花呗。蚂蚁花呗于 2015 年 4 月正式上线，主要应用于网上购物，受到年轻消费者的喜爱，申请开通蚂蚁花呗之后，蚂蚁花呗的后台人员会根据消费者的网购情况、支付习惯、信用额度等方面，通过大数据运算为消费者提供 500～50000 元不等的消费贷款。

需要注意的是，蚂蚁花呗仅仅提供消费贷款，不提供现金贷款，因此，消费者无法进行现金提现操作。如图 8-3 所示为阿里巴巴集团官网对蚂蚁花呗的相关描述。

图 8-3　阿里巴巴集团官网对蚂蚁花呗的描述

8.2.2　B2C 商业模式

B2C 是英文 Business to Consumer 的缩写，意思是商家对客户，即通常所说的商业零售，直接面向消费者销售产品和服务。

一般来说，B2C 平台上所有店铺都经过工商局登记注册，有工商局颁发的营业执照。因此，B2C 平台上的店铺是企业法人，具有法人资格，而不是谁都可以开店的。如果把 C2C 比作夜市，那么 B2C 就类似于万达广场，进驻的店铺都是麦当劳、沃尔玛、阿迪达斯这样的大型品牌。

国内知名的 B2C 平台有天猫（淘宝商城）、京东 (JD.com) 等。就目前的市场占有率来看，天猫或许已超过京东，但由于京东的模式更具有代表意义，因此笔者认为最能代表 B2C 的平台应该是京东。

有过网购经验的人都知道，天猫、京东的东西比淘宝贵，而用户选择"商城"这样的平台进行购物，关键是看中 B2C 平台的商品有品质保证。京东在这方面可以说有一定的优势，除了有商家入驻以外，本身还有自营业务，如图 8-4 所示。对于想在网上购买正品，获得更多品质保证的用户来说，购买平台自营商品是最好的选择。

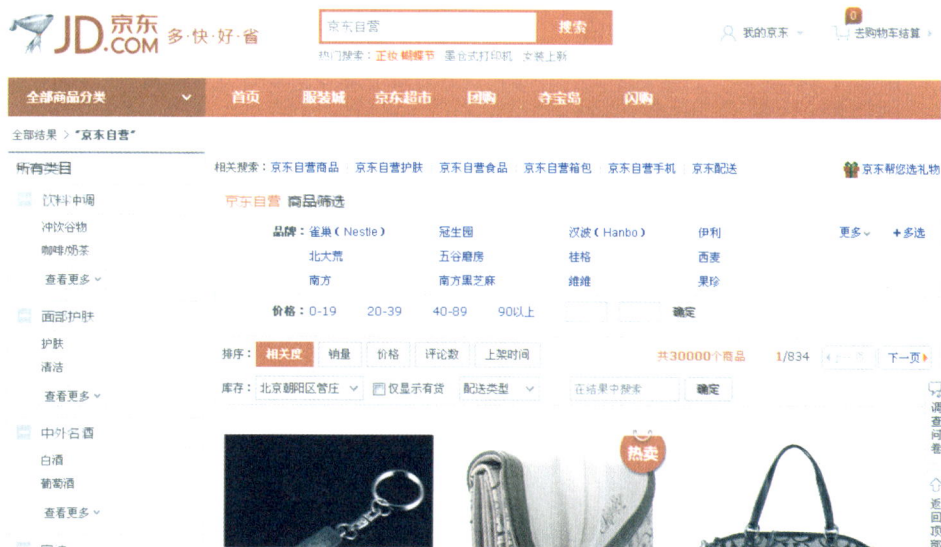

图 8-4　京东官方网站

• 专家提醒

　　与阿里巴巴集团的蚂蚁花呗服务相似，京东集团也推出了一种"先消费，后付款"的全新支付方式——京东白条。京东白条与蚂蚁花呗功能大致相同，它于 2014 年元宵节后上线，最高提供 15000 元的消费额度，并且可以选择最长 24 个月的分期付款时间。此外，对于逾期未还贷款的消费者，京东会向用户收取大于 0.03% 的违约金，并以短信、电话等方式适时提醒消费者。

　　京东可在多方面的提供白条服务，在京东白条的官方页面中不仅可以看到旅游白条、安居白条、校园白条、汽车白条等众多分类，消费者还能享受到京东白条提供的专属福利，如图 8-5 所示。

图 8-5　京东白条的官方页面

8.2.3　C2C 商业模式

C2C 电子商务即个人对个人的商业模式，如一个消费者拥有一件商品，他通过网络交易的方式将其出售给另一个销售者，此种交易类型就称为 C2C 电子商务。

电子商务将传统的交易搬上网络，C2C 电商模式则是让交易类型由传统的商家对消费者扩张到消费者对消费者，总的来说，C2C 电商模式具有以下特征。

- 提供信息交流平台。
- 提供一系列的配套服务。
- 用户数量多、身份复杂。
- 商品种类多、质量参差不齐。
- 交易次数多、资金规模小。

如今，C2C 商业模式的优势已经尽人皆知，其购物模式的灵活性得到更多用户的认可，对于 C2C 模式来说，其未来的发展主要应侧重以下 4 个方面。

- 海外代购模式仍然是一种竞争手段。
- 收费政策和多元化盈利模式逐步确立。
- 充分利用自身资源，开展差异化竞争。

- C2C 与 B2C 等其他模式的融合。

如今的 C2C 电商金融领域，淘宝网是当之无愧的霸主，由于淘宝网开店的门槛比较低，小到一包餐巾纸，大到家用电器一应俱全、应有尽有。因此，用户在该平台购物挑选的余地也比较大，可以进行较多的对比。

如图 8-6 所示，为淘宝网的主页界面，有想法的消费者或者用户都能在该平台上注册、开店。

图 8-6　淘宝网主页界面

8.2.4　O2O 商业模式

电商金融 O2O 商业模式即从线上到线下，它将线下的商业机会与互联网组成了一个有机的整体，消费者可以通过线上筛选服务、线下比较，体验后有选择地消费。

O2O 商业模式是一种火热的新型营销模式，它改变了人们传统的购物模式。如图 8-7 所示，为 O2O 商业模式的示意图。

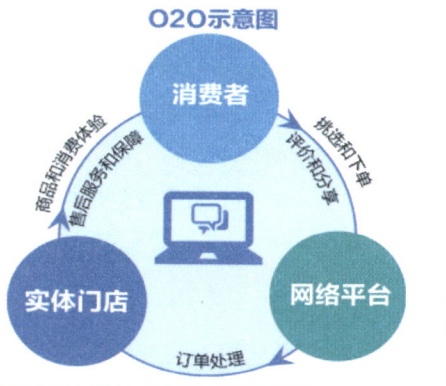

图 8-7　O2O 商业模式示意图

作为时下电商金融最火热的商业模式，O2O 有许多特点，主体不同，其特点的体现也有所区别。

对于商家来说，O2O 商业模式的特点表现在以下方面。

- 能够获得更多的宣传、展示机会吸引更多新客户到店消费。
- 该模式下商家与客户的交易全都是可跟踪的，商家可以由此进行精准营销。
- 通过在线有效预订、在线付款等方式合理安排经营，节约成本。
- 大量减少租金的支出、降低线下实体对黄金地段旺铺的依赖。

对于消费者来说，O2O 模式的特点无非体现在以下三个方面。

- 其一，用户可以获取更丰富、全面的商品或服务的内容信息。
- 其二，用户能够更加便捷地向商家咨询商品或服务情况，而且大部分支持 O2O 模式的商家具有退换货服务。
- 其三，用户购买商品的价格一般比线下实体店便宜。

利用 O2O 商业模式最为明显的要数大众点评网了，大众点评的妙处在于，消费者可以通过互联网对自己在线下的消费活动进行分享，对商家提供的产品或服务进行点评，以此来形成良好的口碑，进一步吸引大众消费。如图 8-8 所示，为大众点评的主页界面。

图 8-8　大众点评的主页界面

8.3　商品交易，利用淘宝进行网上购物

许多人觉得"互联网金融"是个遥不可及、难以理解的东西，但实际上，大家生活中的网购行为就可以看作是在进行互联网金融活动。

8.3.1　挑选心仪商品

用户在网购平台搜索、挑选商品的时候，实际上是利用了平台的信息提供、对比等功能。这里将以淘宝网为例，介绍网上购物的具体方法。

（1）用户登录淘宝网后，可在搜索栏中输入需要查找的商品关键字并单击"搜索"按钮，直接搜索需要查看的商品；也可以在主页左边的"商品服务分类"栏中选择需要查看的商品；还可以直接单击主页的广告链接，如图8-9所示。

（2）若用户通过关键字搜索相关商品，还可以设置更细致的条件，更精确地查找所需商品，如图8-10所示。

（3）用户找到需要的商品后，单击任意商品的图片或文字介绍即可查看详情，如图8-11所示。

图8-9　查看商品

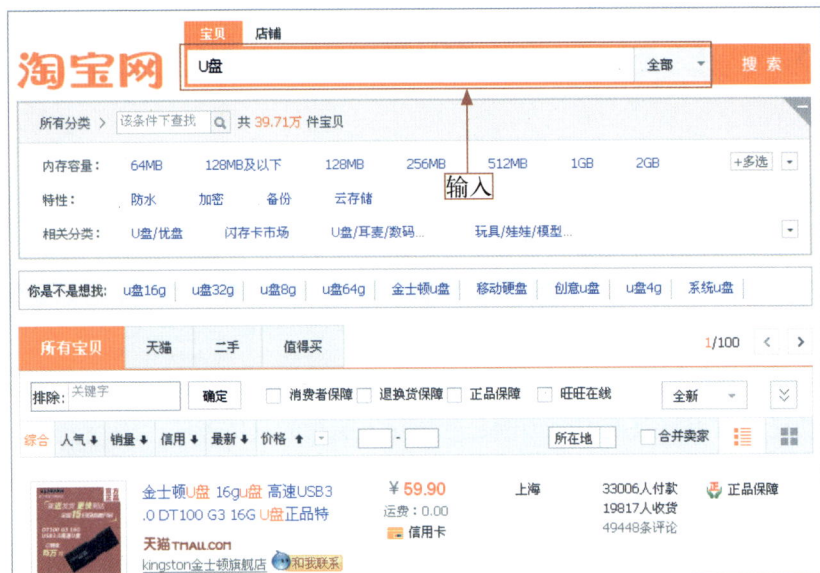

图 8-10　精确查找

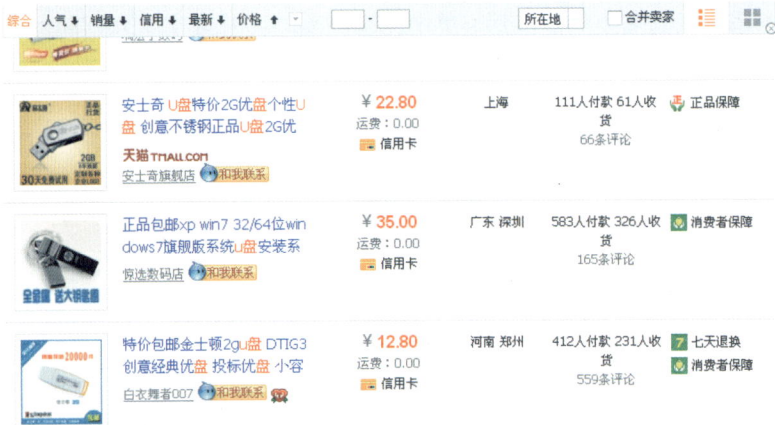

图 8-11　选择商品

（4）进入"宝贝详情"界面后，用户设置好需要购买的颜色、数量等信息后，单击"立即购买"按钮，如图 8-12 所示。

（5）若用户此前未进行登录操作，网页会弹出"淘宝会员"对话框，提示用户登录。用户输入登录名、登录密码并单击"登录"按钮即可，没有账户的用户可以单击"免费注册"链接直接注册，如图 8-13 所示。

图 8-12　单击"立即购买"按钮　　　　图 8-13　"淘宝会员"对话框

（6）用户登录后会自动跳转至"提交订单"界面，设置好收件地址并确定地址无误后，单击"提交订单"按钮，如图 8-14 所示。

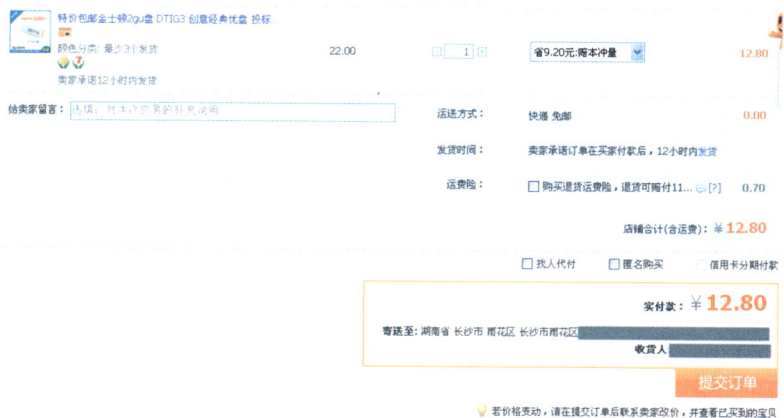

图 8-14　"提交订单"界面

（7）选择具体的付款方式进行付款，如图 8-15 所示。付款流程可参照前述步骤操作，这里不再赘述。

图 8-15　选择付款方式

8.3.2　查询商品信息

网购平台能够提供商品多方位的信息，不仅有来自店家的描述，还有其他消费者的评价，这些信息对于网购来说是至关重要的。网购信息具体包括以下几个方面。

- 商品规格：如衣服颜色是偏暗还是偏亮；鞋子尺码是偏大还是偏小；购买的散装商品给称是否足量等。
- 商品质量：由于其他用户是使用过后才给出的评价，因此他们对商品的质量最有发言权。
- 发货速度：如果某一店铺发货速度较慢，用户则要考虑所购买的物品是否急需等。

网购平台的优势是可以尽量做到信息的对等，普通消费者将不再是弱势群体。下面以淘宝网为例，介绍查看信息的方法。

（1）用户可在"宝贝详情"选项卡中查看到商品的详细信息，如图8-16所示。

图 8-16 "宝贝详情"选项卡

（2）切换到"评价详情"选项卡，可以查看其他用户的评价，如图 8-17 所示。

图 8-17 查看评价

·专 家 提 醒

　　用户评价也有造假的可能，一些店铺为了"刷信誉"，使用同一账号和许多小号购买自家商品，并留下"好评"。用户可以通过评价账户 ID、评价风格等，分辨和判断评价真伪。

　　（3）切换到"成交记录"选项卡，可以查看价格趋势图、款式和型号销量比例图等信息，如图 8-18 所示。

图 8-18　查看成交记录

特别要注意的是，在产品介绍的末尾，一般会有商家的重要提示。用户稍不留神，则可能会忽略"缺陷介绍"，如图 8-19 所示。

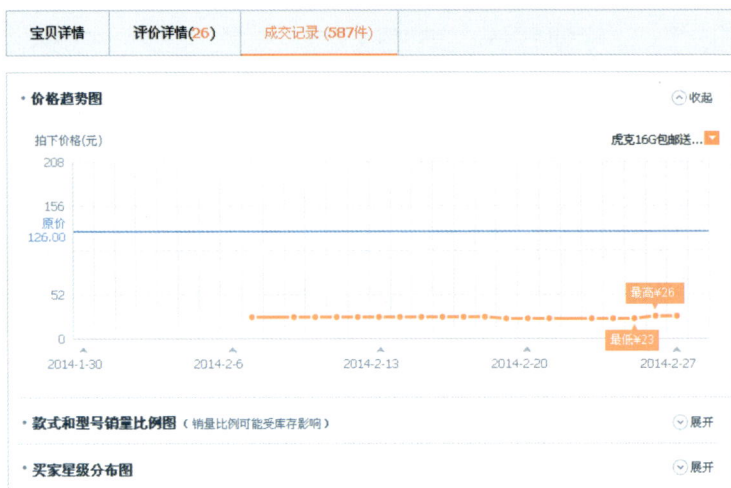

图 8-19　重要提示

8.3.3　利用手机购物

相比电脑端的网购方式，手机购物的最大优势在于不受任何限制，用户无论在何时何地，都可以进行网购活动。同时，由于手机的科技装置越来越多，一些手机购物的新型功能也随之问世，如扫码购物、拍照购物等。

扫码购物是通过扫描商品的条形码，直接查找到用户需要购买的商品，如图

8-20 所示。拍照购物则是根据物品的正面照片，在网购平台搜索与之类似的物品，如图 8-21 所示。

图 8-20　扫码购物

图 8-21　拍照购物

目前，许多手机网购 APP 都有扫码购物功能，该功能可让手机购物变得更加简单。相比在电脑端网购，用户使用手机网购不但更时尚，而且更方便。但扫码购物也有一定的局限，首先并不是所有商品都有条形码，其次是网购平台不一定有该条码的商品出售。

拍照购物则是更新潮的手机购物方式，用户不必知道商品叫什么名字，也不必了解相关信息即可购买到该商品。甚至是到朋友家做客，随手拍下自己喜欢的东西，软件即可帮你找到所需要的商品。

• 专 家 提 醒

拍照购物目前还不够成熟，无法准确识别所有商品。例如，京东的拍照购物功能只能支持购买图书、音像、化妆品以及食品饮料等类型。

P2P 金融，小额个人网络借贷模式

第 9 章

学前提示

互联网金融之所以能够吸引许多投资者，不仅因为互联网下的金融活动更加方便，更在于投资收益非常可观。而 P2P 网络借贷模式则以"破 10%"的回报受到了越来越多网民的青睐。

P2P 金融，小额个人网络借贷模式

- 先行了解，P2P 网络借贷的基础知识
- 平台代表，P2P 网贷平台的简单介绍
- P2P 实战，陆金所借款具体流程分析
- 理财技巧，P2P 网贷平台的制胜法宝

9.1 先行了解，P2P 网络借贷的基础知识

P2P 网贷的迅速发展，不仅说明国内投资者越来越开放，也说明国内金融行业的资信得到了投资者的肯定。

9.1.1 P2P 模式的概念介绍

P2P 是英文 Peer to Peer 的缩写，Peer 可以译为"（地位、能力等）同等者""同事""伙伴"等，因此 P2P 可以理解为"伙伴对伙伴"的意思，或称为对等联网。

一般来说，P2P 是指 P2P 网络借贷，这是一种将非常小额度的资金聚集起来借贷给有资金需求人群的一种民间小额借贷模式。P2P 网贷平台与投资者之间的相互关系如下。

- 借款人向平台申请借款。
- 平台对其进行审核，发布借款公告（即投标）。
- 投资人通过在平台上投标，将钱通过平台借给借款人。
- 约定期限到期后，借款人通过平台偿还本金及之前所约定的利息。

·专 家 提 醒

P2P 这个概念在 2006 年引入中国后得到了迅速发展。如今的 P2P 服务平台，将一端——有房产作抵押担保，短期需要资金周转经营的高端借款人，与另一端——有闲置资金，但限于国内投资渠道少而难以找到合适投资模式的高收入人群的需求对接起来，解决双方各自的需求，实现社会资源的优化配置。

9.1.2 P2P 模式的起源发展

P2P 网络借贷平台通常被认为有两个起源：一个是穆罕默德·尤努斯(Muhammad Yunus) 教授，另一个是英国的 Zopa 网络借贷平台。很有意思的是，穆罕默德·尤努斯与 Zopa 几乎没有任何关系，但两者却共同推动了 P2P 这种借贷模式的兴起。

　　起源一中的尤努斯教授生于 1940 年，他的贡献是建立穷人银行，解决了穷人的借贷需求而获得诺贝尔奖的，其模式跟现有的各大银行没有任何差别。

　　而起源二中的英国 Zopa，则完全是基于 21 世纪计算机网络技术的快速发展应运而生的新模式，网络的高效化使传统的借贷模式可以从"多对一"（运用网络做直销），"一对多"（企业网上申请贷款）的两步走模式，直接跨越到"多对多"（个人对个人放款）模式，略去了中间环节，这也是 Zopa 所宣称的"摒弃银行，每个人都有更好的交易"的来源，P2P 网络借贷充分发展的结果是把银行从借贷业务链中挤出去。因此有人将 Zopa 称为互联网上第一家 P2P 银行。

9.1.3　P2P 模式的当下现状

　　2006 年 P2P 商业模式进入中国以后，经过 8 年的发展，其收益性与稳定性已经得到了客户与市场的认可，可以说 P2P 这种商业模式和盈利模式是非常成功的。不过，较快的发展速度也使 P2P 市场出现"鱼龙混杂"现象，从第一家公司出现到现在，市场上出现了很多刚刚成立的公司。并且因为 P2P 的盈利模式和银行的盈利模式是一样的，靠的就是息差和服务费进行盈利，因此 P2P 也得到很多投资人的青睐，他们纷纷进入到这个行业。

　　然而，P2P 模式最难的并不是理财端，而是借款端，只有先有了借款人才会有理财端的债权转让。因此，很多公司一开始就做信用抵押，因为难度很低，有的用车辆、有的用矿产抵押，这些在真实性、重复性、变现等方面都不能确保。

　　不过从总体来看，P2P 确实是一种很好的投资渠道，它既不像前几年刚出来的时候第一拨吃螃蟹存在风险，也不是到后期人尽皆知的时候利率会降低，现在正是一个好时机，当然这个时候更要擦亮眼睛，寻找一个实力雄厚、发展稳健的公司。

9.1.4　P2P 模式拥有的优势

　　P2P 借贷又叫 P2P 信贷或 P2P 理财，是指以公司为中介机构，把借贷双方对接起来以实现各自的借贷需求。现在的 P2P 主要是通过网络平台对接供方与需方，使投资和融资需求快速匹配。虽说目前法律风险弊端较为明显，但是相对于其他理财方式，P2P 理财仍拥有明显的投资优势。

1. 相比于银行理财

银行理财是普通投资者的首选，但越来越多的投资者转战 P2P，是因为 P2P 相比银行理财有以下几点优势。

- "收益率"方面：网络融资 P2P 高，银行理财低。银行以手续费、托管费、管理费等名目，瓜分了理财投资者的大量收益。网络融资 P2P 投资收益明码实价，普遍为 18% ～ 20%，是银行理财产品的 4 倍有余。

- 流动收益方面：网络融资 P2P 按月（季）付息，银行理财到期付息。银行理财普遍都是产品到期后一起结算本息，购买期间不能给投资者带来稳定的现金流收益，容易导致投资者现金流动性不足或紧张。网络融资 P2P 理财采取按月（季）付息，到期还本的方式，既降低了理财风险，又能满足投资者日常的流动性需求。

- 抵押担保方面：网络融资 P2P 有，银行理财无。银行理财实际是投资者借给银行的一种信用贷款，除了银行信用之外，没有任何风险抵补措施和手段，出现理财损失，投资者往往无可奈何，只能忍气吞声。网络融资 P2P 普遍都有借款人足值资产或高质量债权作抵（质）押，并履行抵押登记手续，同时引入第三方担保公司履行逾期代偿义务，可以说为理财资金安全加上了双保险。

- 真实项目挂钩方面：网络融资 P2P 清楚，银行理财糊涂。现实当中，银行理财经理大部分不清楚他们卖的是什么，不知道资金用途、收益与何挂钩、产品风险等，理财经理卖得稀里糊涂，客户买得也稀里糊涂。网络融资 P2P 理财需要资金需求方提供真实的借款用途和项目信息，投资者可自主甄别和选择借款项目，做到了心中有数、明明白白。

2. 相比于信托理财

信托是大型投资者的专属投资方式，但 P2P 网贷同样对信托行业造成了较大的冲击，其优势有以下几点。

- 资金门槛方面：网络融资 P2P 几乎无门槛，信托理财门槛高。信托理财不为大多数投资者所熟悉，主要原因就在于其高门槛，信托公司推出的各款信托产品的资金门槛大多在 100 万元以上，普通投资者就只能望"槛"兴叹。网络融资 P2P 通过互联网归集资金，成本小、效率高，普遍未设置资金门槛，是目前市场上最"亲民"的投资理财渠道。

- 流动性方面：网络融资 P2P 好，信托理财差。目前，市场上推出的信托产品投资期限以 1 ~ 2 年的居多，投资期间信托产品变现能力较差，若投资者信托资产配置较多，容易导致流动性紧张。网络融资 P2P 有多种期限可供投资者选择，尤其是短期理财产品流动性较好，可以满足投资者短期理财需求。

3. 相比于私人借贷

P2P 借贷可以看作是私人借贷的一种，但 P2P 相比私人借贷有以下优势。

- 议价能力方面：网络融资 P2P 强，私人借贷弱。民间私人借贷普遍会遇到这种情况：不熟的人不敢借，熟悉的人不敢喊价。网络融资 P2P 平台好比一个融资超市，能够实现自由议价和充分议价。
- 抵押担保方面：网络融资 P2P 规范，私人借贷不规范。民间私人借贷多采取白字黑字的借条形式，是传统的信用借款，遇到借款人违约，多采取扯皮、上门等极端追讨方式，成本既高效果也差。网络融资 P2P 理财抵押担保手续完备，若遇违约，可以实现轻松抵偿或代偿。
- 风险管理方面：网络融资 P2P 专业，私人借贷业余。民间私人借贷风险管理手段少、水平低、成本高。网络融资 P2P 理财公司普遍都有专业的贷前、贷中和贷后管理团队，对借款人还款能力、借款用途、抵押物等真实情况进行实地考察，同时通过网络、电话等途径进行全方位佐证，相当于替投资者进行了专业的风险把关。

9.1.5　P2P 模式存在的弊端

P2P 网络借贷的缺点主要有以下三点。

1. 无法实施有效监管

从网络借贷平台的业务性质来看，可以将 P2P 借贷归类为网络版的民间借贷中介。由于目前我国还没有专门针对个人对个人贷款的法律条文，有关民间借贷中介的法律法规也是空白，对网络借贷平台等民间借贷中介的合法性无法得到确认，因此，网络借贷平台的活动始终处于法律的边缘，缺乏对其进行监管的依据，各地人民银行分支机构或银监会派出机构都无法对其实施有效监管。

2. 需要自己承担风险

鉴于网络方式的虚拟性，借贷双方的资信状况难以完全认证，容易产生欺诈和欠款不还的违约纠纷，而风险需放贷方自己承担。

尽管有些借贷网站能提供很多风险控制方式，如拍拍贷在网络社交圈的朋友中"借钱"和"还钱"，齐放网要求借款的学生必须通过若干认证，同时所借款项须经由所在学校账户，再发给学生本人。

但是，这些都只是一些辅助手段，缺乏实质性的约束力，如果借款人恶意赖账，最终所放贷资金的安全无法得到保证。

• 专 家 提 醒

> 拍拍贷目前已经遇到一些违约的情况，网站协助催收，但是由于相关程序较为烦琐，违约成本居高不下，同样面临较大的违约风险。

3．容易引发社会问题

首先，由于网络借贷需要大量实名认证，借款人的身份信息及诸多重要资料留存网上，一旦网站的保密技术被破解，资料泄露可能会给借贷双方带来重大损失。

其次，如果网络借贷平台开立第三方账户，而贷款经由此账户代为发放，那么在网络借贷平台疏于自律，或者内部控制程序失效和被人利用等情况下，则可能出现捏造借款信息而非法集资的情形。

当网络借贷平台的全部放贷金额达到一定的规模后，风险控制如果出现问题，就会产生严重后果甚至危及社会稳定。

9.1.6　P2P模式的担保方式

P2P理财的担保方式通常包括无担保、风险保证金补偿、公司担保三种类型，它们各有特点。

1．无担保方式

顾名思义，无担保方式就是没有风险担保措施或保证金。对于无担保的方式，投资者需根据自己的风险偏好进行取舍。

2．风险保证金补偿

所谓风险保证金补偿，是指平台公司从每一笔借款中都提取借款额的2%作为风险保证金、独立账户存放，用于弥补借款人不正常还款时对投资者的垫付还款。风险保证金不足以弥补投资者损失时，超出部分由投资者自行承担，但投资者可以自行或委托P2P公司向违约人追偿剩余损失。

采用风险保证金补偿方式投资者可重点关注以下方面：平台公司风险保证金提取的比例、该比例与公司坏账率大小的关系、风险保证金上期末余额与本期代偿数额的比率。

3. 公司担保方式

采用公司担保方式的 P2P 借贷目前数量不多，直觉上大家会认为由公司提供担保很安全，但却未必，提供担保的公司自身出现问题、丧失担保能力在各个行业领域都是常有的事。投资者除关注提供担保的公司整体实力外，还需了解该公司自有净资产与对外担保总金额的比例。

• 专 家 提 醒

目前的 P2P 平台以及微金融机构资金实力有限，其资金流量不足以支持所担保的额度。出于规避法律风险的考虑，P2P 平台应根据自己的实力合理引进其他担保公司或合格的第三方作为担保方。

9.2　平台代表，P2P 网贷平台的简单介绍

从 P2P 开始步入人们的视线以来，不断有 P2P 网贷平台成立或者关闭，信誉上也是良莠不齐。

曾有一份调查显示：中国注册登记为担保、金融咨询的公司中，从事民间借贷中介业务的公司有上万家，可是比较成功和规范的只有寥寥几家。

对于一般的用户来说，最好是在国内较大型的 P2P 平台进行投资，下面对市场上规模较大的 P2P 理财平台进行详细介绍。

9.2.1　人人贷——网络借贷平台的先行者

所谓"人人贷"，即是 P2P 借贷的中文翻译，同时也是一家 P2P 网络信贷平台的名称，由人人贷商务顾问（北京）有限公司于 2010 年 4 月创办，如图 9-1 所示。

人人贷是我国最早的一批基于互联网的 P2P 信用借贷服务平台，其主要特点有以下几点。

- 直接透明。出借人与借款人直接签署个人间的借贷合同，一对一地互相了解对方的身份信息、信用信息，出借人可及时获知借款人的还款进度和生活状况的改善程度，最真切、直观地体验到自己为他人创造的价值。

图 9-1　人人贷官方网站

- 信用甄别。在人人贷模式中，出借人可以对借款人的资信进行评估和选择，信用级别高的借款人将得到优先满足，其得到的贷款利率也可能更优惠。

- 风险分散。出借人将资金分散给多个借款对象，同时提供额度较小，因此风险较小。以人人贷网站为例，投资人出借 1000 元，最小投标金额 50 元，出借给 20 个有资金需求的个人，风险得到了最大程度的分散。

- 门槛低、渠道成本低。人人贷金融模式使每个人都可以成为信用的传播者和使用者，信用交易可以很便捷地进行，每个人都能很轻松地参与进来，将社会闲散资金更好地进行配置，将中高收入人群的闲余资金合理地引向众多信用良好且需要帮助的中低收入人群。

人人贷是一种将小额度闲散资金聚集起来，借贷给有资金需求人群的一种商业模型，其基本原理如图 9-2 所示。

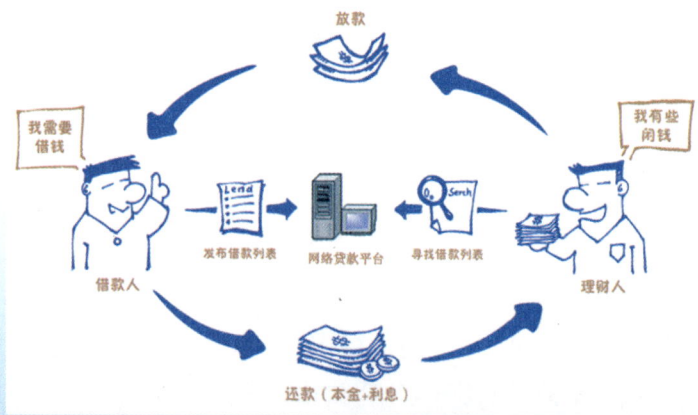

图 9-2　人人贷模式原理

9.2.2　陆金所——具有非常"老到"的经验

陆金所的全称是上海陆家嘴国际金融资产交易市场股份有限公司，是中国平安保险 (集团) 股份有限公司旗下成员之一，成立于 2011 年 9 月。凭借平安集团在金融行业的先天优势，陆金所可以说是经验老到的互联网金融平台之一。

陆金所旗下网络投融资平台于 2012 年 3 月正式上线运营，如图 9-3 所示。

图 9-3　陆金所官方网站

作为老牌金融机构平安集团打造的网络投融资平台，陆金所在 P2P 的具体运营模式上也有一定的创新，如图 9-4 所示。

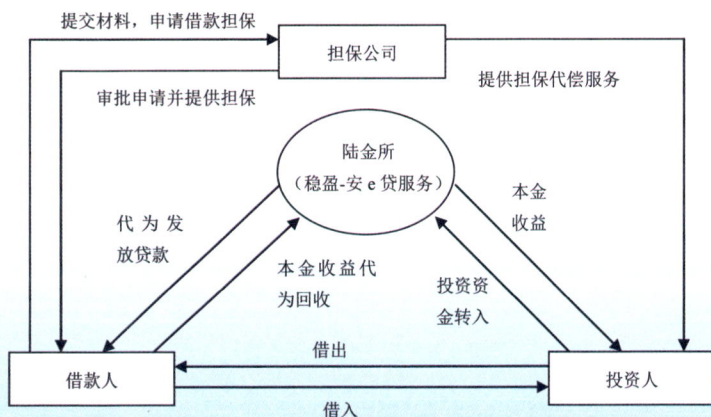

图 9-4　陆金所运营模式

9.2.3 宜人贷——拥有"互动式"系统功能

宜人贷是宜信公司 2012 年推出的个人对个人网络借贷服务平台，为有资金需求的借款人和有理财需求的出借人搭建了一个轻松、便捷、安全、透明的网络互动平台，如图 9-5 所示。个人借款人在网上发布借款请求，通过信用评估后，获得出借人的信用借款资金支持，用以改变自己的生活，实现信用的价值；而个人出借人则获得经济收益和精神回报双重收获。

图 9-5 宜人贷官方网站

宜信公司创建于 2006 年，总部位于北京，是一家集财富管理、信用风险评估与管理、信用数据整合服务、小额借款行业投资、小微借款咨询服务与交易促成、公益理财助农平台服务等业务于一体的综合性现代服务业企业。宜信公司推出的宜人贷业务模式如图 9-6 所示。

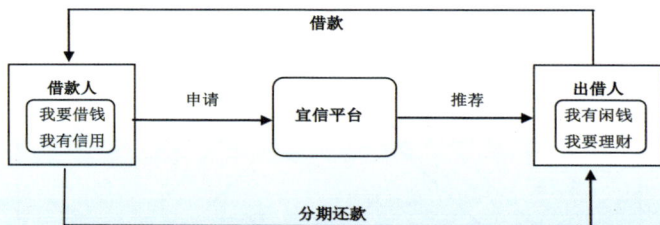

图 9-6 宜人贷业务模式

宜人贷的具体贷款步骤有以下六部分。

（1）申请受理。借款人将小额贷款申请提交给小额贷款行之后，由经办人员向借款人介绍小额贷款的申请条件、所需时间，同时对借款人的条件、资格及申请材料进行初审。

（2）再次审核。经办人员根据有关规定，对客户提交材料的真实性进行审核，评价申请人的还款能力和还款意愿。

（3）审批。由有权审批人根据客户的信用等级、经济情况、信用情况和保证情况，最终审批确定客户的综合授信额度和额度有效期。

（4）发放资金。在落实了放款条件之后，客户根据用款需求，可随时向贷款行申请支用额度。

（5）贷后管理。贷款行按照贷款管理的有关规定对借款人的收入状况、贷款的使用情况等进行监督检查，检查结果要有书面记录，并归档保存。

（6）贷款回收。根据借款合同约定的还款计划、还款日期，借款人在还款到期日时，及时足额偿还本息，到此小额贷款流程结束。

9.2.4　拍拍贷——只凭信用、无须担保

拍拍贷成立于 2007 年 6 月，是中国首家 P2P(个人对个人) 纯信用无担保网络借贷平台。网站隶属于上海拍拍贷金融信息服务有限公司，公司总部位于上海，图 9-7 所示为拍拍贷官网首页。

图 9-7　拍拍贷官方网站首页

1. 拍拍贷的六大优势

拍拍贷将自己定位为一种透明阳光的民间借贷，是中国现有银行体系的有效补充。显而易见，民间借贷基于地缘、血缘关系，手续简便、方式灵活，具有正规金融不可比拟的竞争优势。

可以说，民间借贷在一定程度上适应了中小企业和农村地区的融资特点和融资需求，增强了经济运行的自我调节能力，是对正规金融的有益补充。而拍拍贷具有一些独特之处，如下所述。

- 一般为小额无抵押借贷，覆盖的借款者人群一般是中低收入阶层，现有银行体系覆盖不到，因此是银行体系必要和有效的补充。
- 借助网络、社区化的力量，强调每个人的参与，从而有效地降低了审查的成本和风险，使小额贷款成为可能。
- 平台本身一般不参与借贷活动，只注重信息匹配、工具支持和服务。
- 由于依托于网络，与现有民间借款不同的是，其过程非常透明。
- 与现有民间借贷的另一大不同点是，借款人的借款利率由自己设定，同时网站设定了法定最高利率限制，这有效地避免了高利贷的发生。
- 由于针对的是中低收入以及创业人群，其有相当大的公益性质，因此具有较大的社会效益。它解决了很多做小额贷款尝试的机构组织 NGO 普遍存在成本高和不易追踪等问题。

2. 拍拍贷借款流程

拍拍贷是目前中国唯一一家不用提供担保即可贷款的 P2P 公司，在与投资人签订的电子合同中已明确标明，平台对收益及本金不提供任何形式的担保，一切风险由投资人自己承担。因此，拍拍贷的借款流程也较为严格，如图 9-8 所示。

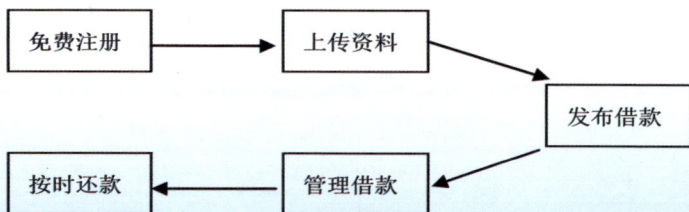

图 9-8　拍拍贷借款流程

首先，需要投资者在拍拍贷官方网站进行注册，注册后还需要进行身份实名认证。投资者可以通过网银和支付宝等网络支付工具充值，即时充值 1 分钱以上即可。充值后，填写姓名和身份证号码，单击"确认"按钮即可通过实名认证。

通过实名认证之后，借款人就可发布借款列表。列表发布之后，可以一边等待网友投标，一边进行认证和上传资料。

当投资者发布的借款项目的标投满了之后，拍拍贷会提示在一定的时间内上传还没有上传的资料，并且拍拍贷会在一定的时间内进行审核，审核通过之后，借到的钱就会打到投资者的拍拍贷账户里，然后投资者就可以申请把钱在一定的时间内提现到名下的银行账户里。

• 专 家 提 醒

贷款真正的最后一步，其实是按时还款，这不仅关系到借款人的信用度，同时逾期不还款还要承担法律责任。

9.3　P2P 实战，陆金所借款具体流程分析

P2P 网贷平台使用并不困难，主要分为投资、贷款两大部分。本节将以陆金所为例，教大家如何进行 P2P 投资或贷款。

由于 P2P 网贷平台的优劣与投资者的利益有直接关系，因此，笔者认为平安集团旗下的陆金所更加可靠。平安集团虽然给人的印象是保险公司，但至今已发展成为集保险、银行、投资等金融业务为一体的整合、紧密、多元的综合金融服务集团，曾在 2012 年被《福布斯》评为全球上市公司 2000 强中的第 83 位。

9.3.1　注册账户

陆金所本身设立了两大平台：一个是网络投融资平台 (Lufax)，另一个是非标金融资产交易服务平台 (Lfex)。网络投融资平台就是 P2P 网贷平台，而另一个则是金融机构服务的平台，本节所说的陆金所自然是指 P2P 网络投融资平台。与许多互联网金融平台一样，陆金所注册时也需要绑定银行卡，其具体注册流程如下。

（1）用户可以直接登录陆金所的注册页面，填写用户名、邮箱、登录密码以及手机号码等信息后，单击"提交注册"按钮，如图 9-9 所示。

（2）输入短信验证码后单击"确定"按钮，如图 9-10 所示。

图 9-9　单击"提交注册"按钮

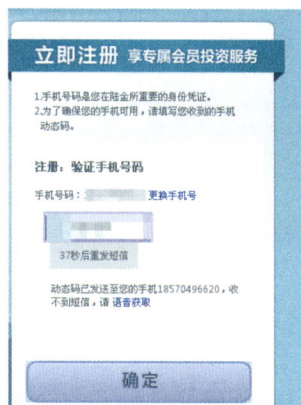

图 9-10　输入验证码

（3）进入"实名认证"界面，用户输入真实姓名、身份证号码等信息后，单击"认证"按钮，如图 9-11 所示。

图 9-11　实名认证

・专家提醒

　　陆金所支持的新型加密技术是互联网上保护数据安全的行业标准，这种加密技术在客户进行会员管理、个人账户管理、充值等涉及敏感信息的操作时，可使信息自动加密，然后才能安全地通过互联网发送出去。同时，陆金所还设有严格的安全系统，以防止未经授权的任何人，包括本公司的职员获取客户信息。

（4）完成实名认证后，系统将帮助用户登录并跳转至陆金所主界面。用户应单击"进入我的账户"按钮，开始绑定自己的银行卡，如图 9-12 所示。

图 9-12　单击"进入我的账户"按钮

（5）在"我的账户"界面单击"银行卡管理"按钮，如图 9-13 所示。

图 9-13　单击"银行卡管理"按钮

（6）选择开户银行并输入银行卡卡号后，单击"下一步"按钮，如图 9-14 所示。

图 9-14　填写银行卡信息

· 专 家 提 醒

陆金所委托第三方银行对用户账户进行资金管理，客户账户资金与陆金所运营资金严格分离，不会将客户在陆金所账户内的资金用作任何非客户指示的用途。同时，陆金所账户内的资金只能转出到客户认证及绑定过的银行账户，用户可以实时查询资金账户的详情。因此，用户大可放心绑定自己的银行卡。

（7）网页提示用户所选银行卡的验证方式，用户按照网页提示操作即可绑定银行卡。如图 9-15 所示，为工商银行的银行卡绑定方式：用户通过网银，并按陆金所要求的转账金额转账至其收款账户即可。

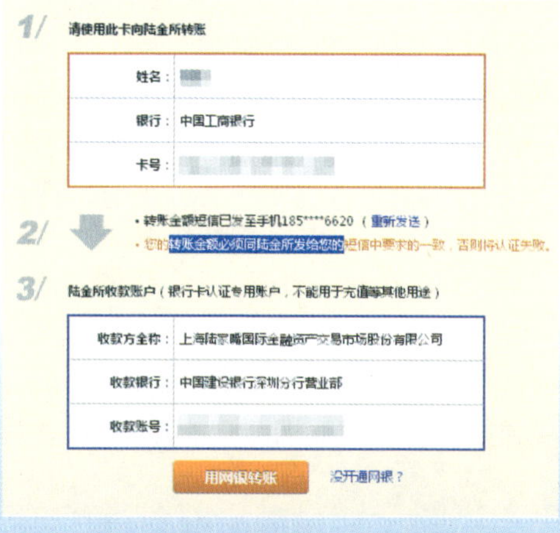

图 9-15　工商银行卡绑定方式

9.3.2　投资流程

从本质上讲，用户在 P2P 网贷平台借出资金就可以看成是购买了陆金所的理财产品。因此，借出资金的流程与购买理财产品类似，其具体方法如下。

（1）用户登录陆金所主页后，单击“我想投资”按钮，如图 9-16 所示。

9-16　单击“我想投资”按钮

（2）进入“投资频道”界面，选择适合自己的项目后单击“投资”按钮，如图 9-17 所示。

图 9-17　单击“投资”按钮

（3）用户阅读项目介绍等产品信息并确认适合自己后，填写投资金额并单击"立即投资"按钮，如图 9-18 所示。

图 9-18　单击"立即投资"按钮

专 家 提 醒

产品说明是用户了解自己能否挣钱最重要的依据，一般来说，阅读说明书要特别注意几个关键点：关注产品是否具有保本条款；关注产品的投资类型；关注产品的流动性安排；关注产品的预期收益率；关注产品面临的各种风险；关注产品的投资起点金额。

（4）若用户的陆金所账户内余额不足，则会弹出"重要提示"对话框，单击"立即充值"按钮可完成充值投资，如图 9-19 所示。实际上，P2P 投资的最后一步与购买余额宝类似，用户按照网页提示将资金转入即可。

图 9-19　"重要提示"对话框

9.3.3　借贷流程

P2P 网贷平台最大的特点自然是贷款功能，而 P2P 网贷相比于传统银行贷款，最大的优势就是无须抵押。陆金所贷款的流程操作步骤如下。

（1）登录陆金所主界面后，单击"我想借款"按钮，如图 9-20 所示。

图 9-20　单击"我想借款"按钮

（2）用户填写所在城市、姓名、称谓、手机号码、雇用状况以及月收入等信息后，单击"立即申请"按钮，如图 9-21 所示。陆金所申请贷款的条件包括：具有中国国籍（不含港澳台居民）、年龄为 21～55 周岁、现居住地居住时间满 6 个月、现单位工作满 6 个月且月收入超过 3000 元。

图 9-21　填写用户信息

（3）用户提出申请后，会有陆金所的客服人员通过电话与用户联系，告知后续的具体贷款流程，即提交申请材料。申请材料包括有效身份证、最近 60 日内有效居住证明（如水电、电话账单等）、现单位工作证明和收入证明等。

9.3.4　引入担保

陆金所表面上看是一个 P2P 网贷平台，本质跟人人贷等 P2P 没有太大区别，理论上是一种个人对个人的借贷撮合平台，借钱的人和出借的人在这里会合，各取所需，达到交易匹配的目的。但实际上，陆金所还引入了一家担保机构——平安融资担保。

• 专 家 提 醒

从本质上来说，P2P 其实是"金融脱媒"（Financial Disintermediation），即摒除贷款的中介机构，而中介一般都是银行。银行作为媒介，将汇集到的个人存款统一进行贷出。但 P2P 改变了这种方式，通过 P2P 的平台，出借人可以自行将钱出借给平台上的其他人，而平台则通过制定各种交易制度来确保双方的权益。此外，P2P 平台还会提供一系列服务性质的功能。

判断一个平台是不是 P2P 模式，主要应看该 P2P 平台是否具备脱媒的条件，如果一个平台仍然需要一个媒介来促成双方交易，则与互联网金融的理念明显相悖。离开了这个担保机构，平台所有的交易链都可能无法形成。这让陆金所的核心业务更像是一种担保行为，而不是交易行为。

但必须肯定的是，在互联网这个虚拟的环境中，引入担保机构会让投资者或融资者更加放心。互联网金融处在萌芽发展阶段，谁也不能确定一种特殊的行为是对还是错，这都需要时间、市场来验证。

9.4　理财技巧，P2P 网贷平台的制胜法宝

近年来，P2P 公司如雨后春笋般纷纷在市场涌现，P2P 企业正在以 400% 的增长率迅速扩充市场，P2P 理财因其收益可观、风险较低等特点受到投资理财爱好

者的广泛关注。与此同时，由于 P2P 准入门槛较低，在 P2P 平台迅速发展的同时，风险也在逐渐增加，那么投资者在选择 P2P 平台时有哪些需要注意的事项，对于投资中的风险又如何规避呢？

9.4.1　慎重选择投资平台

2013 年 10 月上线的网贷平台"福翔创投"开业不到 3 天，老板便跑路，创下了网贷的"短跑纪录"。还有的平台制造虚假信息，自我融资。如某平台仅仅 4 个月的累计成交额就接近 7.8 亿元，其中一大部分借款都是来自一个很明显的骗子户头。

因此，投资者在选择 P2P 平台的时候，一定要亲自对平台的状况从以下几个方面进行考察。

1．平台背景

风控能力，是 P2P 网贷平台生存的关键。自有资金实力，是一个平台的直接数字证明。虽然行业绝大多数宣传平台本息担保，100% 无风险，但大多数公司的自有资金是有限的，能支持多大的交易规模仍是个问题，投资者在选择时应予以优先考虑，但这对于一个平台来说，自有资金并不是一个关键资本。平台能否稳操胜券，主要决定于平台的风控能力和模式。拥有强大风险控制能力的平台，才是投资者的首选。

2．平台模式

借款人来源直接反映了一个平台的模式。在我国，由于个人征信体系的不完善等诸多原因，平台评估哪些人可以成为借款人是平台发展的一个关键因素。借款人主要分为两大类：有信用借款人和有抵押物借款人。

选择有抵押物的人作为借款人，基本可以保障安全。但信用借款人主要以征信单、房产证、收入证明等作为评估参考依据，其风险仍不可能完全避免。这也就需要投资者在选择平台时，认清平台的模式，弄明白借款人的来源，降低借款投资的风险。

3．成立时间

由于目前 P2P 贷款平台的成立门槛较低，几个合伙人注册一家"信息科技"公司，再做一个网站就可以开业，所以在财富的示范效应下，P2P 平台曾经于 2010—2011 年迎来了大爆发，但是同时淘汰掉的也不少，所以选择 P2P 贷款平台

213

一定要看它的成立时间。能够在市场长时间的"大浪淘沙"中存活下来的平台，自然在公司经营方面有过人之处。

4．资金流动

目前，P2P 平台没有贷款牌照，还属于民间借贷，借贷资金的进出要通过网站创始人的个人账户或公司账户。为了规避风险，大部分 P2P 平台都选择和第三方支付平台合作，模式为 P2P 的公司在第三方支付平台开一个公司账户，出借人的钱打进公司账户，P2P 网站再把钱打给贷款人。尽管这还达不到款项直接从出借方的第三方支付账户到达借入方的第三方支付账户的理想模式，但已经相当程度地规避了风险。

5．本金保障

各个不同的 P2P 平台的本金保障基本相同，也就是当坏账总金额大于收益总金额时，会在一定时间内（一般是 3 个工作日内）赔付差额，保障本金可以全额收回。目前大部分 P2P 网站的本金保障措施对于出借方是不另外收取费用的，但是出借人在借出时，要注意有"本金保障"字样的贷款项目。同时还要看本金保障的范围，有的网站是只赔本金，有的可以赔付本息。

9.4.2　学会降低投资风险

俗话说"鸡蛋不能放在同一个篮子里"，P2P 平台为小额资金的分散投资提供了可能，根据经济学原理，每位借款人的还款是独立性极强的事件，这样风险就会被分散。

例如，投资者将 1 万元借给一个借款者，假设违约率为 1%，一旦出现那 1% 的概率，那么所承受的风险将是 100%，但是如果将 1 万元分成 100 元一笔，借给 100 个违约率为 1% 的借款人，在这种投资方式下损失本金的概率将会变得非常低。因此，建议投资者在 P2P 理财时，应该将资金至少分散投资给 10 人或更多的人，通过分散投资来降低风险。

9.4.3　坚决避免私下交易

用户应避免尝试私下交易。私下交易的约束力极低，不受《合同法》的保护，造成逾期的风险非常高，同时个人信息将有可能被泄露，存在遭遇欺骗甚至受到严重犯罪侵害的隐患。网站将不为任何会员间的私下交易承担责任。

9.4.4　妥善保管平台密码

一般来说，P2P 平台的密码分为登录密码和资金交易密码，双重密码是为了保障投资者的资金安全。密码相当于上网的钥匙，投资者必须牢记密码并作好保密工作。密码可以是任何字符，包括数字、字母、特殊字符等，长度在 6 ~ 16 位之间，区分英文字母大小写。因此密码最好是包含字母、数字、特殊字符的组合，不要设置成常用数字，如生日、电话号码等，也不要设为一个单词。密码的位数应该超过六位，要经常修改密码，并为网上理财服务设置独立的密码。

9.4.5　定期进行安全维护

定期进行安全补丁更新，安装防病毒软件及个人防火墙非常必要，要特别注意防范间谍软件。间谍软件往往作为某些服务免费下载程序的一部分被下载到个人计算机中，或在未经同意或知晓的情况下被下载到计算机中。

间谍软件能够监测和搜集用户的上网信息，如获取输入的个人信息，包括密码、电话号码、信用卡账号及身份证号码。因此强烈建议投资者安装并使用较有信誉的反间谍软件产品，以保护你的计算机免受间谍软件的侵害。

9.4.6　选择熟悉圈子投资

在同一个 P2P 平台中，借款人并不是完全孤立的，在注册的时候需要选择加入一定的圈子或与其他会员进行邀请好友的关联，这样可以确保借款人的真实性，同时也具备一定的关联性。选择自己熟悉的圈子，如校友圈子、同城圈子，跟自己同类型或同区域的人群产生圈内借贷关系比投资给其他不在一个区域的陌生人更安全。

P2C 金融，中小企业网络借贷模式

第 10 章

学前
提示

　　P2C 是个人对企业的一种网络借贷模式，虽然起步时间较晚，但是它凭借自己较高的回报率取得了迅速发展。P2C 模式主要服务于中小企业，为它们提供应急资金。

P2C 金融，中小企业网络借贷模式

- 先行了解，P2C 网络借贷的基础知识
- 平台代表，P2C 网贷平台的简单介绍
- P2C 实战，爱投资金融投资流程分析
- 投资技巧，P2C 网贷平台的制胜妙招

10.1　先行了解，P2C 网络借贷的基础知识

P2C 网贷中的"P2C"是英文 Personal to Company 的缩写，其意思是个人对企业。也就是个人贷款给企业，这其实相当于一种回报稳定的投资。P2C 本身还有许多其他的解释，如 Production to Consumer(商品对顾客)、Platform to Credit Assignment (平台对债权转让) 等。

10.1.1　P2C 网络借贷模式运作方式

P2C 网贷的运作方式与 P2P 基本类似，只是融资方从个人变为企业。对于普通投资者来说，在 P2C 平台贷出资金与 P2P 平台无异，都是只管投入资金并获得收益。但对需要借贷的融资方来说，P2C 的审核程序明显要比 P2P 复杂，并不是仅仅提供一张身份证就能贷到款的。P2C 网贷的大致运作方式如图 10-1 所示。

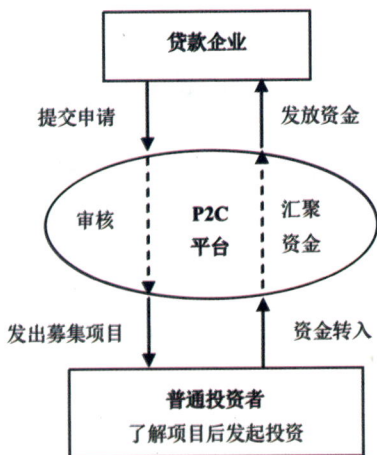

图 10-1　P2C 网贷的运作方式

P2C 平台的盈利模式是收取服务费，而服务对象有三类：广大互联网用户、中小企业、平台的合作对象以及合作的风控机构。

以上这些对象在 P2C 平台上交易成功的时候，P2C 平台将作为一个渠道运营商收取服务费。

• 专 家 提 醒

其实 P2C 平台主要还是起到一个理财通道的作用，最重要的风险管理并不掌控在自身手中。但由于担保等机制存在，整个 P2C 网贷过程中的风险主要集中在担保机构上，而非项目本身的风险。在担保行业正常运转的情况下，风险问题不会转变为致命问题，但在行业风险发生的时候，可能会出现相对灾难性的情况。

10.1.2　P2C 模式与 P2P 模式的差异

虽然 P2C 的运作方式与 P2P 类似，但它们之间仍存在以下几点差异。

1．借款人不同

P2P 的借款人主要是个人，主要为信用借款，个人的流动性较大，违约成本较低，受信用审核成本较高的约束，对平台及审核机构的专业及控制能力要求较高。如果平台不能很好地进行回访和监控，可能会导致较高的坏账率。

P2C 的借款人则以企业为主，企业信息及企业运营相对固定，有稳定的现金流及还款来源，信息容易核实，同时企业的违约成本远高于个人。P2C 主要解决中小企业中短期融资问题，贷款期限从数月到一年不等，金额多在数百到上千万。

2．贷款形式不同

P2P 一般采用信用贷款的形式，现在也有一些平台加入了抵押和担保；而 P2C 则要求必须有担保、有抵押，安全性相对更好。但对于互联网金融的"脱媒"来说，P2C 只能认为是传统企业贷款的网上贷款形式。

• 专 家 提 醒

一般来说，P2C 网贷平台会与线下担保机构合作，由担保机构提供借款项目、履行实地调查和抵押物处置等工作并全额保障本息。

3．募集金额不同

P2P 募集的金额较小，一般为数万元；而 P2C 一般需要募集百万元以上。这就可以得出两个结论：一是 P2P 的门槛比 P2C 低，二是 P2C 募集的时间比 P2P 要长。但凡

事都没有绝对，如爱投资 P2C 网贷平台的融资项目，往往是一上线投资者便"秒杀"。

4．资金用途不同

P2P 融资者借贷到的资金大多用于个人信用消费，而 P2C 融资企业是利用资金进行企业经营生产。从更大的角度来说，投资者通过 P2C 平台把钱借给企业后，是支持了企业、行业乃至国家的发展。

10.1.3　P2C 网络借贷模式具体优势

P2C 网贷平台的属性是互联网属性，但同时做的是金融的事情；银行与信托等都是传统金融机构，而 P2C 网贷平台结合了互联网和传统金融机构的优势。相对于银行或者信托来说，P2C 网贷平台有灵活、直接、专业三大优势，表现在以下几个方面。

1．服务对象上

因为 P2C 网贷平台融资的对象定位于中小微企业，这恰恰是银行和信托所服务不到的，或者说服务不周的用户群体。但是在中国，GDP 要靠这些中小企业，就业率要靠这些中小企业，同时它们都有很强烈的融资需求。P2C 平台的出现，则恰好弥补了这一块的空白，能够很好地帮助中小微企业渡过难关，发展壮大。

• 专 家 提 醒

我国有超过 6000 万中小微企业，它们在解决就业、增加收入、调整结构、技术创新等方面发挥重大作用。它们中超过半数都有贷款需求，"资金匮乏"已成为制约发展的主要原因。虽然国家自上而下对中小微企业在银行的贷款加大支持力度，但银行庞大的体系造成运营成本高、中小微企业管理难度大等现实困难导致各家银行对中小微企业的服务缺乏动力。

2．金融结构上

在金融结构上，P2C 其实和信托很类似，都是面向企业融资。企业有它的一些抵押资产，P2C 平台也会有担保公司为投资者进行担保。但与信托不同的是，信托的一个项目需要 1 亿元甚至 10 亿元，P2C 则不用募集如此大规模的资金。

信托面向的客户都是一百万以上的大资金的投资用户，而 P2C 则可以覆盖到每一个普通投资者。而通过互联网属性的产品的设计，P2C 平台就可以把门槛降到很低，能够普惠到所有的投资者。

3. 借贷模式上

一般来说，P2C 的借贷模式经过严密的结构化设计，最大化发挥结构中各参与方的优势，从投资者角度来看，大大降低了投资风险。同时，引入担保机构为借款企业提供连带责任担保。

凭借担保公司丰富的担保经验，及担保公司对借款企业进行的实地考察、风控审核，甚至抵押物处置等成熟流程，为投资者提供"看得见摸得着"的安全保障。另外，借款端严格控制在有实体经营的企业，这样，企业的财报可以审查，资金用途可以跟踪，企业经营情况可以监控，企业的盈利能力可以考察评估。

10.2 平台代表，P2C 网贷平台的简单介绍

许多网贷平台并不仅仅只用一种模式运营，多数 P2P 网贷平台也有 P2C 业务，而一些 P2C 网贷平台也能给个人提供贷款。本节列举的网贷平台有特点鲜明的 P2C 业务，但它们本身可能并不属于 P2C 网贷平台。

10.2.1 爱投资——给用户踏实可靠的感觉

爱投资在线投融资平台隶属于安投融（北京）网络科技有限公司，由从业于金融、互联网行业多年的精英团队倾力打造，如图 10-2 所示。

图 10-2　爱投资官方网站

爱投资所选择合作的担保公司都是融资性担保公司，都含有国有股东成分，并且受国家地方金融工作局监管。融资性担保公司拥有银行授信额度，也就是说，企业向银行贷款时，只要能有融资性担保公司进行还款连带保证，银行即可审批。

融资性担保公司承担了非常多银行贷款的风险控制，因此对其审批和监管也是极其严格的，注册资本金、办公场所、高管资格都有严格要求，每个月金融局都要对其所有业务和账目进行审查。融资性担保公司的担保上限是其注册资本金的 10 倍，如 3 个亿的担保公司最多可以同时担保 30 个亿的业务，也就是说只要其坏账率低于 10%，其资本金就可以承担风险。

由此可以看出，由于担保环节的可靠，爱投资是投资者更加稳健的选择。此外，爱投资还有以下几个优点。

- 高收益稳定回报。投资者可以通过在线向企业出借资金的方式，每年获得 10% ～ 15% 的高收益回报，理财方便快捷，投资回报稳定。
- 三重资金安全保障。爱投资为保护投资者权益，设置了三重安全保障措施：风险保障金＋本息全额担保＋足额资产抵押，切实保护用户的每一笔投资，把风险降到最低，坚持打造一个让投资者放心的安全投资环境。
- 提供免费服务。爱投资是国内首家所有投资服务完全免费的网络投资平台。在这里，没有会员费，没有手续费，没有管理费，投资者不必计算任何成本，就可以享受到 VIP 式服务，真正体验网络投资带给投资者的便捷和舒心。
- 灵活的投资期限。爱投资为投资者提供了期限从 1 个月至 1 年不等的各类投资项目，投资者可以根据自己的需求和偏好自由选择。
- 项目信息公开透明。爱投资凭借自己的专业，挖掘出极具投资价值的企业和项目信息，并完全向投资者翔实公开。

10.2.2　你我贷——相当有实力的网贷平台

你我贷网络借贷平台成立于 2011 年，是中国国内资金最大、最有实力的网络借贷平台之一，其官方网站，如图 10-3 所示。

图 10-3　你我贷官方网站

你我贷本身应该算作 P2P 网贷平台，但该平台有一项专为个体私营老板提供的微贷款服务，其借款额度只有 5 万 ~ 30 万元。其申请过程要比其他 P2C 平台简单许多，申请条件、贷款信息，如表 10-1 所示。

表 10-1　申请贷款条件

贷款信息	具体规则
申请条件	(1) 申请人年龄为 23 ~ 60 周岁。 (2) 在开放项目的城市 (以电话区号为准) 注册登记。 (3) 有限公司成立 1 年以上且上一年度年检通过，月均流水须 10 万元 (含) 以上；个体户或自然人经营半年以上，月均流水须 5 万元 (含) 以上
借款额度	5 万 ~ 30 万元
借款利率	1.1%/ 月
借款期限	12、18、24 个月
审核时间	1 ~ 3 个工作日
还款方式	按月还款
风险管理费	3%

10.2.3　积木盒子——多方监管极具安全保障

积木盒子于 2013 年 7 月上线，是国内最好的 P2C 网贷平台之一，如图 10-4 所示为其官方网站。积木盒子是一个面向个人投资人的理财融资平台，平台主打优质理财，低门槛提供平均年化 13% 的稳健型理财产品。所有投资产品均为融资

担保机构全额本息担保和实地调查认证。

图 10-4　积木盒子官方网站

积木盒子的创始团队是来自金融和互联网行业的资深人士，在风控方面，不但引入担保公司，还有第三方支付平台对资金的监管，如图 10-5 所示。

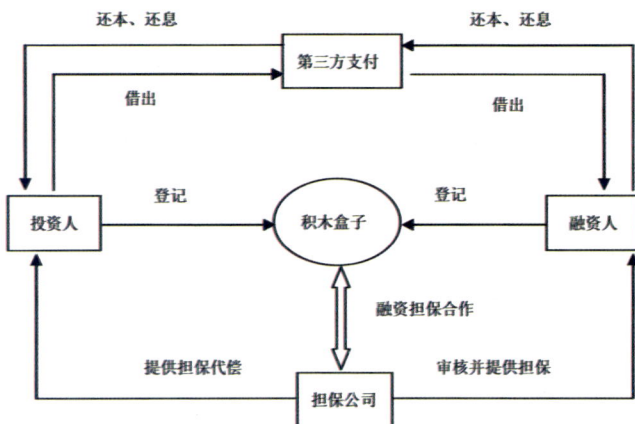

图 10-5　积木盒子的风控体系

多方监管，给予了投资者更加全面的安全保障。

1. 本息担保

积木盒子的风险控制制度，实现了对投资人的投资进行全额本息担保，风控制度拥有多层保障，层层独立。

- 保证金 & 风险金制度。保证金即为通俗意义上的押金。保证金全部为实物抵押，由第三方机构进行独立监管。

● 全额本息担保。积木盒子委托了大型融资担保公司对积木盒子投资人的资金进行全额本息担保。

● 第三方担保。即企业互保制度。除去融资担保公司的本息担保，所有融资项目都被额外要求提供独立第三方的担保。第三方担保的资质和风险会经历积木盒子审查。融资项目必须拥有一定的信誉、实力和可控的预期，才能得到双重担保。

2. 项目审核

积木盒子的项目审核程序完善，一个项目在被发布之前，需要经过以下三道审查程序。

● 实地调查。所有的积木盒子平台融资项目都要经历实地尽职调查，尽职调查由第三方专业机构执行。

・专 家 提 醒

　　调查报告的数据一般由实地调查数据、人民银行征信系统数据、公安部居民身份系统数据、国防部安全信息系统数据、税务系统数据、海关系统数据、工商局系统数据以及车辆管理系统数据和房屋管理系统数据等组成。

● 风险评估。取得调查数据后，积木盒子和一家独立的第三方专业机构会对项目进行双重风险评估。

● 融资规划。积木盒子会用收益模型分析项目能否实现预期。项目在收益和风险上都符合了优质理财的标准后，才会被投放到平台供投资人选择。

3. 信息披露

积木盒子采用了真实、透明、平等的融资信息披露制度，融资信息和资金流转信息全透明化。

● 资金流转不过平台，平台没有任何资金支配权限。资金的流转（包括线上支付和提现）全部在第三方支付平台实现，第三方银行对资金流转进行监管。

● 资金的所有流转使用信息在投资后都能查得到，项目拥有上市公司般的信息透明度，投资人拥有最完整的知情权。

● 企业所有的调查信息都会在平台公开，投资者在投资前、投资后都可以申请查询。

4．法律合规

积木盒子聘用律师做法律顾问，法律顾问会从服务合规性、政策走向等多方面提供法律意见，保障融资方式、平台和项目的合法性。

- 一切合同和规章制度都由法律顾问和专业的金融机构共同起草，保证投资人在平台上的所有操作都合法。
- 法律顾问可为投资者的合法权益提供法律担保。当项目或者投资人的利益受损时，法律顾问可以提供相应的法律援助。

10.2.4　360金融——投融资金融信息服务平台

目前，金融体系利用国家赋予的金融垄断权，享受着超额利益。造成这种情况的主要原因是信息不对称，而互联网金融的出现，就是为了解决这样的情况。

在P2C行业中，360金融可以说是信息公开做得较好的平台之一，是英劳股权投资基金管理有限公司设立的投融资金融信息服务平台，如图10-6所示。

图10-6　360金融官方网站

360金融的特点是P2P与P2C共存，无论是企业还是个人，都可以在该平台融资借款，而投资者不但可以选择企业项目，还可以选择个人借贷项目。此外，360金融还有以下优势。

1．信息透明

风险可以认为是一种信息不对称。目前，互联网理财的最大问题之一是投资者不能知晓自己的投资到底是借给了哪一家公司。360 金融是一家对借款人基本信息公开化的网站，投资者可以从各种渠道查询项目的基本信息，监督了解借款人的资信状况，最大限度地实现信息的对称，协助投资者作出正确的判断。

360 金融对超过 3 个月以上的借款客户，按月提供贷后监控报告，使投资人对借款企业的经营状况有明晰的了解。

2．理性对待高收益

目前，大型金融机构对中小企业的淡漠造成的金融服务缺失，是互联网金融拥有较高利率的原因。但是，每一个行业都有基本的行业利润率，这个数据一旦超过了企业可以承受的融资成本，融资风险将不可控。

因此，360 金融的投资项目并不是一味追求高额回报，而是追求项目的稳健和企业的健康可持续发展。其筛选的项目的年化收益大多在 14% ~ 18%。

3．安全保障

在安全保障环节，360 金融做到了以下几点。

- 在项目审核上设置了初审、复审、风险控制委员会会审的"三审"机制，确保只有合格的项目才能通过审批。
- 设置有一整套完整、专业的客户调查、评估系统，重点调查、判断融资企业的生产经营状况，尤其是经营现金流状况。
- 除传统的抵押及第三方担保外，360 金融广泛采用应收账款、存货、股权质押及融资租赁等方式，丰富保证方式。
- 将借款企业的基本情况形成系统、专业的分析报告，投资者可根据分析报告判断投资，也可对借款企业的疑点进行查询，尽释疑问。
- 360 金融设有风险准备金保障计划，当借款人和担保人不能及时偿还借款时，平台将启动风险准备金，第一时间先行垫付理财人的投资本金。

4．一对一签合同

对于所有的有效投资来说，360 金融会有直接到投资项目的借款合同，合同内容和网站公开的借款项目信息一致，出资人与借款人直接签署借贷合同，杜绝平台暗箱操作，建资金池。

5．资金周转灵活

投资者投资后，若是突发急用钱的情况，可直接在 360 金融上进行债权转让，最快半天即可收回资金，资金周转灵活。

6. 监管严格

360 金融通过公布银行监管账号、公开借款项目真实信息、借款企业入账通知书、一对一借款协议等确保借款资金用于借款企业。真实的项目、真实的借款人、透明的披露、借款企业的入账声明等相关措施，可消除投资者的后顾之忧。

10.3　P2C 实战，爱投资金融投资流程分析

相比互联网金融理财产品，投资网贷的收益明显要高得多，对于流动性不大的闲置资金，投资网贷是更好的选择。本节将以爱投资为例，详细说明如何在 P2C 网贷平台进行投资、贷款。

10.3.1　注册账号

许多学者认为，P2C 网贷是 P2P 网贷的升级和进化版，两者都面对社会筹集资金，但 P2C 要比 P2P 更加复杂。

自 2013 年 3 月上线以来，爱投资半年交易额破亿，在 P2C 行业中，算得上是佼佼者，其注册账户的方法如下。

（1）登录爱投资的官方网站以后，单击界面上方的"注册"超链接，如图 10-7 所示。

图 10-7　单击"注册"超链接

（2）进入"免费注册"界面，用户填写用户名、邮箱并设置密码后，单击"立即注册"按钮，如图 10-8 所示。

• 专 家 提 醒

　　爱投资也可以使用微博账户、QQ 账户进行登录，但从安全角度考虑，投资者最好另外注册。否则投资者的微博、QQ 被盗后，很有可能遭受巨大损失。

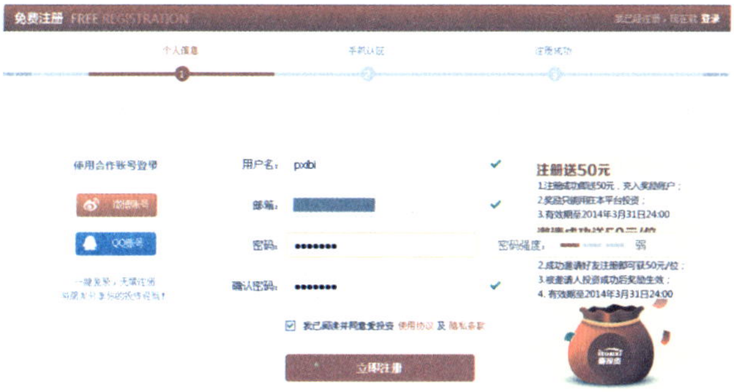

图 10-8　填写个人信息

（3）填写手机号码以及获取到的短信验证码后，单击"确认提交"按钮，如图 10-9 所示。

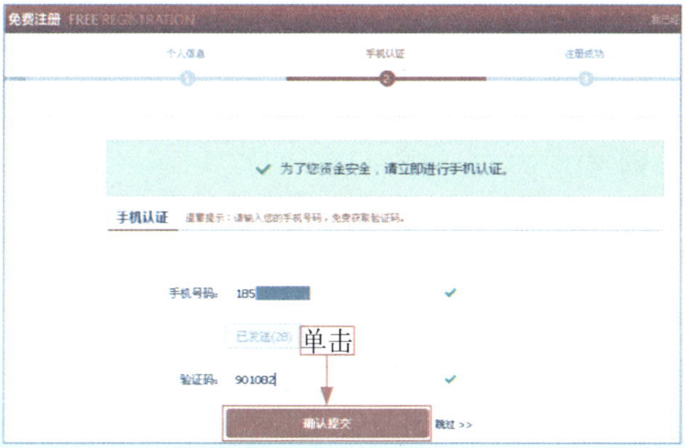

图 10-9　单击"确认交易"按钮

（4）稍等片刻，网页提示账户注册成功，并自动返回个人账户页面，如图

10-10 所示。

图 10-10　注册成功

10.3.2　实名认证

注册爱投资账户时，并未强制要求实名认证，但如果用户要在爱投资上进行投资，还需要进行实名认证、设置交易密码等安全设置，其具体流程如下。

（1）用户登录后，单击"我的账户"页面左侧的"实名认证"图标，如图 10-11 所示。

图 10-11　单击"实名认证"图标

（2）单击"实名认证"栏后的"认证"按钮，如图 10-12 所示。

图 10-12　单击"认证"按钮

·专家提醒

用户还可以在爱投资的"安全设置"界面对自己账户的邮箱进行验证，设置密码保护问题等安全设置。笔者建议，安全设置中的所有选项都应该进行验证（设置），这样才能让自己的账户得到更多的安全保障，即使账户被盗，也能让投资者迅速找回自己的账户。

（3）输入真实姓名、身份证号码后，单击"提交实名认证"按钮即可完成实名认证，如图 10-13 所示。

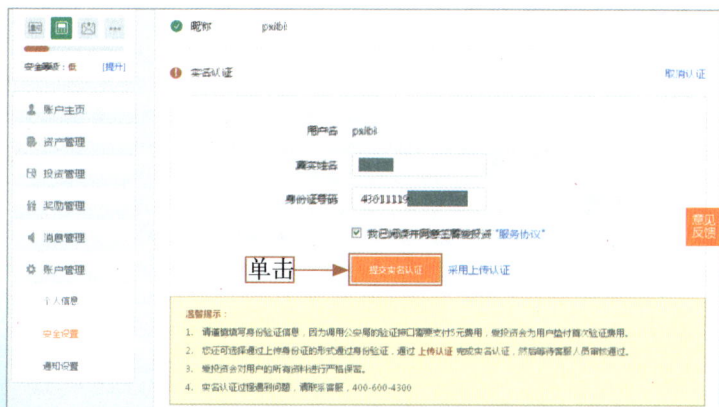

图 10-13　单击"提交实名认证"按钮

10.3.3　资金充值

对于需要投资项目的投资者，应该先往自己的爱投资账户中充值资金，充值流程如下。

（1）用户登录后，在"我的账户"界面单击"充值"按钮，如图 10-14 所示。

图 10-14　单击"充值"按钮

• 专 家 提 醒

爱投资的所有数据都进行加密传输，资金实时对账、多重备份，用户可以放心往自己的账户中充值。

（2）选择充值方式并输入充值金额、验证码后，单击"确认充值"按钮，如图 10-15 所示。

图 10-15　单击"确认充值"按钮

（3）若用户选择的是财付通支付，则系统会跳转至财付通页面，如图 10-16 所示。用户应根据自己所选支付方式的提示，完成支付充值。

图 10-16　跳转至支付页面

10.3.4　提现流程

用户可以随时对自己账户中的资金进行提现，其具体方法如下。不过需要注意的是，若用户充值的资金未进行任何投资就提现的话，第三方支付机构将收取用户 0.5% 的手续费。

（1）登录爱投资，在"我的账户"页面单击"提现"按钮，如图 10-17 所示。

图 10-17　单击"提现"按钮

（2）进入"提现"界面，选择需要提现的银行卡并输入提现金额、支付密码后，单击"确认提现"按钮即可完成提现，如图10-18所示。

（3）若用户第一次进行提现，则还需添加一张银行卡。在填写完卡号、开户行等信息后，单击"添加"按钮即可，如图10-19所示。

图 10-18 "提现"界面

图 10-19 添加银行卡

10.3.5 P2C 投资

所谓的"P2C 投资"也就是指企业直投，即投资者通过 P2C 平台，直接投资企业的项目，如图10-20所示。

用户登录爱投资后，在"我要投资"界面即可查看到所有的企业直投项目，如图10-21所示。其购买步骤与购买理财产品类似，用户将自己账户内的可用资金买入所选项目即可。

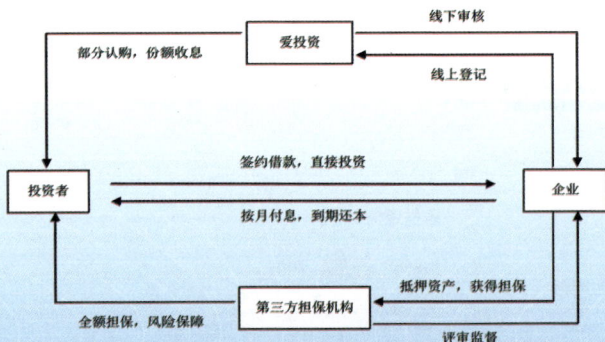

图 10-20 企业直投运营模式

图 10-21　查看企业直投项目

10.3.6　债权转让

由于企业直投，往往是项目一上线就被用户"秒杀"完，大多数用户没有机会直接投资，因此出现债权转让这种投资模式。

债权转让可以让需要投资的投资者有项目投资，也可以让因为继续资金而不得放弃投资的投资者迅速获得资金，增加了资金的流动性。

在债权转让的过程中，P2C 网贷各个角色的职责、权利和定义都有了一定的变化，具体如下。

- P2C 平台的职责：对投资平台原有的企业债权进行审核，将符合转让要求的债权向投资者公开发布，提供一个自由的债权转让交易平台；实时为投资者生成具有法律效力的债权转让合同；监督企业的项目经营，管理风险保障金，确保投资者的资金安全。
- 原债权人的定义：已在爱投资平台上投资优质项目，获得企业债权的投资人，可将原债权在爱投资平台上进行转让，与其他投资人签订债权转让合同。
- 投资者的权利：在爱投资平台上自由选择企业项目债权及投资金额；与原债权人签订债权转让合约，定期获得原债权的投资收益，到期收回本金；同时资金安全由爱投资的风险保障金及第三方担保机构共同保障。

用户在爱投资的"我要投资"、"债权转让"界面即可查看到能够认购的债权，如图 10-22 所示。

图 10-22　查看债权

10.3.7　企业融资

企业融资无须注册爱投资账户，在爱投资主页单击"企业融资"按钮，即可跳转至融资页面，如图 10-23 所示。

图 10-23　融资页面

只要企业满足以下条件即可申请融资：年检合格的工商局登记企业、正常经营一年以上、企业及负责人银行征信记录良好、无现有诉讼记录、企业流水额度覆盖贷款金额。在爱投资申请融资的大致流程如下。

- 提交申请。企业在爱投资网页上提交申请，填写的信息包括：企业名称、注册号、法人 / 负责人、身份证号、联系电话、所在城市、借款金额、周期以及借款用途和还款来源等。
- 审核材料。平台相关工作人员审核材料后，会与申请人进行联系并确定实地考察的事宜。
- 实地考察。平台相关工作人员对企业进行实地考察，企业应准备年检合格的营业执照及副本、税务登记证及副本、组织机构代码证及副本、银行开户许可证、办公场地购买或租赁合同及土地证或房产证、法人代表身份证复印件、法定代表人简历、本年度及之前两年的财务审计报告、企业相关资料、近三个月的税票、进销货单或者销售合同、主要生产设备的购买合同、抵押与质押物的所有权的证明材料以及近一年流水信息、企业征信报告及企业法人征信。
- 签署协议。实地考察通过后，企业与平台签署融资协议。
- 筹资放款。平台发布项目，面向所有投资者筹集资金。一旦完成筹款，平台将资金交与借款企业，完成 P2C 借款。

10.4　投资技巧，P2C 网贷平台的制胜妙招

在 P2C 投资中，投资者的利益与企业发展情况息息相关，这就让 P2C 贷款的技巧性集中表现在对企业的选择上。

10.4.1　灵活选择投资收益率

根据融资企业的信用等级、抵押资产，以及融资项目的期限长短等其他各种综合因素，P2C 平台上的投资项目收益率会有高低之分，投资者可根据自身的投资风格和收益要求进行灵活选择。

从整体上看，P2C 平台上的企业融资项目年化收益率在 10% ~ 15% 之间。这

是基于对各类融资企业的深入了解和对金融环境的长期研究之后，在企业能够承受的融资成本基础上，得到的一个对投融资双方互惠互利的合理利率区间。

虽然目前市面上 P2P 网站的收益率差别很大，有的甚至超过 20%，但稍作了解便会发现，利率高的网站标的往往以个人信用贷款为主，其风险远远高于企业抵押贷款。爱投资为了创建一个安全合理、风险可控的投资环境，提供的所有项目都有足值抵押，本息全额担保，充分保障投资者的资金安全。

• 专 家 提 醒

> 实际上，社会各类行业中经营年利润率能达到 20% 以上的并非多数。很多行业的年利润率都不足 10%，如交通运输业、商业零售业等。所以，过高的融资成本不但达不到帮助企业成长、获得长期稳定收益的目的，反而可能会因为过高的利息把企业压垮。

10.4.2　注意项目时间的长短

P2C 平台上的固定收益投资项目，投资期限通常从 1 个月到 1 年不等，而收益率也会与投资期限成正比，即期限越长，收益率越高。用户如何选择不同时间长短的项目进行投资，要根据自己的资金计划和投资风格而定。

选择投资短期项目，明显的好处是资金比较灵活，到期后资金方便挪作他用。但是短期项目的收益率通常低于长期项目，并且为了保持资金的连续收益，经常需要用户花费较多的时间精力来选择多个项目进行连续投资。

每一次项目的到期兑付，都意味着一次风险的释放，因此同一时间段内投资的项目越多，便会无形中加大风险发生概率。因此短期项目比较适合对资金流动性要求较高，有充足精力进行投资研究的激进型投资者。

相比之下，投资长期项目的收益率更高，也更为稳定。由于 P2C 平台在较长期限内只需要对个别的企业项目承担极小的风险，因此属于更省力、省心的投资选择。因此，如果投资者对资金的流动性要求不高，并且不想花费太多精力在项目的研究与选择上，不妨投资长期项目。一次投资并长期获利，是稳健型投资者的较好选择。

投资时间长短各有优劣，总之，精明的投资者应该对自有资金分别做出短期和长期的合理划分和规划，将不同类型的资金用于投资不同时间长短的项目，长短结合实为投资者的最佳选择。

10.4.3　注意资金的安全保障

投资者的投资目的无非是获得资产的保值增值，因此资金的安全保障一定要放在首要位置，而不能片面追求高收益率。投资 P2C 平台上经营状况好、偿付能力强、信用等级高的企业项目，也许收益率不是最高，但安全性会相对更好。

一般来说 P2C 平台审核项目时，不仅注重对抵押物的评估，还非常重视企业的诚信和信用记录。通过综合考察的结果对企业信用评级，为客户提供有价值的投资参考。优秀的 P2C 平台建立的是一个收益稳定、合理，资金更加安全的投资环境，对借款企业的线下审核要求非常严格。

尽管资产实力强、信用级别高的企业借款项目收益率会稍低，但如果企业按时付息还本几乎不会出现任何风险，是稳健型投资者的首选。

每名投资者对风险的承受能力不尽相同，用户应该根据企业信用等级及其他各种项目信息，同时结合自己的投资风格和偏好来综合判断，最终选择最适合自己的项目。

10.4.4　分散投资能降低风险

毕竟普通的投资者不是经济学家，不是金融分析师，无法真正知道哪个项目才是好项目，因此最好的办法就是分散投资。在P2C网贷中，分散投资分以下三种，投资者应根据自己的情况选择。

- 分散投资于多个项目，降低风险的同时获取较高的平均收益率。如果用户拥有 50 万元资金，可平均投资于 10 个不同收益率、不同风险等级的项目中。这样一来，如果各个项目都顺利履约，那么投资者将获得高于集中投资于保

守型项目的收益；若有个别项目发生风险，其他项目的收益并不受到影响。

- 分散投资于不同期限的项目，获取稳定收益的同时提升资金的流动性。投资短期项目资金灵活，但耗费较多精力同时收益率偏低；投资长期项目可以省时、省力，获得较高收益，但又会降低资金的流动性，因此需要将二者搭配组合。通过分散投资不同期限的项目，优化资金的流动结构，兼得稳定的高收益和资金的灵活性。
- 分散投资于不同行业类型的项目，防范行业风险，获取稳定收益。将资金投资于不同行业、不同类型的项目，可充分防范因经济形势或国家政策的变化，导致某一行业受到巨大影响而造成的损失，从而消除行业风险。

众筹金融，互联网站上的大众集资

第11章

学前提示

众筹其实就是大众集资，是互联网金融中非常重要的组成部分。由于众筹模式的支持者（投资方）并不是以获得回报为主，因此本章主要介绍的是发起者（筹资方）。

众筹金融，互联网站上的大众集资

- 先行了解，众筹金融的基础知识解析
- 平台代表，国内的主流众筹网站介绍
- 股权众筹，天使汇平台项目实战演练
- 奖励众筹，合适领域与包装设计介绍
- 募捐众筹，合适领域与包装设计介绍
- 债权众筹，平台借款利率与金额确定
- 百花齐放，众筹金融促进全方面发展

11.1　先行了解，众筹金融的基础知识解析

众筹模式可以认为是网络贷款中的一种，只是P2P、P2C网贷凭借的是信誉、抵押资产，而众筹靠的是大家愿不愿意将钱给你。

11.1.1　众筹的基本概念

众筹（Crowd Funding）即大众筹资，是指项目发起者通过互联网的传播特性，发动众人的力量，集中资金帮助小企业、艺术家或个人完成某个项目或活动。或者说，众筹就是另一种形式的融资。

与传统融资方式相比，众筹更为开放，能否获得资金也不再由项目的商业价值决定。

只要是其他投资者喜欢的项目，都可以通过众筹方式获得项目启动的第一笔资金，从而为更多小本经营或创业的人提供支持。

• 专 家 提 醒

众筹的精髓在于小额和大量，融资门槛低，这为新型创业公司的融资开辟了一条新的渠道。从此，融资的渠道突破了传统的银行、PE（私人股权投资）和VC（风险投资）的局限。

众筹的项目也与传统投资项目有较大的差异，不仅包括新品研发、公司成立新项目等，还包括民生项目工程、赈灾项目、政治运动、个人梦想等。总之，只要发起者需要资金完成某一项目，都可通过众筹来筹集资金。

11.1.2　众筹的参与角色

众筹的参与角色比P2C或P2P网贷少，一般只有发起者、支持者和众筹平台参与。

- 发起者。发起者也可以称为筹资者，它是指有创造能力但缺乏资金的个人或团体。

- 支持者。支持者也可以称为出资者，它是指对筹资者的项目和回报感兴趣，有能力支持的人。
- 众筹平台。连接发起人和支持者的媒介，一般是网络平台。

在众筹活动中，平台似乎仅仅起到一个中介作用，可有可无，但若没有这个中介平台，即使发起者有再好的创意，也无法让支持者知晓。三者缺一不可，其关系如图 11-1 所示。

图11-1　众筹参与者的关系

11.1.3　众筹的运作流程

除了个别股权制众筹以外，大多数众筹的运作流程都是由发布项目、筹集资金、完成众筹三大部分组成，如图 11-2 所示。

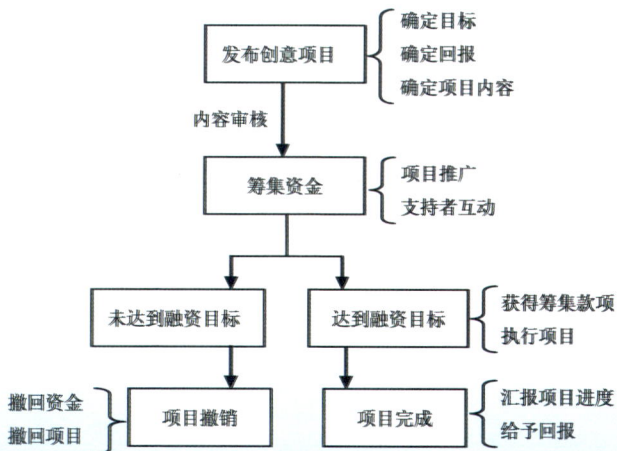

图 11-2　众筹的运作流程

众筹的运作流程并不复杂，唯一要注意的是平台的资金管理方式，也就是平台对筹措到的资金的入账方式。

1. 达标入账

多数众筹平台采用达标入账的方式管理资金，如国外的 Kickstarter，国内的点名时间、众筹网等。

在这种模式下，项目支持者的资金不会直接到达项目发起者的手里，而是先由平台掌握，只有项目众筹成功后，资金才会从平台的账户划拨到项目发起者的账户。达标入账是一种保护支持者资金的管理方式。

例如，发起一个10天筹资1万元的项目后，如果10天内没有募集到1万元资金，则该项目自动撤销，资金返还给支持者。

2. 当即入账

当即入账则是指不论项目在规定的时间内是否达到筹资目标，只要有支持者出资，资金可当即打入项目发起者的账户。这是一种对发起者更有利的资金管理方式，毕竟发起者是急需资金的。

• 专 家 提 醒

两种资金管理方式各有优势，但众筹行业还是更倾向于达标入账模式。即使支持者不在乎回报，当即入账方式还是会让他们有所顾虑。

11.1.4 众筹的发展历程

众筹最初是艰难奋斗的艺术家们为创作筹措资金的一个手段，现已演变成初创企业和个人为自己的项目争取资金的一条渠道。

众筹网站使任何有创意的人都能够向几乎完全陌生的人筹集资金，消除了从传统投资者和机构融资的许多障碍。

众筹最初的创意来自一位名叫 Perry Chen(陈佩里) 的华裔商人，他的正式职业是期货交易员，但因为热爱艺术，开办了一家画廊，还时常参与主办一些音乐会。2002 年，他因为资金问题被迫取消了一场筹划中的音乐会，这让他非常失落，进而就开始酝酿建立起一个募集资金的网站。

Perry Chen 回忆说：“一直以来，钱在创意事业面前就是一个壁垒。我们脑海里常会忽然浮现出一些不错的创意，但除非你有个富爸爸，否则不太有机会真的去做到这点。”

经过了漫长的等待之后，Perry Chen 用于筹措资金的平台于 2009 年上线，也就是大名鼎鼎的 Kickstarter(美国最著名的众筹平台)。众筹自 2009 年成立以来，在国外已经发展多年，它经历过三个阶段。

- 用个人力量就能完成，支持者成本比较低，在最初更容易获得支持。
- 技术门槛稍微高的产品。
- 需要小公司或者多方合作才能实现的产品，这个阶段的项目规模比较大，团队专业，制作能力最精良，因此也能吸引到更多的资金。

众筹在国外发展的同时，国内的众筹模式开始萌芽。其中，2011 年 7 月上线的点名时间，是上线最早的众筹平台，也是国内最大、发展最成熟的众筹网络平台。据平台数据显示，该平台上线不到两年就已经接到了 7000 多个项目提案，有近 700 个项目上线，项目成功率接近 50%。

11.1.5　众筹的营销优势

众筹是一种市场营销手段，可以提高公众的认知，还能够在个人的基础上建立良好的社交关系。

因此，通过众筹可以让捐款人感觉自己也是这个事业中的一部分。从目前的运营情况来看，众筹正在慢慢替代传统银行贷款或政府资助。

比起一向没有人情味儿的机构借贷，从许多对项目感兴趣的人手中募集资金无疑是个更好的选择，众筹的优势表现在以下几点。

- 筹款方完全没有损失。发起众筹最显而易见的好处便是在无所失的情况下有所得，实现筹款大计。
- 风险极低。申请贷款会将自己与金融风险绑定在一起；申请政府补助金，还款风险也仍然如影随形；而众筹只需料理好所有的捐款就可高枕无忧。
- 不用背负债务。企业家们常选择支持公益项目的方式，就是向项目提供银行贷款。贷款与"债务"以及"还利息"这些词都是可以画等号的。但对于众筹来说，这些顾虑都不存在。
- 营销手段多样。众筹本身就是营销方式的一种，能够从一开始就让项目吸引大量的眼球。
- 吸引潜在长期支持者。最早对项目提供支持的人都是潜在的铁杆粉丝，这些人甚至有望在日后成为项目的成员。只有当出资者真正关注项目时，他们才会心甘情愿掏腰包。因此，众筹的发起者需要把每笔捐赠都当作搭建

人脉网络的机会。

- 建立人际网络。一个众筹项目会让发起者与其他人打交道，支持者会通过众筹项目而认识项目的发起者。

11.2　平台代表，国内的主流众筹网站介绍

我国众筹网平台的项目大多以奖励制众筹为主，这是类似一种团购＋预购的筹资形式，此外还有公益性质的项目以及股权制众筹比较常见。本节将为大家阐述国内主流众筹平台的特点，讲述它们的故事。

11.2.1　点名时间——具有中国特色的众筹平台

点名时间成立于 2011 年 5 月，是一家具有中国特色的众筹网站，又被称为"中国的 Kickstarter"。无论筹资者设计了一个创意产品，还是想拍摄一部独立电影，或者是想举办音乐演出，只要这个项目有创意、有足够多的人支持，那么这个项目就将变成现实。

在中国，有很多有想法的人因为缺乏资金和机会而使一些构想夭折，点名时间就是为了帮助这些有想法的人而成立的，平台可以帮助项目发布者筹人、筹资源或筹钱。如图 11-3 所示，为点名时间的官方网站。

图 11-3　点名时间官方网站

11.2.2 众筹网——具有影响力的众筹平台

众筹网是网信金融集团旗下的众筹模式网站，可为项目发起者提供募资、投资、孵化、运营一站式综合众筹服务，是中国最具影响力的众筹平台之一，其官方网站如图 11-4 所示。

图 11-4 众筹网官方网站

自 2013 年 2 月成立以来，众筹网已上线众筹制造、开放平台、众筹国际、金融众筹、股权众筹多个板块，它曾联合长安保险推出"爱情保险"项目创出了国内融资额最高众筹纪录，筹资额超过 600 万元；"快男电影"项目有近 4 万人次参与筹资，创出投资人最多的纪录。

11.2.3 淘梦网——国内非常大的微电影众筹平台

淘梦网隶属于北京淘梦网络科技有限责任公司，是国内最大的微电影众筹平台、首家垂直型众筹平台，其官方网站如图 11-5 所示。

图 11-5　淘梦网官方网站

电影人可以在淘梦网拥有电影项目主页，分享电影拍摄计划，募集所需的资金启动电影梦想。同时还可以支持打动人心、产生共鸣的电影项目，获得项目发起人承诺的特色回报。淘梦网之所以被称为国内最大的微电影众筹平台，是因为平台有以下特点。

- 淘梦网与国内主流视频平台建立了长期的合作关系。平台作为微电影内容提供方，视频网站会给予较为有利的推荐方案。如常见的首页推荐、频道推荐或者是提供硬广推荐。
- 淘梦网与国内众多微电影大赛或电影节等建立了长期的合作关系。平台可以将发起者的作品推荐到微电影大赛或电影节进行展示。
- 淘梦网是中国电信天翼视讯微电影频道内容提供方。平台可以推荐优秀微电影作品供中国电信海量手机用户付费观看并进行收益分成。
- 淘梦网可提供院线、电影杂志推广。每期发行量约 50 万册，可以让发起者的作品得到电影级推荐。

11.2.4　追梦网——具有创新力的众筹平台

追梦网于 2011 年 9 月 20 日正式上线，是上海追梦网络科技有限公司旗下的众筹网站，是国内众筹网站的先行者之一。追梦网是对传统融资和赞助方式与渠道的补充，平台的项目分为科技、设计、影像、音乐、人文、出版以及活动等几大类，其官方网站如图 11-6 所示。

图 11-6　追梦网官方网站

　　追梦网致力于用创新的众筹方式，让每一个有梦想的人，更加高效便捷地推广创意计划，为项目筹资。自上线以来，追梦网受到了多方关注，成为我国众筹平台的支柱之一。

11.2.5　天使汇——针对中小企业的创业投资社区

　　天使汇是中国最大的中小企业众筹融资平台之一，于 2011 年 11 月 11 日正式上线运营，其目标是致力于打造一个聚集创业者和投资人的创业投资社区。

　　天使汇能够帮助创业者更好地向投资人展示自己的项目，也可把优质项目推荐给合适的投资人；同时，根据天使投资人的投资风格及关注行业，提供个性化的项目进行推荐。

　　截至 2013 年 12 月底，天使汇已为 100 多个创业项目完成融资，融资总额超过 3 亿元人民币，得到了中国人民银行、中国证监会等各级领导的关怀和支持。如图 11-7 所示，为天使汇的官方网站。

图 11-7　天使汇官方网站

11.2.6　大家投——天使投资网络平台的创新者

大家投由深圳市创国网络科技有限公司创立，是国内天使投资与创业项目私募股权投融资对接的众筹平台之一。

大家投可被认为是"中国版的 AngelList(美国最大的股权众筹平台之一)""股权投融资版的 Kickstarter"，其官方网站，如图 11-8 所示。

图 11-8　大家投官方网站

大家投的最大特点是完成了天使投资网络平台的创新，对国内的天使投资有重大贡献，主要表现为以下几点。

- 首创"众帮式"企业股权投融资业务模式，单次跟投额度可以最低到项目融资额度的 2.5%，降低了中国天使投资人的门槛。
- 大家投与其他以创投为主题的社交 SNS 网站（即社会性网络服务，专指旨在帮助人们建立社会性网络的互联网应用服务）最根本的差异是，平台以融资项目为主体。
- 大家投在用户体验上，真正实现了融资项目商业计划书从文档化到数据化、标准化的革命性转变，将彻底终结创业者用电子邮件方式重复发散商业计划书的低效融资历史，同时又将提升投资人从众多商业计划书中筛选自己感兴趣项目的工作效率。
- 独创天使投资行业对一个项目的领投加跟投机制，形成职业天使投资人与业余天使投资人共同支持创业者的行业格局。

11.3　股权众筹，天使汇平台项目实战演练

国内也有多家平台实行的是股权式众筹，本节将以天使汇为例，教会大家如何玩转股权制众筹平台。

11.3.1　注册登录

由于股权类众筹平台涉及股权等复杂的金融问题，因此其注册流程更加复杂、严谨，其大致流程如下。

（1）进入天使汇官方网站后，单击"注册"超链接，如图 11-9 所示。

（2）在打开的界面填写常用邮箱、真实姓名并设置密码等信息后，单击"创建并完善账号"按钮，如图 11-10 所示。

（3）平台提示用户注册成功，如图 11-11 所示。单击"查收邮件并激活"按钮，以进入邮箱将账户激活。

图 11-9 单击"注册"超链接

图 11-10 单击"创建并完善账号"按钮

图 11-11 注册成功

（4）上传头像，填写所在城市、职位和个人简介后，单击"确定"按钮以完成注册，如图 11-12 所示。

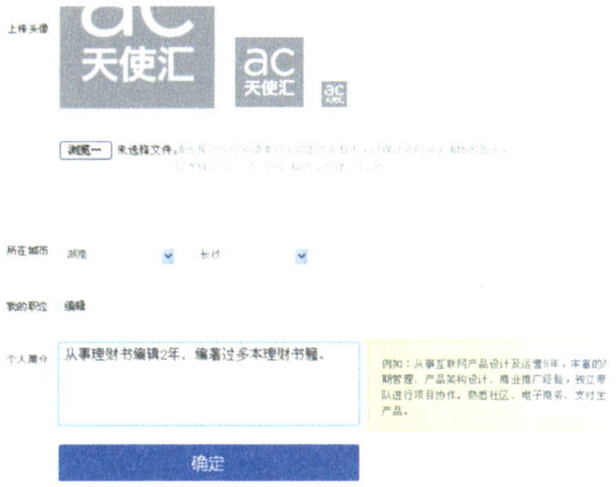

图 11-12　单击"确定"按钮

11.3.2　认证投资人

用户在股权制众筹平台投资项目之前，还必须申请成为平台的投资人，经过平台验证，确认用户有投资能力后，才能发起投资活动。天使汇申请、认证投资人的大致流程如下。

（1）用户登录后，在天使汇主页单击"申请投资人"按钮，如图 11-13 所示。

（2）完成填写个人信息、描述投资理念以及进行身份验证三个步骤，等待平台审核后即可成为认证投资人，如图 11-14 所示。

图 11-13　单击"申请投资人"按钮

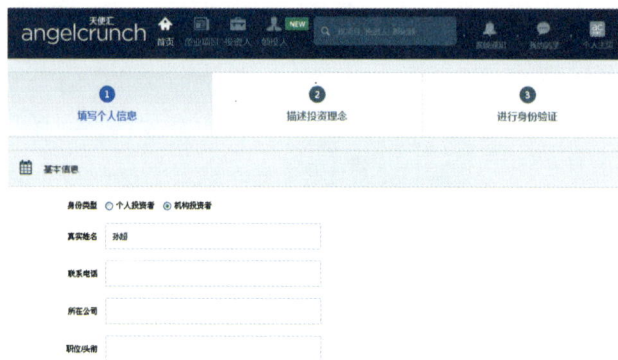

图 11-14　进行申请

·专 家 提 醒

　　用户在申请投资人资格时，一定要仔细阅读《认证投资人使用协议》。认证投资人后，要保证认证投资人账户的合法合规使用，并对该账户下的一切活动承担法律责任。认证投资人账户不得转借第三人，对因违规使用或将认证投资人账户转借他人导致的经济损失和法律责任由认证投资人承担。

11.3.3　投资项目

　　用户认证投资人后，即可返回平台主页查看现有的项目。挑选自己认为有市场前景且投资进度未满的项目，单击"继续查看"按钮，如图 11-15 所示。

图 11-15　单击"继续查看"按钮

进入项目详情界面后，用户可以查看项目介绍；直接进行快速投资；约谈项目发起人，如图 11-16 所示。股权众筹并不会随意地支持一个众筹项目，因此投资者最好是约谈项目发起人后再确定是否投资。

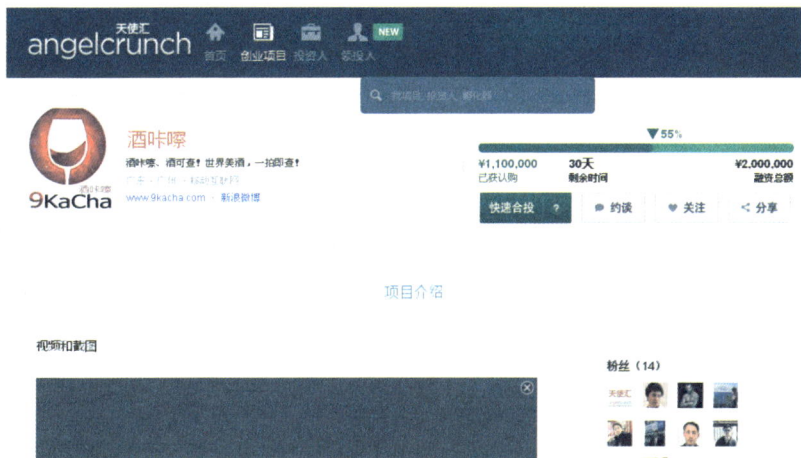

图 11-16　项目详情页面

11.3.4　发起融资

用户在股权众筹平台进行融资筹资活动，实际上可以认为是发行了股票，只是上市的市场是一个众筹平台。用户在天使汇发起融资众筹活动的方法大致如下。

（1）登录天使汇主页后，单击"创建我的项目"按钮，如图 11-17 所示。

图 11-17　单击"创建我的项目"按钮

（2）完成填写项目基本信息、项目团队信息、商业计划书三个步骤，等待平台审核后即可成功发布项目，如图 11-18 所示。

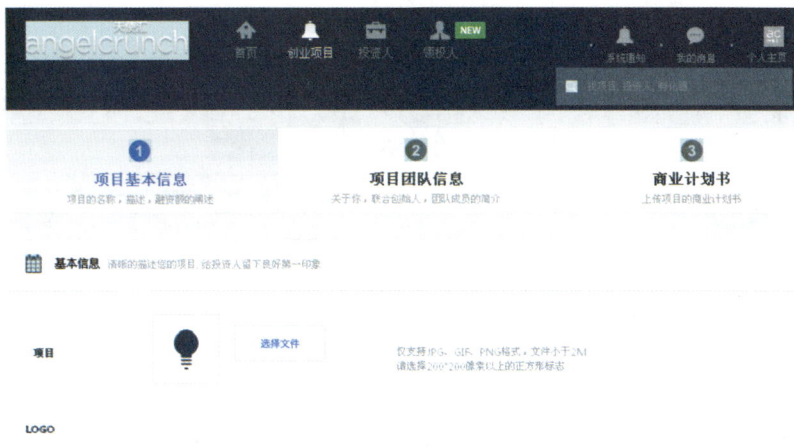

图 11-18　项目创建

股权制众筹比奖励制众筹更加商业化，投资者主要应考虑发起者的项目是否有前景、能不能盈利。

因此，发起项目的侧重点不能像奖励制众筹那样仅仅是为了实现自己的梦想，而是应该更多地为投资人考虑，从理性的角度打动投资人。一个好的股权众筹项目应该做到以下几点。

1．与投资人沟通

如果发起者不确定自己的项目适合哪类投资人，则可以先看一下每个投资人关注的项目及投资人的已投项目、投资理念、投资领域等，然后把项目提交给若干投资人。如果有投资人关注，或者发起约谈，发起者一定要在跟投资人沟通后，向投资人索要一份项目背书（推荐信）。

2．描述项目

发起者先要确定自己的项目叫什么名字，项目名字不是公司名称，也不是项目描述，它应该言简意赅，如百度、搜狐、滴滴打车。如果是以团队为核心，推出了一系列产品，那么以对外宣传时的团队、工作室、公司名称作为项目名称即可，如顽石互动、上海软星等。

确定项目名称后，发起者还应该用一句话来清楚地描述自己的项目。写一句话介绍的时候要包括以下几点。

- 要素：目标受众＋产品功能＋产品形态。
- 目标受众：项目针对的目标用户群体。
- 产品功能：产品解决的问题或者提供的价值。
- 产品形态：网站、移动应用、硬件或是服务等。

• 专 家 提 醒

　　好的项目描述应该直奔主题，如一款塔防类的手机游戏、一个帮助女性购物的网络社区、Windows Phone 平台的应用开发团队等。

3．填写融资信息

融资信息主要是发起者需要的资金以及能够提供给投资人的股份等。通常来讲，融资信息应包括以下几点。

- 融资金额，根据一段时间内的资金需求计算得出。
- 出让股份，有了股份比例就能计算出估值。
- 融资资金的用途及时间。
- 预期可以达到的目标。

4．描述项目优势

项目的优势不是毫无意义的自夸，而是要得到投资人的认可，"人无我有、人有我精"是最大的优势。从发起者自身出发的话，就应该具备以下素质。

- 团队。如果发起者的团队足够专业和优秀，这就是优势。
- 产品和技术。如果发起者在产品方面有着非常成功的经验，技术门槛非常高，一般人很难做得出来，那么这也是优势。
- 资源渠道。如果发起者拥有一些特有的资源和渠道可以帮助项目成长，同样是优势。

5．介绍团队成员

团队成员的介绍，类似给团队成员写简历，应注意以下几点。

- 真实姓名，这是成员介绍必备的。
- 切忌不要写诸如"有极高的创业积极性""爱好广泛"这样毫无意义的话，因为投资人并不能从简历上看出发起者的积极性或广泛的爱好等。
- 如果成员曾在知名公司从业，可以写上公司名称，如"Designer, Apple"（苹果产品设计师）"Facebook 工程师"。

- 如果成员过去曾有过较高的职位 (建议总监以上级别)，则可以写上，如"新浪微博企业微博运营总监"等。
- 如果成员曾从事过比较知名的项目建设，建议写上并提供详细的数据和细节支持。如"腾讯微信开发团队初试成员之一，负责微信产品的架构设计，有丰富的千万级以上用户产品架构经验"。
- 如果成员是名校毕业，可以写上学校，如"2008 年毕业于斯坦福大学"。
- 如果成员有过创业经历，也可以写上，如"2010 年创办 ×× 网，2012 年被腾讯收购"。
- 如果成员没有知名公司、学校等经历，则应用数据和事实说明其对于某件事情或者某个领域的兴趣和经验积累，如"深度旅游爱好者，到过 20 个国家，800 个旅游景点，写过 500 多篇游记和旅游观察。用过几乎市面上所有的旅游网站和 APP，并有过深入的分析和总结"。

6. 填写成长数据

成长数据应该是团队真实的数据，包括以下两层含义。

- 数据。数据类型应根据公司的类型确定，可以是流量、下载量、用户数、订单量、收入或毛利等。
- 体现出成长速度。成长速度要包括时间点，如"上线 1 个月我们的用户量就达到 50 万，月均增长超过 20%，超越大多数同类产品"。

当然最重要还是应实事求是，不要为了融资捏造数据，不然履行承诺的时候你会很尴尬。

7. 填写商业策略

商业策略类似战略规划：列出目标以及实现的手段和大致的时间点。投资人更喜欢的规划是一方面有理想、有抱负，而另一方面又很严谨很合理。

8. 项目动态更新

投资人更希望看到一个"活生生"的项目，而不是"一潭死水"。此外，还有一些平台对于常常更新动态的项目，会把其位置排放得更加靠前。

9. 制作商业计划书

商业计划书是提交项目过程中需要完成的重要一环，其内容包括项目名称、团队介绍、项目介绍、市场分析、核心竞争力、商业模式以及目前进度和融资需求。

10．法律条款

为了保证融资行为合法有效，为了使交易更公平地保护创业者和投资人，项目发起者需要签订一系列的法律文件。这一系列文件的意义十分重大，可以从法律上保证创业者与投资人的合作更长久更融洽。

如 Term-sheet(投资条款协议)就是投资公司与创业企业就投资合作交易所达成的约定。投资条款协议中除约定投资金额外，还包括被投资企业应负的主要责任和投资者要求得到的主要权利，以及投资交易达成的前提条件等内容。

•专家提醒

投资条款协议只是主要投资文件的开端，后续的增资协议以及股东会决议等，是直接制约投融各方权利义务的法律文件。

11.4 奖励众筹，合适领域与包装设计介绍

奖励众筹相比其他众筹形式而言，更具有适应力，其所适合的领域更广泛，分布的行业也较为平均。

奖励众筹在实际运作中所呈现出的特点如下。

- 来源于大众，可以快速发现和挖掘有潜力的创意项目或产品。
- 通过实际项目反馈，可以验证项目是否符合市场需求。
- 凭借回报层次的设置，可以吸引更多的人参与项目，并使项目得到额外的宣传。
- 从平台角度出发，根据项目的实时反馈提供借贷或投资等金融服务。

需要注意的是，国内的奖励众筹在表现形式上虽类似团购，但从本质上而言，二者有本质区别。

团购是面向已有的成熟产品，而众筹是投资尚未面世的全新产品；团购是以低价购买商品，而众筹不一定以融资为最终目的。

11.4.1 项目的适合领域

本节将对奖励众筹的适合领域做相关介绍。

1. 百花齐放的项目

在综合类众筹平台上，奖励众筹一般占比高达 80% 以上，业务涉及各种行业，称为百花齐放也不为过。

目前，奖励众筹业务在各行业的分布比例，如表 11-1 所示。

表 11-1　奖励众筹的行业分布比例

类　别	艺术类	社会事件类	商业和企业类	其他类
比例	29%	18%	16%	37%

由表可知，在奖励众筹的分布行业中，艺术类相关项目所占比例最大也最受大众支持。

2. 艺术领域独占鳌头

奖励众筹在艺术领域可谓独占鳌头。无论是实际的项目分布比例，还是大众的参与程度，艺术类奖励众筹的优越性都十分突出。

无论是喜爱跳广场舞的大妈还是喜爱在 KTV 欢唱的年轻人，无论是琴棋书画爱好者还是旅游摄影爱好者，他们所接触到的大部分行业都与艺术相关，而每一个行业的参与者都十分广泛，任何参与者作为千千万万参与者中的一员要想从中脱颖而出并非易事。

因此，奖励众筹之所以能在艺术行业领域得到良好应用，是因为艺术行业来源于大众、反馈于大众，并且一件艺术品能够检测大众的爱好和包容程度。

11.4.2　项目的包装设计

奖励众筹虽与募捐式众筹类似，以成功地募集到预期资金为目的，但作为众筹方式的一种，募集资金的技巧也是重要方面之一。

为了成功筹集到资金，在众筹过程中对项目进行包装是不可或缺的，优秀的包装效果能够更好地吸引支持者，奖励众筹项目包装主要包括以下 4 个方面。

- 全面详细介绍的图文。
- 令人眼前一亮的页面。
- 具有一定诱惑的回报。
- 各个档次回报的特色。

1. 图文装饰

大多数筹资宣传上百万的众筹项目，其在介绍时往往采用视频的宣传方式。视频宣传的作用在于能够传达项目感情、动机，从而展现出对项目投入的巨大努力和对成功的预测。

除了视频之外，一个好的众筹项目还常采用全图文的宣传方式来获得宣传效果。全图文方式的特点在于画面流畅，使浏览者一目了然，更直接地向投资者表达想要传递的信息。

"良好的开端，就是成功的一半"，宣传是将众筹项目推向大众的第一步，因此做好项目宣传会让项目最后的成功率大大提高。

抓住项目重点是选择图文介绍的主要原因。"曼申云智能锁"的图文介绍采取的分层次展开项目方式，内容如下。

- 第 1 步，关于锁的锁型。
- 第 2 步，锁的价格对比。
- 第 3 步，产品的实际功能。

2. 诱惑回报

回报设置是奖励众筹成功的根本，所有的参与者都是为了得到应得的回报才进行投资支持的。

在进行回报设置时，发起人只有做到回报设置的内容与众不同，才能最大限度地筹集到资金。

如图 11-19，即为"曼申云智能锁"项目中 299 元的回报档次宣传图。

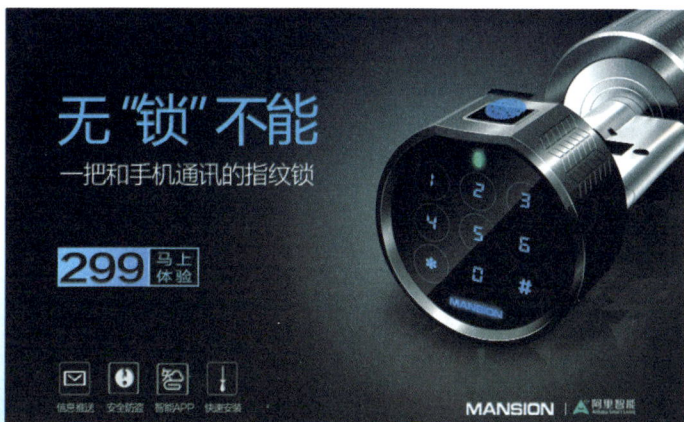

图 11-19　"曼申云智能锁"项目中 299 元的回报档次宣传图

"曼申云智能锁"项目的回报设置主要是以产品本身以及配套的服务为卖点，吸引大众参与众筹。

3．视觉冲击

不同于募捐众筹的项目要求，奖励式众筹并不需要煽情式的公益造势，项目与产品本身才是支持者最关注的内容。

例如，淘宝网上的众筹项目"曼申云智能锁"，点击界面进入之后呈现的首先是介绍项目的动画版视频，以供参与者第一时间了解项目，如图 11-20 所示，为曼声云智能锁项目的主页。

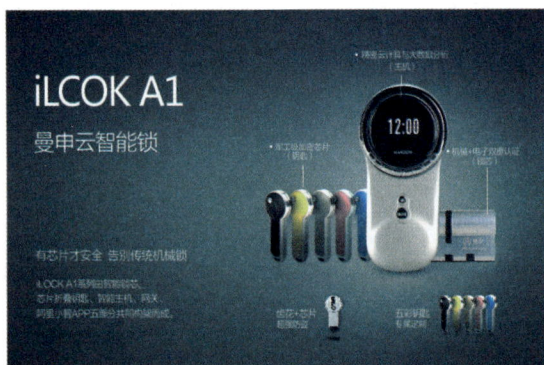

图 11-20　曼申云智能锁项目的主页

在宣传图片进行展示之后，便是对项目更为详细的说明，而在此项目中发起者可以以项目的进展图来证明项目的无穷潜力，如图 11-21 所示。

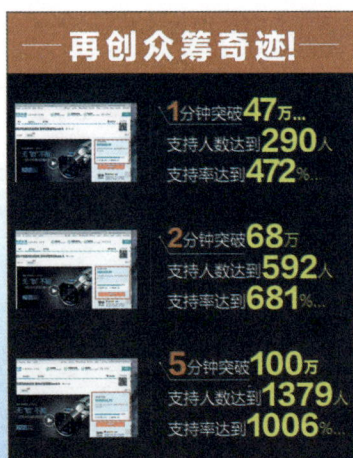

图 11-21　项目的进展图

11.5　募捐众筹，合适领域与包装设计介绍

现代互联网已将全世界连成了一个"地球村"，无论处于哪个角落的人遇到了不幸，各类慈善机构都能通过不同的募捐众筹平台为这些人众筹资金，提供援助，无须考虑空间的限制。

如今，募捐众筹在美国运用非常广泛，尤其是慈善众筹类机构利用这一模式不断扩大机构影响力，越来越得到人们的广泛关注。

募捐众筹在国内也得到了蓬勃发展，从国家层面来说，对这类众筹平台给予政策上的扶持，有利于快速且有效地为遭遇不幸的人募集资金。

11.5.1　项目的合适领域

募捐众筹的适用领域十分广泛，在国外虽以公益慈善和政治筹资为主，但仍遍及各行各业；在国内，募捐众筹目前主要集中于公益领域，特别是对突发性灾难迅速做出回应。

如 2015 年 8 月 12 日天津滨海新区发生爆炸事故后，社会各界纷纷伸出援手，如图 11-22 所示，为众筹平台为消防战士发起众筹项目。

图 11-22　众筹平台为消防战士发起众筹项目

263

1. 公益领域

传统的爱心帮扶募捐发起人一般都为特定的公益机构或团队，如果以个人名义拎着募捐箱去街头募捐，而事先未获得民政部门和慈善部门的批准，属于非法募捐。

因此，利用传统模式募捐，个人或团队若没有经由相关部门许可，想要发起正规募捐几乎是无法实现的。

而在互联网时代，募捐式众筹却能在公益事业领域得到强势发展，是因为这种模式能不受时间、地点、发起者的限制，最大限度地实现爱心汇聚，这也正是募捐众筹的立足点所在。

公益众筹是综合性众筹平台非常重要的组成部分，如图 11-23 所示，为众筹网中醒目公益众筹板块。

图 11-23　众筹网中醒目的公益众筹板块

公益众筹是公益慈善领域的新兴事物，与传统筹资模式相比，具有自己的特色，内容如下。

- 对于发起人来说，个人或企业都可在众筹平台发起公益性筹款项目。
- 对于出资者来说，支持者往往能在项目成功后获得相应回报。

2. 政治筹资

在国外，每逢总统大选之时，往往都是政治筹资发挥最大作用的时候。以美国 2008 年的总统选举为例，奥巴马所属的民主党向来不被大企业家所支持，筹资能力弱于共和党。

但也是在这一年，以 Facebook 为代表的社交媒体开始崛起，互联网的广泛传播性为民众提供了在网络上表达个人观点的广阔空间，选民不仅在社交平台上充分表达对奥巴马的支持，而且踊跃参与竞选筹款活动。据统计，当时奥巴马的支持者有 320 万人左右，而有 80% 以上的资金来源于网络，海量的小额捐款以聚沙成塔之势帮助奥巴马最终入主白宫。

3．其他领域

在实际生活中，募捐式众筹并不局限于在社会事件中发挥作用，它在其他行业中的应用也很丰富。

- 商业和企业行业。小中型个体户在资金不足时会求助于募捐众筹，并以一定形式回报支持者。此行业内的募捐众筹约占总体募捐众筹的 1/8。
- 电影及表演艺术行业。有想法的年轻导演或者有才气的表演者市场采用募捐式众筹或奖励式众筹的方式来得到大众的帮助。
- 信息和通信技术行业。随着技术的发展，信息技术与通信技术融合成了一种范畴，此行业内的募捐众筹约占总体募捐众筹的 8%。

11.5.2　项目的包装设计

一般而言，众筹项目都以成功募集到预期资金为目标。为了实现这一目标，对项目进行包装就成为必不可少的一项工作，项目包装与设计需要注意以下几个方面。

- 保证项目发起原因完全出于公益事业。
- 对项目进行真实记录。
- 了解募捐众筹的流程。

1．感人至深的图片、视频

要得到网络上素昧平生网友的支持和善款，就需要感人至深的图片、视频给网友带来视觉冲击。

2．暖心的文字、细节

除了感人至深的图片、视频，暖心的文字与细节也是促进项目成功的必要因素。如图 11-24 所示，为"万人众筹，重建中国最美古村落"的项目宣传板块，它不仅设置了感人的图片，还同时配合以暖心的文字，给投资者带来想要投资的欲望。

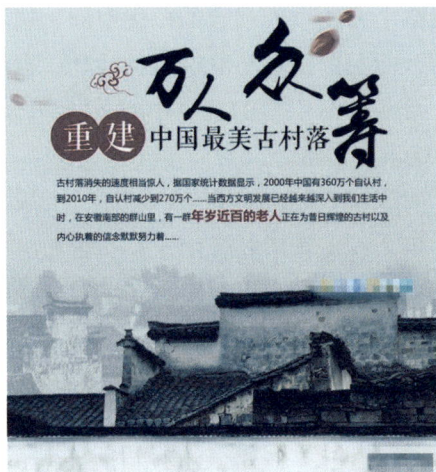

图 11-24　"万人众筹，重建中国最美古村落"的项目宣传板块

这一项目不仅标题突出，而且项目介绍中的文字也充满感情，并且在排版方面也非常讲究，以图文并列的方式来突出主题，从而吸引网友眼球。这一项目的预期目标是 5 万元，最终筹集到的资金高达 60 万元，这与文字、细节方面的恰当处理是分不开的。

3．充满意义的回馈

尽管公益众筹的支持者一般都不会过于看重回报，但如果一个项目的回报十分具有意义并且与众不同，那么在同等情况下，该项目的支持者一定会比其他项目的支持者多，项目的成功率也就会相应增大。

回报设置是推广项目的辅助手段之一，如果发起人在设置回报之时能够多学习其他人的回报设置，再博采众长，做到与众不同，将会有意想不到的收获。如图11-25 所示，回报设置是手绘明信片。

4．各种回馈方式的特色

以众筹网项目《微光计划走进藏区，让孤儿们都有一个属于自己的床位》的回报设置为例，其回馈方式的特色非常显著，

图 11-25　手绘明信片作为项目的回报设置

现分述如下。

- 无私支持。感谢您的无私奉献，这份捐赠将助我们的梦想飞得更高更远。
- 5元。【微光暖阳】公众平台定期推送资金使用情况和支教生活、宣传视频，捐助名单中将有支持者的名字。
- 10元。"5元"所有回馈、电子感谢证明一封＋项目总结书一份
- 50元。"10元"所有回馈、化旦尖措孤儿小学生活明信片一张
- 100元。"50元"所有回馈、清华学生高中学习笔记任选一科
- 500元。"100元"所有回馈、清华学生高中学习笔记任选两科
- 1000元。"5元"所有回馈、纸质捐助证书＋项目总结书一封、化旦尖措孤儿小学生活明信片一套、清华学生高中学习笔记理科或文科全套
- 2000元。"5元"所有回馈、纸质捐助证书＋项目总结书一封、化旦尖措孤儿小学生活明信片一套、清华学生高中学习笔记九科全套
- 5000元。"2000元"所有回馈、自制甘南支教生活特色影集一套

11.6 债权众筹，平台借款利率与金额确定

与其他众筹有很大的不同，债权众筹在行业中的分布有很明显的特点，这种模式比较有局限性。从本质上说，债权众筹平台就是P2P（网络借贷）平台。

因为这个特性，所以债权众筹在大众中的应用并不广泛，主要是由一些稳定的中小企业所采用。

由于在前文中已经对P2P网络借贷进行了详细的介绍，在这里就不再赘述。本节将着重介绍债权众筹利率与金额的确定。

11.6.1 法律的规定

对于民间借贷的利率，中国的《合同法》作出了借款利率不得违反国家有关限制借款利率的规定。

涉及具体的利率问题，在银行同期贷款利率4倍以内属于合法利率，受法律保护。在银行同期贷款利率4倍以外属于高利贷，不受法律保护。

具体来说，在民间借贷中，法律对利息有明确规定，内容如下。

- 不能证明约定利率的，可以参照银行同类贷款信息。
- 法律不保护超出银行 4 倍的贷款利率。
- 对利率有争议的，可在银行同类 4 倍利率以内确定标准。
- 不能将利息算入本金计算复利，否则要追究责任。

11.6.2　模式的出现

归根结底，债权众筹之所以会出现，其主要的原因主要包括以下两个方面。

- 其一，商业银行追求高利润、低风险，导致其外源融资渠道不畅。
- 其二，民间资金不敢去投资或者找不到合适的投资目标。

于是，中小企业开始选择民间金融，如图 11-26 所示。民间金融机构与中小企业交流频繁、信息获取成本低，这些优势为民间借贷营造了很大的发展空间，这也是债权众筹之所以存在的根本意义。

图 11-26　民间金融借贷

1．确定贷款利率

法律对民间借贷的利息并无强制要求，有偿或无偿由双方是否有约定来决定。因此，出借人如果想要获取利息，就一定要与借款人达成一致，否则将视作无息。

如果是无息借贷，借款人到期不还款，出借人也有权要求其支付逾期利息。

在债权众筹的平台上项目上线时，借款人借款的流程，如图 11-27 所示。

```
┌─────────────────────────┐
│   借款人发布结款信息      │
└─────────────────────────┘
            ↓
┌─────────────────────────┐
│   选择相应的结款模式      │
└─────────────────────────┘
            ↓
┌─────────────────────────┐
│   说明结款的目的          │
└─────────────────────────┘
            ↓
┌─────────────────────────┐
│   等待出借人进行投标      │
└─────────────────────────┘
```

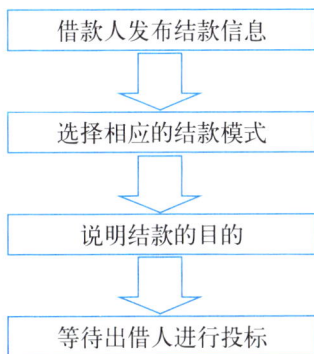

图 11-27　借款人的借款流程

一般平台会要求借款人根据自己的能力，去设定一个能承受的最高利率。在信用等级越高的情况下，其借款的利率可以相对降低。

此外，平台也会及时调整利率评定标准，根据信用级别及借款类别规定最低利率，如图 11-28 所示。

利率说明

贷款期限（月）	贷款利率（月）	一次性费用
6、12、18、24	1.42%-2.49% 具体由机构综合评分决定	2.6%

图 11-28　借款的利率说明

2. 确定贷款金额

债权众筹与传统借贷模式有很大区别，最主要的体现就是平台上借款人的信用等级评定。

借款人提交的认证材料将决定其可用额度以及未来的借款金额标准。在一般情况下，提交的有效材料越多，就越有可能获得额度的升级。

平台审核的时候比较常见的个人资料，主要包括以下四类。

- 户口信息。
- 银行流水。
- 房产证。
- 车辆拥有权。

如图 11-29 所示，为借款人提供的房产证明。

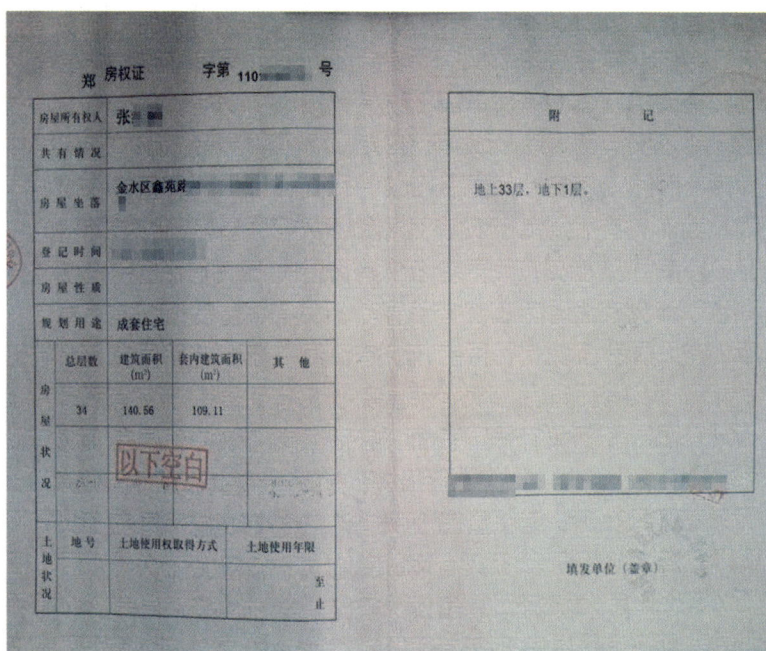

图 11-29   借款人提供的房产证明

除此之外，如果借款人一直有良好的还款记录，那么审核人员也会及时提高其借款额度，以保证用户在平台的使用满意度。

大多数平台对于初次参与债权借款的用户，额度被要求在较低的水平，也就是 2000 元或 3000 元的层次，与信用卡的最低初始额度类似。

3．避免纠纷

现实生活中，债权众筹借贷大量存在，由此而导致的纠纷也不少。例如，"拍拍贷"就是一个典型的网络借贷平台，是国内用户规模非常大的 P2P 纯信用无担保的网络借贷平台。

"拍拍贷"主要提供快速、便捷、多渠道的信用贷款和投资理财服务。如图 11-30 所示，为"拍拍贷"的官网。

图 11-30　网络借贷平台"拍拍贷"

根据对"拍拍贷"平台上项目数据的统计，可以得到以下信息。

- 成功的项目占 36%。
- 失败的项目占 27%。
- 撤销的项目占 22%。
- 流标的项目占 15%。

成功的概率这么低，而存在问题的项目这么多，很容易产生相关借款的纠纷。在传统的借款纠纷诉讼中，债务人如若不履行还款义务，法院可以施行强制执行。

目前借款在线下的形式与传统没有太大的区别，所以同样可以采用传统避免纠纷的方式：首先，采取书面形式，由借款一方立借据，交给债权人收存保管；其次，借据应该详细载明双方的姓名、借款金额等基本条款；最后，同一借据需延期时，应该立刻立新借据，以免引起纠纷。

4．其他情况

对网络借贷平台"拍拍贷"的部分借款列表内容进行分析，共有以下4个方面的类型。

- 成功之后双方实际执行，与平台无关。
- 大部分项目没有通过全面、严格的复审。
- 在要求的时间里没有筹集到足够的资金。
- 项目不受重视或者借款人想要重新发布项目额度。

11.6.3　模式的作用

债权众筹模式是一种合约双方自愿达成交易的市场化融资机制，债权众筹对出借人和借款人具有以下作用。

- 对于出借人，可以自主决定将资金投放到还款能力强的借款人手中。
- 对于借款人，强化了信用的约束和还款责任，决定了资金的高效合理使用。

11.7　百花齐放，众筹金融促进全方面发展

2014年3月4日，美国著名众筹平台Kickstarter的众筹金额首次突破10亿美元，捐款人数达到570万。这些资助者来自全球224个国家和地区，涵盖了全球7块大陆。在这10亿美元中，包括来自中国4413名资助者的1250266美元的捐款。

10亿美元相当于乘坐纽约市地铁4亿次；相当于NBA球星詹姆斯50年的现有合同；相当于125万台iPhone5S；相当于一座罗马竞技场。10亿美元表示众筹不再是一个"新鲜"事物，而将成为金融的一部分，成为生活中的一部分。

众筹不是一个"突兀"的网络产物，而是互联网的一部分、金融的一部分。目前，众筹与各个行业都能产生化学反应。

11.7.1　众筹与能源供应

近日，招商新能源旗下联合光伏集团有限公司公告，将通过"众筹"方式融

资 1000 万元，用以建设一个小型的太阳能发电站，这是互联网金融参与太阳能电站建设的首次尝试。

联合光伏此次太阳能电站的集资行为属于股权投资，从 2014 年 3 月 1 日开始，至 3 月 31 日结束，每股 10 万元，并且每人只能购买 1 股。但不是每个人都可以成为该项目的投资者，感兴趣者需要在众筹网站上提出申请，在通过认证后才能参与投资，如图 11-31 所示。

图 11-31　联合光伏众筹项目

联合光伏众筹项目的投资者不必等到电站 20 年寿命期终结再收回投资，因为投资者的资金锁定期只有两年，届满时便可获得年化率为 6% 的预期收益。对于希望长期持有股权的投资者，联合光伏也提供了资产证券化的途径，投资者可在招商新能源旗下可再生能源研究所网站上进行交易。

•专家提醒

笔者认为，光伏电站未来的金融属性会越来越强，并参与到互联网金融中来，如推出回报率更高、投资门槛更低的投资理财产品。综合分析，小型太阳能电站受到国家政策的各种支持，上游设备产能过剩大幅降低了电站建设成本，在正常情况下，投资预期收益率应该高于银行或者国债的回报率并且比较稳定。

联合光伏这次众筹活动是新能源通过互联网金融融资的首个案例，对整个行业有较大影响。光伏行业是资金密集型行业，且未来收益和现金流都很稳定，适合通过众筹方式来完成融资。尤其是随着分布式光伏的大力推进，互联网金融的融资模式可能会得到较大发展。

不过也有业内人士认为，对于那些拟投资建设的电站可能面临日照时长、建设工期、并网与否、电网传输损耗导致的发电量有别、各地补贴力度差异等诸多不确定变量，这将成为难以预测的巨大风险。

11.7.2　众筹与农业创新

2014 年，众筹网与本来生活网宣布达成战略合作，双方将在众筹网上推出创新性的"尝鲜众筹模式"。"尝鲜众筹模式"即农产品还未上市就开始预售，产品上市后支持者可第一时间品尝最新鲜产品的模式。

尝鲜众筹是农业众筹领域的一种尝试，对于支持者来说，能够第一时间品尝到最新鲜的产品；而对于商家来说，可以提前了解产品销售情况，便于提前安排生产和运输，不仅减少了成本，也能提早看到市场方向标。

11.7.3　众筹与公益活动

自从众筹模式引入中国以来，每天都有很多人在众筹平台诉说着梦想，而梦想不断进阶的最终结果是社会价值的实现。正是有了这样不断完善的市场环境与不断升级的价值追求，社会价值投资才吸引了一批投资者从战略性公益的角度，寻找具有长远社会价值的投资机会。

2014 年年初，友成基金会携手众筹网发起"我们益家人，我们全家福"的公益活动。他们组织志愿者在春节前后为去年雅安地震火炬村的 300 多个家庭拍摄全家福，并成功举办了"火炬村最幸福的全家福评选"活动。

这与以往单纯的公益活动有所区别：出资人与获资方并非简单的给予与获取的关系，双方以更平等、自愿且互惠的方式完成一种价值投资行为。投资者以不同额度的资金为项目筹资后，将获得相应的实物回馈，这是一种物质与精神双丰收的投资行为。

　　其实众筹与公益本身有着天然的联系，一样都是依靠大众的力量来集聚资金和资源。同时在众筹过程中，众筹网站做的是一件关乎梦想的生意，项目发起人作为追梦者寻求支持，而参与者则是对梦想的信任投资，三者形成了一种良性循环，而这也恰恰能保证众筹之路越走越远。

　　一个有吸引力的项目通过众筹平台，会在短时间内获得众多人的认可，并以波浪的方式在有想法的人群中迅速扩散。类似于火炬村的公益活动在众筹网并不是第一次成功募集，这种投资方式正是众筹模式的魅力所在。

　　随着市场经济发展到一定程度，市场活动也会逐渐摒弃最初以单纯追求利益为核心的价值导向。如今，社会价值投资日益成为一种趋势，引发一轮前所未有的社会发展思潮。只有从社会价值的维度才可能评判一个创新、一个举措、一个项目、一种服务是不是真的有价值，这基本成为投资界的一种共识。

　　此外，在原有的一些慈善项目上，引入一定的商业模式，通过企业跟慈善机构的合作，扩大了覆盖范围，普及面更广。财富与公益的结合将是推动中国未来社会进步与社会变革非常重要的一股力量，未来财富与公益的结合前景非常广阔，这也是社会价值投资的魅力。

　　这种以社会价值为导向的投资行为，可以以一种可持续的方式推动商业发展，乃至整个社会的发展。同时，社会价值投资的一个重大回报在于，不仅投资者的财富能够增长，还能让投资者的收益保障机制更加有效地发挥作用，从而形成一种良性循环。

11.7.4　众筹与医疗救助

　　Watsi 是世界上首家为病患筹集资金的众筹网站，通过众筹和互联网，Watsi 用一种全新的方式，给第三世界国家真正需要医疗救助的人带来了甘霖，也给心怀善意的人一个实现自我的机会。自 2012 年 8 月创立以来，Watsi 已经为 16 个国家的 1000 名病患筹集了 200 万美元。

　　支持者登录网站后，映入眼帘的是一个个需要帮助的病人的档案，档案记录了病人的基本情况和需要筹集的资金数额，捐助者可以通过 PayPal 或者其他支付方式给某个特定的病人捐款。如果能够达成融资目标，这个病人就会收到捐款，然后得到治疗，反之所有捐款都会被退回。

大数据金融，基于数据的资讯模式

第12章

学前提示

互联网和移动互联网的发展使人们进入大数据时代，金融行业作为传统行业之一，也受到了大数据的影响。大数据能为金融行业提供各个方面的资讯，对其发展具有重要的促进作用。当然，金融机构若不能及时跟上数据时代的潮流，也将面临被淘汰的危险。

大数据金融，基于数据的资讯模式

- 先行了解，大数据金融的基本知识
- 平台代表，大数据金融的具体应用
- 风险解析，大数据存在的许多问题
- 未来趋势，大数据的发展前景分析

12.1 先行了解，大数据金融的基本知识

从目前的发展来看，互联网金融对大数据的具体应用并不是太多，还处在理论阶段。但已有多家金融机构利用大数据提供的资讯进行各种各样的互联网金融活动。

12.1.1 大数据金融具体概念分析

大数据 (Big Data) 指的是所涉及的资料量规模巨大到无法透过目前主流软件工具，在合理时间内达到撷取、管理、处理并整理成帮助企业经营决策的资讯。

大数据的特点可以用"4V"来概括，即 Volume(大量)、Velocity(高速)、Variety(多样)、Value(价值)。其价值体现在以下几点。

- 数据的高透明度及可获取性。一些制造商正试图集成多种系统的数据，甚至从外部供应商和客户处获取数据来共同制造产品。以汽车这类先进制造行业为例，全球供应商生产着成千上万的部件。集成度高的平台将使公司及其供应链合作伙伴在设计阶段就开始协作。
- 决策验证对竞争方式的影响。大数据可能使决策制定发生根本性的改变。利用可控实验公司可验证假设、分析结果以指导投资决策及运作改变。
- 让企业提供个性化服务成为可能。面向用户的企业已长期利用数据来细分和定位用户，大数据实现了用户定制的质的飞跃，使得实时个性化成为可能。下一代零售商通过互联网可跟踪用户的购买行为，更新其偏爱，并实时模仿其可能的行为。
- 对管理的改变及替代作用。大数据能进一步提高算法和机器分析的作用，一些制造商利用算法分析生产线的传感数据，创建自动调节过程以减少损失，避免成本高昂的人工干预，最终增加产出。
- 建立基于数据的商业模型。大数据催生了新类型的公司，它能建立由信息驱动的商业模型。许多公司都在价值链中发挥中间作用，通过商业交易创建极具价值的"排出数据"。如一家运输公司收集了大量的全球产品出货信息，并专门建立一个部门负责向经济预测方销售数据。

大数据金融则是建立在大数据之上，依托海量、非结构化的数据，通过互联网、云计算等信息化方式对其数据进行专业化的挖掘和分析，并与传统金融服务相结合，创新性开展相关资金融通工作的统称。

运用大数据金融的典型企业是电子商务企业的巨头阿里巴巴。阿里小微金融集团于 2013 年 5 月 18 日打造了一场融资盛宴：1.8 万家淘宝小卖家在 2 个小时内分享了阿里小微信贷的 3 亿元淘宝信用贷款，平均每个卖家贷款约 1.6 万元。所有的贷款均在互联网上完成，没有任何信贷人员或是中介人员的介入，没有任何一家小卖家提供担保、抵押，所有的小卖家获贷凭借的都是自身信用。

12.1.2　大数据影响金融行业发展

从现代信息技术的潮流来看，近两年来全世界掀起了一波大数据浪潮，美国奥巴马政府宣布了"大数据的研究和发展计划"，欧盟也明确提出了"开放数据战略"。如何在大数据时代更好地推动金融创新，是传统金融行业必须认真面对和严肃思考的问题。

对金融行业来说，使用"大数据金融"的概念，制定并实施"大数据金融"战略，更能体现金融业自身的实力和潜力，也更能使金融行业与网络业及其他行业有机融合、平等竞争，在大数据时代找到自身生存发展的机会。

• 专 家 提 醒

如今，世界正在步入大数据时代，为后来者提供了不可多得的战略空间和机会。例如，京东商城、金银岛等电子商务企业借助平台积淀的数据资产纷纷进军供应链金融领域，将信息流、物流和资金流深度融合，为平台上的用户提供订单融资、仓单融资等服务。该模式弥补了传统供应链金融信息技术支撑不够、服务范围有限等不足，推动了供应链金融的进一步发展。

在大数据时代，传统金融机构也开始采取积极的应对措施，以面对新兴金融力量不断渗入造成的威胁。例如，银行业推出网上银行、网络融资和电子商务等业务，保险业亦开始探索通过网络销售保险。

然而，对于金融业这么一个数据密集型行业来说，无论是传统的线下业务还是新型的线上业务，数据仍然是其竞争的关键要素。银行业进军电子商务的核心

目的在于采集数据，银行业开展网络融资、保险业探索虚拟财产保险的成败关键在于利用数据。由此可见，大数据俨然成为金融业构建核心竞争力的重要资产。

对传统金融企业来说，是否以自己为中心提供各种网络服务已经变得没有过去那么重要，获取和利用他人服务所产生的数据变得更加重要。基于某种服务所积累的数据价值在贬值，数量再多也算不上大数据，只有获取网络世界中全面的数据才有深度整合利用的价值。正因如此，传统金融企业就大可不必邯郸学步，重复互联网运营商走过的道路，大可不必非要先建立各种非本业服务以获取本业之外的数据。

笔者认为，传统金融业的竞争力在新的历史环境中面临机遇与挑战，因此，必须利用大数据的理念改造自身。抓住大数据的机会，是中国金融业新时代的使命所在，企业可以利用自身优势探索一条新路。

•专家提醒

与其他传统产业相比，金融服务业是电子化、网络化和数据化程度最高的产业之一，也许仅次于网络和电信业。由长期系统的金融服务积累的数据完全可以在确保用户隐私和商业机密的前提下，与各行各业通过数据间的共享、交换和买卖以生成大数据，在此之上探索全新的产品和服务。

12.1.3　大数据促进金融行业升级

金融业是最重视信息科技的行业之一，但是大数据时代猝然来临依然让金融业措手不及。大型的电子商务公司在小额支付、小额贷款、供应链金融等领域突飞猛进的发展，甚至让大型银行都有了切肤之痛。

大数据时代的来临，意味着机遇，也意味着挑战。尽管我们无法准确预判大数据最终会对金融业产生什么影响，但深入研究大数据时代金融业的机遇和挑战，有利于金融行业在大数据时代趋利避害。在大数据时代，金融行业主要面临4方面的机遇。

- 拓宽行业发展空间。满足客户需求是金融企业生存和发展的前提，大数据和互联网的发展使金融业能够更好地满足客户需求。大数据技术在营销领域的应用将更有效地发现客户和客户的潜在需求。大数据和互联网的运用也有利于改善消费者的用户体验，提高消费者满意度，改善行业形象。

- 提高行业风险管理能力。大数据技术在风险管理领域的应用将支持金融业更精准的定价原则，提高投资风险识别能力，提升金融业的风险管理能力和水平。以精算为例，大数据有利于扩大用于估算风险概率的数据样本，从而提升精算的准确度，有利于收集更加多维全面的数据，从而形成更加科学的精算模型，也有利于把整体数据样本进一步细分为子样本，为精准定价提供精算基础。

- 提升行业差异化竞争能力。大数据通过对客户消费行为模式的分析，提高客户转化率，开发出不同的理财产品，满足不同客户的市场需求，实现差异化竞争。

- 提升金融业资金运用水平。大数据基于精确量化的投资分布，可以提升金融机构资产负债管理水平，可以在资本市场实施更精准的风险投资组合策略，提高金融业在资本市场的投资回报水平。

12.1.4　大数据对金融行业的挑战

在看到机遇的同时，必须看到大数据时代金融业还面临一些严峻的挑战，思维方式面临冲击。虽然我国金融市场不断涌现创新产品，但总体上还是延续了发达金融市场发展的脉络。但大数据对思维方式的冲击可能是颠覆性的。例如，"阿里小贷"对银行的影响给我们很多启示。在技术剧烈变化的条件下，如果思维方式跟不上，企业经营或资金监管都有可能会出大问题。

- 数据基础比较薄弱。这些年，金融业在大数据战略和网络经营等方面进行了积极探索。但总体上保险业大数据的基础还很弱，和互联网等行业相比差距很大。同时，不同主体间大数据应用能力存在较大差异。各大金融主体挖掘内部数据、收集外部数据、对数据分析和处理、发现数据背后价值的能力良莠不齐，将直接影响金融市场核心竞争力。

- 外部竞争可能加剧。在大数据时代，与拥有数据的信息产业相比，金融业将处于相对不利的市场地位。金融业面临来自互联网企业和科技公司业务分割的竞争压力，金融行业的生存空间受到挤压，其竞争力可能弱化。

- 人才储备严重不足。现在，高端信息技术人才匮乏是制约金融业发展的重要因素之一，面向大数据时代，金融业在人才上的问题显得更加突出。

12.1.5　大数据金融固有优势分析

随着计算机及互联网通信技术的兴起和发展，在过去的几十年间，金融行业不断被改变，有两种互联网金融的表现形式引人注目。

- 越来越多的传统金融交易和服务因互联网技术得以升级被替代。从各类大小额不同币种的电子支付系统的逐步使用，发展到电子化证券或货币交易结算系统几乎完全取代了人工场内交易，现在更是由互联网提供了几乎全部类型的银行信贷、证券交易、保险理财等服务。
- 互联网企业依托数据优势进行金融。以第三方支付为突破口，使互联网企业跻身网络小额信贷等金融领域。如阿里巴巴利用网络平台和用户数据，为用户提供信贷、支付结算等金融服务，在服务对象和贷款技术等方面取得突破，对传统金融体系形成了挑战，也促使传统金融机构越来越重视互联网的作用。

互联网金融不是互联网和金融的简单相加，在上述两类现象之外，更深层次的变化是一些基于互联网应用的特有技术、商业模式和产品开始出现，金融体系正随之经历着新的变革。

1．本身优势

数据一直是信息时代的象征，大数据本身要比传统信息技术更先进、更有优势，表现在以下几点。

- 数据体量巨大。目前数据级别已从 TB(1024GB=1TB) 跃升到 PB(1024TB=1PB)、EB(1024PB=1EB) 乃至 ZB(1024EB=1ZB) 级别。随着底层技术的发展，从各类互联网设备和应用中信息产生的增长速度惊人，大量信息来源于金融交易、客户互动和物联网。
- 数据类型繁多。物联网、云计算、移动互联网、车联网、手机、平板电脑和 PC 以及遍布地球各个角落的各种各样的传感器，都在产生各种类型的数据。移动互联网、各类搜索及社交网络（如微信、网络日志、微博）兴起，地理位置、音频、文本、视频以及图片等非结构化数据的出现，使得人们的思想言论、日常行为和情绪等生活信息可以得到细节化测量和收集。
- 商业价值高。一条数小时的监控视频，可能有用的数据仅有一两秒。但如果能从海量数据中发掘出更符合用户兴趣和习惯的产品和服务，大数据将成为企业竞争力的重要来源。

● 处理速度快。处理速度与传统的数据挖掘技术有着本质的不同。

2．促进创新

大数据已经促进了高频交易、社交情绪分析和信贷风险分析三大金融创新。以高频交易为例，交易者为获得利润，利用硬件设备和交易程序的优势，快速获取、分析、生成和发送交易指令，在短时间内多次买入卖出，且一般不用持有大量未对冲的头寸过夜。

·专 家 提 醒

　　目前，高频交易开始采取"战略顺序交易"的方式，即通过分析金融大数据，以识别出特定市场参与者留下的足迹。例如，如果一只共同基金通常在收盘前一分钟的第一秒执行大额订单，那么大数据就能够识别出这一模式的算法将预判出该基金在其余交易时段的动向，并执行相同的交易。该基金继续执行交易时将付出更高的价格，使用算法的交易商可趁机获利。

3．市场分析

通过收集、分析社交媒体上的内容进行市场情绪分析。金融市场的投资者试图开始将研究与应用结合起来，已有对冲基金开始从 Twitter、Facebook、聊天室和博客等社交媒体中提取市场情绪信息，开发交易算法。如一旦从中发现有自然灾害或恐怖袭击等意外信息公布，便立即抛出订单或开始做空。

4．风险管理

金融机构可以收集和分析大量中小微企业的交易行为数据，判断其业务范畴、经营状况、信用状况、用户定位以及资金需求和行业发展趋势，解决由于小微企业财务制度的不健全而导致的无法真正了解其真实的经营状况的难题。

如阿里小贷首创了从风险审核到放贷的全程线上模式，将贷前、贷中以及贷后三个环节形成有效联结，向通常无法在传统金融渠道获得贷款的弱势群体批量发放"金额小、期限短、随借随还"的小额贷款。

5．破除垄断

大数据可以打破传统金融行业的垄断行为，有助于提升金融市场的透明度。金融客户的信用状况将随着其资产、经营和各类交易状况的变化而变化，传统商业银行利用投入大量人力和财力，建立特有的信息收集、分析和决策体系，以解决信息不对称问题。

• 专家提醒

　　互联网金融平台可以直接收集潜在的金融交易双方的信息，形成新的金融信息来源模式。金融客户信息、交易价格信息和社会经济状况等数据的精细和透明，使利率形成更为准确和市场化。

12.1.6　大数据金融缺点分析

　　大数据是信息通信技术发展积累至今，按照自身技术发展逻辑，从提高生产效率向更高级的智能阶段的自然生长。无处不在的信息感知和采集终端为我们采集了海量的数据，而以云计算为代表的计算技术的不断进步，为我们提供了强大的计算能力。这就使得大数据围绕个人及其组织的行为构建起了一个与物质世界相平行的数字世界。

　　大数据术语的广泛出现也使得人们渐渐明白了它的重要性，并渐渐向人们展现了它为学术、工业和政府带来的巨大机遇。大数据时代下的信息技术日渐成熟，但是在高科技发展的今天，也存在着诸多不足。

- 成本问题。数据量的"大"也可能意味着代价不菲，而对于那些正在使用大数据环境的企业来说，成本控制是关键的问题。
- 带宽能力。运营商带宽能力急需提高；对数据洪流的适应能力面临前所未有的挑战。
- 存储技术。大数据处理和分析的能力远远不及理想中的水平，数据量的快速增长对存储技术提出了挑战；同时，需要高速信息传输能力支持，与低密度有价值数据的快速分析、处理能力。硬件的发展最终还是由软件需求来推动的，大数据分析应用需求正在影响着数据存储基础设施的发展。
- 容量问题。海量数据存储系统也一定要有相应的等级扩展能力。与此同时，存储系统的扩展一定要简便，可以通过增加模块或磁盘柜来增加容量，甚至不需要停机。
- 数据平台。Hadoop 早期的（一个分布式系统基础架构）部分项目将面临挑战。有些行业的数据涉及上百个参数，其复杂性不仅体现在数据样本本身，更体现在多源异构、多实体和多空间之间的交互动态性，而当前技术尚难以用传统的方法描述与度量时，处理数据的复杂度将会增大。

- 延迟问题。"大数据"应用还存在实时性的问题，特别是涉及与网上交易或者金融类相关的应用。例如网络成衣销售行业的在线广告推广需要实时对客户的浏览记录进行分析，并准确地进行广告投放。这就要求存储系统在支持上述特性的同时必须保持较高的响应速度，因为响应延迟的结果是系统会将"过期"的广告内容推送给客户。

- 个人隐私。大数据环境下通过对用户数据的深度分析，很容易了解用户行为和喜好，乃至企业用户的商业机密，对个人隐私问题必须引起充分重视。

- 商业智能。大数据时代的基本特征，决定其在技术与商业模式上有巨大的创新空间，如何创新已成为大数据时代的一个首要问题。

- 数据管理。大数据时代对政府部门规则的制定，以及监管部门发挥作用提出了新的挑战。

- 人工智能。目前，大数据的可视化还没有达到人们的需求。

- 安全问题。某些特殊行业的应用，如金融数据、医疗信息以及政府情报等都有自己的安全标准和保密性需求。海量数据洪流中，在线对话与在线交易活动日益增加，其安全威胁更为严峻；而且现今黑客的组织能力、作案工具、作案手法及隐蔽程度更上一层楼。

- 人才要求。大数据人才缺乏，大数据时代对数据分析师的要求极高，只有大数据专业化的人才，才具备开发预言分析应用程序模型的技能。

· 专 家 提 醒

除了数据的收集和使用，外国在大数据时代需要面对的挑战还有数据的开放。如果说收集数据是一种意识，使用数据是一种文化、一种习惯，那是否开放数据则是一种态度。

12.1.7 金融行业问题的解决方案

IT 技术和金融产业，貌似是两个完全不相同的领域，却蕴藏着密切的联系。大数据处理作为时下最热门的 IT 技术之一，随着数据仓库、数据安全、数据分析以及数据挖掘等围绕大数量的商业价值的利用，逐渐成为业内人士争相谈论的利润焦点。在这些纷繁杂乱的数据背后，它能找到更符合用户兴趣爱好的产品与服务，并实时对产品与服务进行跟踪性的调整和优化，这就是大数据对我们所带来的影

响，从而更进一步地影响着各个行业。

因此，大数据必然引发金融行业的重要变革，金融业应在战略层面重视大数据时代的到来，并以此为契机提升金融行业创新能力、服务能力和风险管理能力，完善保险监管体系。

1. 研究制定大数据战略

金融企业要结合自身的实际需求，研究制定大数据战略，统筹规划大数据应用，主要表现在以下三个方面。

- 营造数据文化。将现有数据转化为信息资源，让决策更加有的放矢，让发展更加贴近市场。
- 有效管理数据。进一步健全数据管理决策机制和内部协调机制，提高数据管理制度的可操作性和执行力。
- 挖掘监管数据。要提高数据采集能力、分析能力和使用能力，把大量沉睡的数据变为有利于改进监管的信息，为实施动态监管、过程监管和实时监管，提升监管的针对性和有效性提供数据和技术支撑。

2. 开发更多产品与服务

大数据处理技术的运用，可以给金融企业提供全新的、更多的业务品种。大数据处理技术的运用，可以帮助金融机构根据客户的习惯、喜好，开发更多适合客户的个性化产品，实现"一对一"的自助服务。

3. 建设信息化基础架构

实现大数据运用的根本和前提是基础设施建设。在大数据时代，必然要求金融机构增加信息化基础设施投入，这样才能更易于数据的整合与集中、扩展与伸缩、管理与维护，同时基础设施要具备极高的可靠性、可控性和安全性。

为此，金融业必须要建立适应大数据时代要求的信息化基础架构，搭建基础数据技术平台。要统筹好历史数据和当前采集数据的关系，统筹好大数据背景下精算技术、统计技术和数据挖掘技术的融合，统筹好结构化数据和非结构化数据的采集、分析和使用，充分挖掘历史积累保险数据的潜在价值，积极学习运用大数据技术提升分析现实数据的能力。

4. 更具有针对性的服务

要有针对性地改进客户服务，就必须了解客户的潜在需求，对客户的维护过程进行及时的响应。金融行业对数据的存储要求特别高，诸如银行、证券、保险等金融领域，每天都会产生大量的数据，这些数据都会被一一存放在交易系统里，金融机构要做的，就是努力对这些数据进行深入的挖掘和全面的分析，从而大大提高工作效率和风险防范能力，进而改进客户服务，提升金融行业的盈利水平。

例如，银行可以根据客户的交易信息、历史记录来分析客户的理财习惯。通过借助大数据处理技术，使金融行业的服务具有"3A"特性，即 Anytime(任何时候)、Anywhere(任何地方)、Anyhow(以任何方式) 为客户提供金融服务，有利于吸引和留住更多的优质客户，开辟新的盈利增长点。

5．加强与其他企业合作

金融行业应该进一步加强与互联网公司、数据公司的合作。互联网公司和数据公司既是金融业发展的重要参与者，也是金融市场主体合作共赢的重要对象。大数据时代对金融业驾驭数据的能力提出了更高的要求。金融市场主体不仅要收集行业的内部数据，更要依靠互联网公司和数据公司收集外部数据。金融机构要切实加强同互联网公司和数据公司的战略合作，提高内外部数据信息的整合能力。

6．更加注重信息的安全

大数据意味着来自多方面的海量数据，也意味着数据处理软硬件环境更加复杂。集中的数据更复杂、更敏感，更易成为攻击者的目标，常规的安全管理策略，已无法满足安全要求。各金融机构都要严格遵守监管机构和信息化主管部门制定的规章制度，进一步完善信息化治理，强化责任落实，加强信息安全培训，提升信息安全意识，完善信息安全预警和应急响应机制，进一步健全与大数据时代相适应的信息安全保障体系。

7．培养大数据专业人才

数据科学是一门交叉学科，涉及数学、统计学、计算机科学、数据可视化技术等各领域的专业知识。大数据的运用，关键还是人才。无论是基础建设，还是数据分析与系统维护，都需要专业的数据人才。各金融机构要加大力气，舍得投入，抓好大数据人才的引进与培养，打造一支数量充足、结构合理、素质优良、表现卓越的复合型专业人才团队。

8．创造良好的监管环境

大数据时代给金融行业发展带来深刻影响的同时，也对金融监管制度提出更高的要求。金融监管机构要顺应大数据时代的潮流，为行业创新发展营造良好环境，主要从以下 4 个方面做起。

- 强化基础建设。建立大数据质量标准，消除壁垒，推进信息共享，建立信息隐私保护制度，加强信息安全的保护，建立安全有效的大数据共享使用环境。
- 鼓励包容创新。以开放的心态，支持金融机构运用大数据进行产品、服务、管理等方面的有益创新，并在监管上及时跟进。
- 完善监管制度。对金融市场基于大数据新事物的探索，适时制定监管制度加以规范，减少监管死角和监管真空，保护消费者合法权益，同时也要避免过度监管。
- 注意创新风险。加强对风险的预警跟踪，对大数据条件下的新风险保持足够的敏感和警惕，促进金融市场可持续健康发展。

9. 发展大数据处理技术

金融行业要想不断发展就离不开大数据处理技术，大数据处理技术在存储和处理结构框架等方面的优势将帮助金融行业充分掌握业务数据的价值，降低运营成本，发掘新的盈利模式，为客户提供更为全面、贴心的金融服务。

金融行业必须始终坚持"以客户为中心"的服务理念，以"大数据处理技术"作为支撑，满足客户的多样化需求，实现客户服务的最大价值。

12.2 平台代表，大数据金融的具体应用

大数据基本表现在数据、资讯上，互联网金融企业可以利用这些资讯完善自身，或者是开辟新的道路。本节主要介绍互联网金融行业对大数据的应用案例，希望对读者有一定的启发。

12.2.1 好贷网——提供专业化贷款资讯

通过对大数据的应用，贷款类资讯平台迅速崛起。平台通过对贷款公司的数据进行统筹、分析，可以筛选更加可靠的贷款公司资讯给用户，而使用传统搜索引擎得出的结果可能存在一定的风险。

好贷网是中国最大的贷款搜索和服务平台之一，截至 2013 年年底，在贷款意

向和成交量、成交率方面已经位居业内第一，是中国信贷搜索第一品牌。网站本身不提供贷款，而是重点着眼于帮助个人、中小企业筛选金融市场上的正规合法贷款渠道。好贷网可以为借贷人寻找到最佳的贷款渠道，帮银行及金融机构寻找精准匹配的信贷客户。其官方网站如图 12-1 所示。

图 12-1　好贷网官方网站

12.2.2　阿里小贷——不用担保、只凭信用

随着国内网购市场的迅速发展，淘宝网等众多网购网站的市场争夺战也达到了白热化，网络购物网站也开始推出越来越多的特色产品和服务。阿里巴巴集团的"阿里小贷"更是得益于大数据，它依托阿里巴巴 (B2B)、淘宝、支付宝等平台数据，不仅有助于识别和分散风险，提供更有针对性、多样化的服务，而且批量化、流水化的作业使得交易成本大幅下降。其官网网站如图 12-2 所示。

图12-2　阿里巴巴金融官方网站

"阿里小贷"不用任何抵押、担保，纯靠贷款人的信用，用户使用淘宝账户即可登录并申请贷款。如图12-3所示，用户登录后单击"申请贷款"按钮即可。

图12-3　申请阿里小贷

每天，海量的交易和数据在阿里的平台上跑着，阿里通过对商户最近100天的数据分析，就能知道哪些商户可能存在资金问题，此时的阿里贷款平台就有可能出马，同潜在的贷款对象进行沟通。

数据往往比文字更真实，更能反映一个公司的正常运营情况。通过海量的分析得出企业的经营情况，这就是大数据的应用。

在本案例中，正像淘宝信用贷款所体现的那样，这种新型微带技术不依赖抵押、担保，相反更看重企业的信用，同时通过数据的运算来评核企业的信用，不仅降低了申请贷款的门槛，也极大简化了申请贷款的流程，使其有了完全在互联网上作业的可能性。

• 专 家 提 醒

大数据的价值已经得到互联网公司以及金融机构的认可。笔者认为："谁掌握的'拼图'图块多，谁就能快速拼出客户的图谱，成为真正的王者。"然而，目前来看，谁都不愿意轻易地交出自己手上的"拼图"。于是，互联网公司、银行、支付机构等各个海量数据的拥有者展开了激烈的金融数据争夺战。

12.2.3　IBM——对金融资讯进行有效整合

不久前，IBM 使用大数据信息技术成功开发了"经济指标预测系统"。借助该预测系统，通过统计分析新闻中出现的单词等信息来预测股价的走势。

IBM 的"经济指标预测系统"首先从互联网上的新闻中搜索"新订单"等与经济指标有关的单词，然后结合其他相关经济数据的历史数据分析与股价的关系，从而得出预测结果。

在"经济指标预测系统"的开发过程中，IBM 还进行了一系列的验证工作。IBM 以美国"ISM 制造业采购经理人指数"为对象进行了验证实验，该指数以制造业中大约 20 个行业 300 多家公司的采购负责人为对象，调查新订单和雇员等情况之后计算得出。

实验前，首先假设"受访者受到了新闻报道的影响"，然后分别计算出约 30 万条财经类新闻中出现的"新订单"、"生产"以及"雇员"等 5 个关键词的数量。追踪了这些关键词在这段时期内的搜索数据变化情况，并将数据和道指的走势进行了对比，从而预测该指数的未来动态。

IBM 研究称，一般而言，当"股票"、"营收"等金融词汇的搜索量下降时，道指随后将上涨，而当这些金融词汇的搜索量上升时，道指在随后的几周内将下跌。

据悉，IBM 的实验仅仅用了 6 小时，就计算出了分析师需要花费数日才能得出的预测值，而且其预测精度几乎一样。大数据不再仅仅局限在媒体与厂商之中

的讨论，它犹如一场数据旋风开始席卷全球，从各行各业的 IT 主管到政府部门都开始重视大数据及其价值。

目前，不少信息系统企业都在使用大数据信息技术开发预测系统。例如，2011 年，英国对冲基金 Derwent Capital Markets 建立了规模为 4000 万美金的对冲基金。该基金是首家基于社交网络的对冲基金，该基金通过对 Twitter 的数据内容来感知市场情绪，从而进行投资。

无独有偶，美国加州大学河滨分校也公布了一项通过对 Twitter 消息进行分析从而预测股票涨跌的研究报告。

笔者认为："企业数据就是新时代还未开采的石油，具有非常高的价值。"国外一些金融机构已经开始做一些前瞻性的研究，这种做法是非常值得国内金融机构学习和借鉴的。

例如，国内大部分证券公司仍然没有摆脱交易性数据为主的特点，但很多有前瞻意识的证券公司已经开始对微博、互联网等外部数据进行分析与预测。

12.2.4　汇丰银行——专注于风险管理系统

近日，汇丰银行选择 SAS 防欺诈管理解决方案构建其全球业务网络的防欺诈管理系统。据悉，这一解决方案是一种实时欺诈防范侦测系统。

SAS 被誉为"全球 500 强背后的管理大师"，是全球领先的商业分析软件与服务供应商。SAS 通过三部分服务——软件及解决方案服务、咨询服务、培训及技术支持服务帮助客户洞察商机、成就变革、改善业绩。

凭借丰富的行业专业知识，SAS 的行业解决方案在各领域为行业解析蕴藏于信息之中的独特的商业问题。比如金融服务领域的信用风险管理问题、生命科学领域加快药物上市速度和识别零售领域的交叉销售机会等。SAS 还提供跨职能解决方案，不分行业地帮助企业克服其面临的挑战。比如增加客户关系价值、测量和管理风险、检测欺诈和优化 IT 网络等。

汇丰银行与 SAS 在防范信用卡和借记卡欺诈的基础上，共同扩展了 SAS 防欺诈管理解决方案的功能，为多种业务线和渠道提供完善的欺诈防范系统。这些增强功能有助于全面监控客户、账户和渠道业务活动，进一步提高分行交易、银行转账和在线付款欺诈以及内部欺诈的防范能力。通过监控客户行为，汇丰银行可以优化并更加有效地利用侦测资源。

汇丰银行利用 SAS 系统，通过收集和分析大数据解决复杂问题，并获得非常精确的洞见，以加快信息获取速度和超越竞争对手。因此，汇丰银行还将继续采用 SAS 告警管理、例程和队列优先级软件，提高运营效率，以便迅速启动紧急告警。

总之，高性能分析环境让用户可以充分利用 IT 投资，同时克服原有架构的约束，从大数据资产中产生高价值的洞察。

• 专 家 提 醒

在当今这个海量数据的时代，如何解开大数据中蕴含的前所未有的商业价值？笔者认为高性能分析就是那把"钥匙"。在本案例中，SAS 高性能分析可以帮助用户：将相关的大数据转变为真正的商业价值；采用世界顶级的分析技术来生成精确的洞察；快速获得答案来改变企业的运营模式；部署一个适合未来扩展的分析架构。

12.2.5　Kabbage——提供创新化金融服务

Kabbage 是一家为网店店主提供营运资金贷款服务的创业公司，总部位于美国亚特兰大，截至目前已经成功融资 6000 多万美元。Kabbage 的主要目标客户是 eBay、亚马逊、雅虎、Etsy、Shopify、Magento、PayPal 上的美国网商。

Kabbage 与"阿里小贷"的经营模式类似，通过查看网店店主的销售和信用记录、顾客流量、评论以及商品价格和存货等信息来最终确定是否为他们提供贷款以及贷款金额的多少（贷款金额的上限为 4 万美元）。店主可以主动在自己的 Kabbage 账户中添加新的信息，以增加获得贷款的概率。Kabbage 通过支付工具 PayPal 的支付 API 来为网店店主提供资金贷款，这种资金到账的速度相当快，最快 10 分钟就可以搞定。

Kabbage 用于贷款判断的支撑数据来源于除了网上搜索和查看外，还有来自网上商家的自主提供，且提供的数据多少直接影响着最终的贷款情况。

同时，Kabbage 也通过与物流公司 UPS、财务管理软件公司 Intuit 合作，扩充数据来源渠道。

目前，使用 Kabbage 贷款服务的网店店主已达近万家。Kabbage 的服务范围目前仅限于美国境内，不过公司打算利用这轮融资将服务拓展到其他国家。

基于大数据的商业模式创新过程有两个核心环节：一是数据获取，二是数据

的分析利用。

在本案例中，Kabbage 与阿里金融的区别在于数据获取方面，前者是多元化的渠道提供数据，后者则是借助旗下平台的数据积累。其中，网上商家自主提供数据且其数据的多少直接决定着最终的贷款额度与成本。这充分体现出大数据的资产价值，就如同传统的抵押物一样可以换取资金。

金融是服务于实体经济的，随着大数据的到来，传统的实体经济形态正在向融合经济形态转变，同时虚拟经济也快速兴起，金融的服务对象必将随之发生变化。这种转变为金融业带来了巨大的机遇和挑战，如图 12-4 所示。

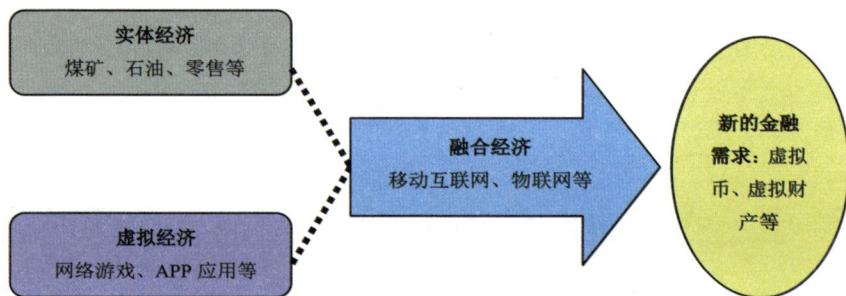

图 12-4　融合经济产生新的金融需求

虽说大数据是一座极具价值的"金矿"，但如果不能科学地加以利用，那么大数据就变成了一堆毫无用处的"石头"。Kabbage 就是借助大数据技术，并结合金融行业的特点，有效地控制了风险，实现了完美融合和创新。

• 专 家 提 醒

虚拟经济（Fictitious Economy）是经济虚拟化（西方称之为"金融深化"）的必然产物，是指基于计算机和互联网产生的一种经济形态。其产品和服务都具有虚拟化的特点，具体包括软件、网络游戏、社交网络、搜索引擎、门户网站等细分市场领域。实体经济是指物质的、精神的产品和服务的生产、流通等经济活动。随着新兴信息技术的快速发展，实体经济与虚拟经济正在加速融合，衍生了未来的主体经济形态，即融合经济。电子商务、O2O 模式都是融合经济发展进程中的产物。

12.3　风险解析，大数据存在的许多问题

任何事物都是把双刃剑，大数据正在变成生活的第三只眼，它洞察敏锐，却也正监控着我们的生活。想一想，亚马逊监视着我们的购物习惯，百度监视着我们的网页浏览习惯，微博似乎对我们和朋友间的关系无所不知。

大数据的确改变了我们的思维，更多的商业和社会决策能够"以数据说话"。不过除了这些利好，如何让大数据不泄露隐私，也是与之伴生并需严肃考虑的问题。

12.3.1　个人隐私不安全

"棱镜门"的出现可以说是网络时代的"重磅炸弹"，每个人都不知道自己有多少隐私掌握在别人手中。从纯技术角度观察，"棱镜"是一个典型的通过分析海量通信数据获取安全情报的大数据案例，但它也引发思考：大数据时代，个人隐私该何处安放？在大数据时代的背景下，你可以想象一些场景，如图 12-5 所示。

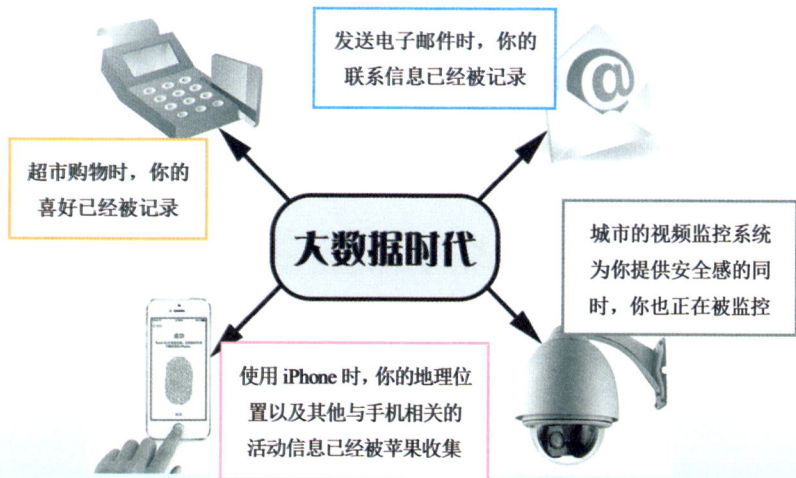

发送电子邮件时，你的联系信息已经被记录

超市购物时，你的喜好已经被记录

大数据时代

城市的视频监控系统为你提供安全感的同时，你也正在被监控

使用 iPhone 时，你的地理位置以及其他与手机相关的活动信息已经被苹果收集

图 12-5　大数据时代背景下的隐私泄露途径

在大数据的时代背景下，一切都数据化了，我们平常上网浏览的数据，我们的医疗、交通、购物数据，统统都被记录了下来，这就是大数据的起源。在这个

时候，我们每个人都成了一个数据产生者、数据贡献者。大数据的神奇之处在于：通过大数据的分析，能够精确地知道你是谁。

人的行为看似随机无序，但实际上存在某种规律。在社交网络如此发达的今天，大数据把人的行为进行放大分析，从而能够相对准确地预测人的性格和行程。所以，不排除这样一种可能：在忙完了一天的工作之后，你还没有决定要去哪儿，数据中心就已准确地预测了你接下来的目的地。

例如，2013年年初，金山手机毒霸检测到恶意侵犯用户隐私的安卓软件共计2.3万个，每天有41万部安卓手机能检测到窃取隐私的恶意程序，如图12-6所示。

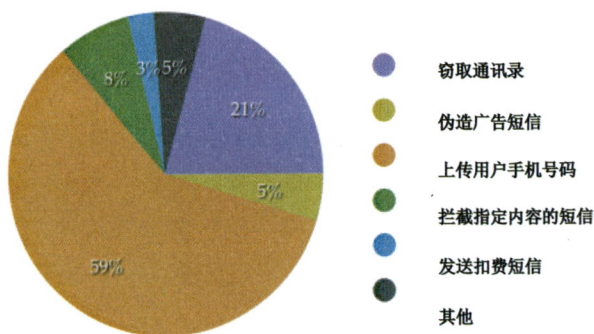

图 12-6　恶意窃取隐私行为

随着产生、存储、分析的数据量越来越大，隐私问题在未来的几年也将愈加凸显。所以，新的数据保护要求以及立法机构和监管部门的完善应当提上日程。

12.3.2　数据管理不简单

除了隐私方面的忧患外，大数据的危险还包括它将诱使企业管理进入史诗般的同质性。正如营销人员开始认为他们真正地知道他们所做的事情，但是他们会发现他们正在做的事情是其他人也正在做的。现在这不仅仅是没有创造力的问题了，而是积极地反创造力的问题。

无论是从企业存储策略与环境来看，还是从数据与存储操作的角度来看，大数据带来的"管理风险"不仅日益突出，而且如果不能妥善解决，将会造成"大数据就是大风险"的可怕后果。

事实上，很多企业并没有真正理解什么是大数据，也没有部署相关工具去有效地管理它们。最近，LogLogic 与 IT 安全研究公司 Echelon One 共同完成了一项大数据管理调查。此次调查的对象是 207 位来自各行各业的主管或以上级别的个人，调查结果如图 12-7 所示。

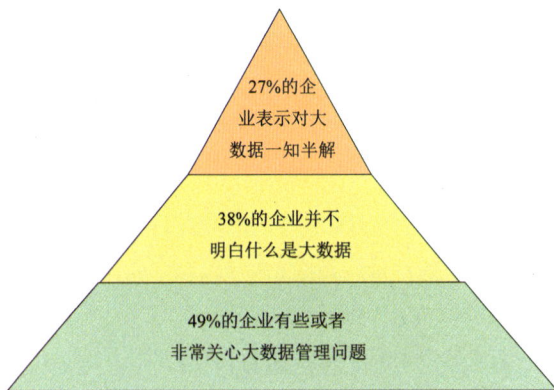

27%的企业表示对大数据一知半解

38%的企业并不明白什么是大数据

49%的企业有些或者非常关心大数据管理问题

图 12-7 大数据管理调查结果

此外，调查还发现 59% 的企业没有部署相关工具来管理 IT 系统中的数据，而是转向独立系统和其他系统，甚至是使用电子表格。

如果正确使用大数据，它将为企业提供梦寐以求的情报和洞察力，从而帮助企业作出明智的决定。在安全方面，它可以让企业看到网络中正在发生的事情，以保护企业免受高级持续性威胁和恶意软件。同时，还能通过优化服务器和供应链管理来提高运营效率，甚至还可以帮助企业处理法规遵从的问题。

• 专 家 提 醒

企业控制大数据的关键之一是日志管理，日志管理能够整合来自企业范围内的所有日志，建立索引存储库，并以常见的用户界面显示。因此，企业想要利用这些数据，就需要具备数据规范化和关联化，以及报告和发送告警的能力。

12.3.3 成本不容易控制

随着时间的推移，企业产生的数据量已经越来越大了，这些数据包括客户购买偏好趋势、网站访问和习惯、客户审查数据等。传统的商业智能 (BI) 工具在处理企业海量数据时已经有点不够用了。届时，企业需要面对的是大量的支出：额外的人员和技术资源用以管理整体环境，比如系统管理及监控、不同业务系统的附加软件，以及管理集群的工具等。

例如，零售业巨头沃尔玛每小时处理超过 100 万客户交易，输入数据库中的数据预计超过 2.5PB——相当于美国国会图书馆书籍存量的 167 倍。根据 Excelcom 公司发布的"互联网一分钟产生数据"报告显示，一分钟内互联网产生的部分数据量如下。

- Facebook 共产生 701389 个账号登录。
- Apple's App Store 上已有 51000 个 APP 被下载。
- Vine 上的小视频播放了 100 万次。
- 1 亿 5 千万封电子邮件已发送。
- WhatsApp 上发送了 2000 万条新信息。

另外，来自淘宝网的数据统计显示，淘宝一天内产生的数据量可达到甚至超过 30 TB，这仅仅是一家互联网公司一日之内的数据量。处理如此体量的数据，首先面临的就是技术方面的问题。海量的交易数据、交互数据使得大数据在规模和复杂程度上超出了常用技术按照合理的成本和时限抓取、存储及分析这些数据集的能力。

如图 12-8 所示，可以看出资源利用率低、扩展性差以及应用部署过于复杂是现今企业数据系统架构面临的主要问题。

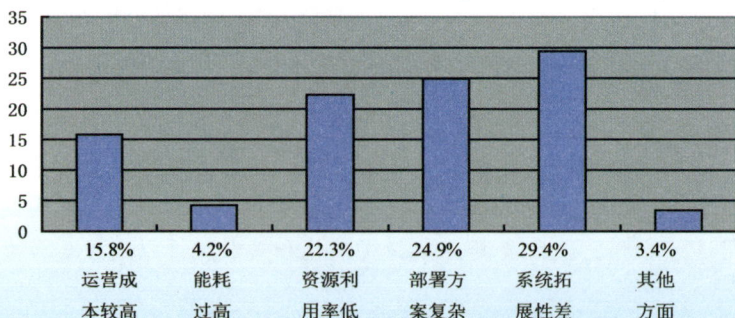

图 12-8　大数据构架面临的问题

其实，大数据的基础架构首先需要考虑的是前瞻性。随着数据的不断增长，用户需要从硬件、软件层面思考架构。因此，具备资源高利用率、高扩展性并对文件存储友好的文件系统必将是未来的发展趋势。

由此可见，大数据对企业来说并不全是机遇，还意味着财政支出，原因是针对大数据存储或者挖掘的成本也很高。对此，笔者认为企业可以将重点放在通过最新收集的数据带来更多价值，减少非重点数据带来的存储硬件与软件的成本方面。

12.3.4   网络安全有漏洞

以前，只有IT部门那些最懂技术的工作人员才明白数据安全。在IT部门的办公室之外，病毒、木马、蠕虫这些词都不会被提及，管理层也并不关心黑客和僵尸机，董事会根本不清楚什么是零日攻击，更不用说零日攻击能带来多大的危害了。然而，现在，大数据以及随之而来的各种威胁几乎成为每个单位的普遍谈论的话题，大数据的网络安全也慢慢地变成了一个被广泛关注的商业问题。

随着越来越多的交易、对话、互动和数据在网上进行，这种刺激使得网络犯罪分子比以往任何时候都要猖獗。分析影响和带来的网络故障和安全事件的问题的主要因素，主要来源于以下方面，如图12-9所示。

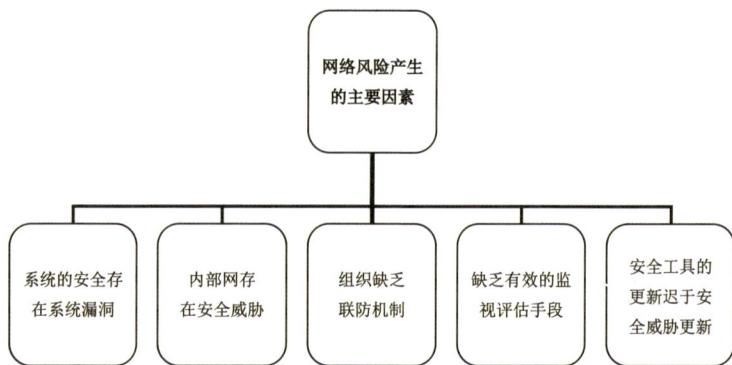

图 12-9   网络风险产生的主要因素

国际上，网络安全已开始从信息安全转向信息保障，从被动的预防向主动保护过渡。国内的信息保障虽已提上日程，但从理论走向应用还需要一个过程，这个过程的短长和企业信息化的进程息息相关。总的来说，网络安全系统是以策略为核心，以管理为基础，以技术为实现手段的安全理念。

• 专 家 提 醒

显然，保证数据输入和大数据输出的安全性是个很艰巨的挑战，它不仅会影响到潜在的商业活动和机会，还有深远的法律内涵。我们应该保持敏捷性并在问题出现之前对监管规则作出适当的改变，而不是坐等问题出现后再亡羊补牢。

12.3.5　数据人才很缺乏

如今，大数据市场已经逐渐繁荣起来，但不少企业发现目前对于一些新产品不能配备足够的人手。据塔塔咨询服务公司 (TCS) 的调查显示，IT 行业人才缺乏，符合条件的大数据分析人士很少，这也是许多企业在部署大数据系统时面临的困难之一。

如图 12-10 所示是企业在大数据时代面临的一些挑战。缺乏专业的大数据人才成为企业面临的最大挑战，其次是非结构化数据的分析和处理、传统技术难以处理大数据以及新技术门槛过高。

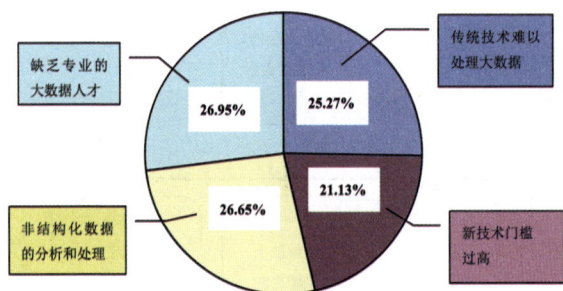

缺乏专业的
大数据人才
26.95%

传统技术难以
处理大数据
25.27%

非结构化数据
的分析和处理
26.65%

新技术门槛
过高
21.13%

图 12-10　企业在大数据时代面临的挑战

例如，阿里巴巴支付宝用户价值创新中心是支付宝大数据业务的核心部门，这个只有 7 个人的团队负责开发出可以销售的商业化大数据产品。虽然阿里巴巴各类业务产生的数据为数据分析创造了非常好的基础条件，然而这个团队却因为招聘不到合适的数据科学家而在研发上进展缓慢。

不仅仅是阿里巴巴在面对大数据发展时遭遇人才"瓶颈"，多家咨询机构也都预测了大数据的快速增长和人才需求规模。

在欧美国家，数据分析人员的工资水平可以排在前列，但国内数据分析人员整体逊于国外分析人员。笔者认为，大数据相关人才的欠缺将会成为影响我国大数据市场发展的一个重要因素。2015 年，中国大数据市场规模为 115.9 亿元，增速达 53.10%。2016 年，大数据上升为我国国家战略，然而，国内各大公司普遍不重视数据分析人员，其薪酬水平属于平均水平。

• 专 家 提 醒

大数据职位相关的技能主要包括数学、统计学、数据分析、商业分析和自然语言处理。数据科学家是复合型人才，需要对数学、统计学、机器学习等多方面知识进行综合掌控。目前，国内的人才市场上很难招募到优秀的数据分析人员。

因此，如果企业正在寻找的是高端数据人才，这无疑是很困难的。不过在企业发出"我找不到人才"这样的歇斯底里之前，确定好企业的需求和培训的规模，然后和当地的一所大学建立联系，或许企业的问题会变得容易解决。

12.4 未来趋势，大数据的发展前景分析

收集分析海量的各种类型的数据，并快速获取影响未来的信息的能力，这就是大数据技术的魅力。事实上大数据的来源非常广泛，天上的卫星、地上汽车、埋在土壤里面的各类传感器，无时无刻不在生成大量的数据。如果综合利用这些数据，那么产生的社会价值和经济价值将是难以估量的。大数据技术让人们看到解决未来预测问题的一丝曙光。

12.4.1 大数据影响各个方面

大数据不仅体现为数据量的惊人增长，更体现在前所未有的不断扩展的数据类型。电商投放广告、物流调度运力、证监会抓老鼠仓、金融机构卖基金、民航节约成本、农民破解猪周期、制片人拍电影等，这些看似毫不相关的事，背后都有大数据在发力。随着互联网、移动互联网对各个领域的渗透越来越深，从政府到企业，从群体到个人，数据的积累与日俱增。4G 牌照的发放，又让移动数据通

道由"乡村公路"升级为"高速公路"。

与此同时，社会上的各行各业，从电信、IT业，到金融、证券、保险、航空、酒店服务业等，地球上的各种存在，从每个人到每棵树、每朵花乃至每粒沙子，无一例外地都在成为大数据的生成者。笔者可以预见，大数据席卷各行各业和人们生活的速度只会越来越快。

比如，世界上第一部"先拍照后对焦"光场相机Lytro，就运用了大数据处理分析理念。与传统相机只记录一束光不同，Lytro可以记录整个光场里所有的光，也就是用总体数据取代了随机样本。用户没必要一开始就对焦，想要什么样的照片可以在拍摄之后再决定。

因此，究竟该如何"开采"大数据这座丰富的矿藏，是一个令人着迷的问题，因为与正确答案相伴的将是谁都渴望的巨大的商业成功。当前，伴随着变革的发生，传统的互联网企业已经站在了大数据时代的最前沿。作为后电脑时代的四巨头，Facebook、谷歌、苹果、亚马逊正在成为大数据的拥有者和使用者，它们各自有自己的发展特点。

- Facebook：依靠其强大的社交网络，已成为业界第一个生成大数据的"巨鳄"。
- 苹果：依靠操作系统和颠覆性的终端，正在努力打造大数据的生成之地。
- 谷歌：主要依靠操作系统、搜索引擎和"Google+"平台整合终端产品，以储备可以利用的大数据。
- 亚马逊：作为云计算的最早倡导者，通过网络平台、云计算平台和阅读终端，期望建立起一个电子商务垂直领域的大数据汇集地。

大数据，正在撬动全世界的神经，无论是国家、企业，还是每一个独立存在的个人，都将成为大数据时代的贡献者和受益者。

专家提醒

目前，数据量大幅增加对人们注重精确性的习惯等提出了挑战，大数据需要技术和思维上的变革才能利用，才能做到从海量到精准。这一轮的变革，事关绝大多数企业的命运。可以看到，用大数据这个视角，可以考察企业的兴衰。第一，如果对大数据不关心、不了解，必将走向衰败；第二，拥有大量的数据，并善加运用的公司，必将赢得未来。时代变了，判断企业价值的标准、判断软件价值的标准也变了。

12.4.2　大数据成为大势所趋

有媒体将 2013 年称为"大数据元年"。目前，几乎所有世界级的互联网企业，都将业务触角延伸至大数据产业；无论社交平台逐鹿、电商价格大战还是门户网站竞争，都有它的影子；2012 年，美国政府投资 2 亿美元启动"大数据研究和发展计划"，更将大数据上升到国家战略层面。大数据，正在由技术热词转变为一股社会浪潮，影响社会生活的方方面面。

星巴克有意推出的"大数据咖啡杯"就是个小小的例子。美国媒体报道，这家咖啡连锁巨头打算在一些咖啡杯中装上传感器，收集顾客喝咖啡的速度等数据，从而为喝咖啡较慢的顾客提供保温效果好的杯子，提高其满意度和忠诚度。

又例如，2008 年年初，阿里巴巴平台上整个买家询盘数急剧下滑，欧美对中国采购量也在下滑。通常而言，买家在采购商品前，会比较多家供应商的产品，反映到阿里巴巴网站统计数据中，就是查询单击的数量和购买单击的数量会保持一个相对的数值。

阿里巴巴平台通过统计历史上所有买家、卖家的询价和成交的数据，可以形成询盘指数和成交指数。这两个指数是密切相关的：询盘指数是前兆性的，前期询盘指数活跃，就会保证后期一定的成交量。因此，当马云观察到询盘指数异乎寻常地下降，自然就可以推测未来成交量的萎缩。这种统计和分析，如果缺少大数据技术的支持，是难以完成的。这次事件，马云提前呼吁、帮助成千上万的中小制造商准备"过冬粮"，从而赢得了崇高的声誉。

因此，大数据是一种新的价值观和方法论，人们面对的不再是随机样本而是全体数据，不是精确性而是混杂性，不是因果关系而是相关关系。

12.4.3　大数据创新商业模式

众所周知，用户的消费习惯、兴趣爱好、关系网络以及整个互联网的趋势、潮流都将成为互联网从业者关注的热点，而这一切的获取和分析都离不开大数据，因为社会化媒体基础上的大数据挖掘和分析都会衍生很多应用。比如：帮企业做内部数据挖掘，帮企业更精准找到用户，降低营销成本，提高企业销售率，增加利润。

大数据、社会化媒体营销真正实现了营销模式的"量体裁衣"，这是营销领域跨时代的进步。未来企业的竞争，将是拥有数据规模和活性的竞争，将是对数据解释和运用的竞争。

随着技术发展，大数据社会化营销将是未来营销的主战场，在即将到来的大数据时代可以在任何行业、任何服务上出现，由此可能产生的服务和商业模式将是无穷尽的。笔者认为，围绕大数据至少可以演绎出以下 6 种新的商业模式。

- 出租或出售数据。即通过出售广泛收集、精心过滤、时效性强的数据来获得收益，这也是"数据就是资产"的最为经典的诠释。

- 出租或出售信息。需要注意的是，这里的信息指的是经过加工处理，承载一定行业特征的数据集合。一般聚焦某个行业，广泛收集相关数据，深度整合萃取信息，以庞大的数据中心加上专用传播渠道，也可取得成功。

- 数字媒体精准营销。全球广告市场空间是 5000 亿美元，具备培育千亿级公司的土壤和成长空间。这类公司的核心资源是获得实时、海量、有效的数据，立身之本是大数据分析技术，盈利来源是精准营销。

- 数据分析业务。该模式令人着迷之处在于，如果没有大量的数据，缺乏有效的数据分析技术，这些公司的业务其实难以开展。譬如以阿里金融为代表的小额信贷公司，通过在线分析小微型企业的交易数据、财务数据，甚至可以计算出应提供多少贷款，多长时间可以收回等关键问题，把坏账风险降到最低。

- 运营数据空间。传统的 IDC 和互联网巨头们都在提供此类服务，而且其他IT 企业也纷纷嗅到大数据商机，开始抢占个人、企业的数据资源。海外的Dropbox、国内微盘都是此类公司的代表。这类公司的想象空间在于可以成长为数据聚合平台，盈利模式将趋于多元化。

- 大数据处理业务。从数据量上来看，非结构化数据是结构化数据的 5 倍以上，任何一个种类的非结构化数据处理，都可以重现现有结构化数据的辉煌。语音数据处理领域、视频数据处理领域、语义识别领域、图像数据处理领域都可能出现大型的、高速成长的公司。

如今，"大数据"这一话题在国内受到投资者追捧，也不断有高技术人才选择这个方向创业；但实际上国外对于"大数据"，已经走过了概念炒作阶段，出现了实际的应用，产生了实际的效益。

• 专家提醒

美国奥巴马政府已经开始大规模地投资大数据领域，这是大数据从商业行为上升到国家战略的分水岭，表明大数据已被提升到战略层面。笔者相信，"大数据"将领跑新一轮互联网投资高潮，让资产逐步变成资本。

12.4.4 大数据时代风云转变

互联网的重心逐步向着移动互联转移，各种新型智能移动设备的迅速普及，带来了海量数据的爆发。于是大家都在谈论大数据，大家都想用好大数据。但你真的了解大数据吗？当前的行业状况又是怎样？

事实上，大数据只是一种提法，其形态本身是数据流。因此，以实时感知、分析、对话、服务能力为基础，让数据流成为商业、营销活动的核心才是关键。怎样才能让这些大数据更好地为产品或营销服务，搞清楚大数据时代的业界生态必不可少。

我们可以结合互联网数据中心 (Dcci Data Center of China Internet，DCCI) 发布的数据报告一起来看看。

1. 传统互联网到移动互联网的转变

据市场研究机构 IDC 预测，2013 年全球智能手机出货量将超过 10 亿部，这个数字意味着它比 2012 年增长了近 40%。大量智能移动设备接入网络，移动应用爆发性增长对数据进行深入挖掘的需求凸显，而移动互联网与传统互联网融合，成为所有媒体的核心节点却是大数据实现的前提。

根据 EnfoDesk 易观智库产业数据库发布的《2012—2014 年中国移动互联网市场预测》数据显示，目前中国移动互联网市场规模已达到 1500 个亿，移动互联网用户超过 5 亿，是 15 年前的 867 倍，互联网普及率达到 39.9%。ZDC 统计数据显示，参与调查者中，使用手机上网者的比例高达 97.4%，仅有 2.6% 的调查者表示不使用手机上网。

2. 数据流量使得网络行业发生转变

2013 年 12 月 24 日，据《纽约时报》网站报道，过去一年美国手机产业出现两大趋势，即手机网络速度更快、智能手机显示屏更大，其结果是用户的移动数据流量增长近 1 倍。2013 年美国消费者每月使用的移动数据流量由去年的

690MB 增长至 1.2GB；从全球范围来看，消费者每月使用的移动数据流量由去年的 140MB 增长至 240MB。

例如，中国移动数据在 2013 年春节期间涨幅也十分明显，上涨了 105%。据中国广东移动的数据显示，总体 GPRS 数据使用量同比增长 63.84%；WLAN 数据量同比增长 227.55%；3G 数据量同比增长 212.68%。

·专 家 提 醒

> 事实上在大数据中，存储在数据库中的结构化数据仅占 10%，邮件、视频、微博、帖子、页面单击等大量非结构化数据占据了另外 90%。怎样从这些与用户行为相关的大数据中挖掘出更多有价值的内容，值得创业者思考和探索，同时也给数据分析与挖掘产业带来更多的机会。

基于如此强大的数据流量，网站分析 (Web Analytics) 成为一种新的火爆产业。对于商务应用背景来说，网站分析特别指的是某网站对搜集来的资料的使用，以决定网站布局是否符合商业目标。例如，哪个登录页面 (Landing Page) 比较容易刺激顾客购买欲。

这些搜集来的资料包括网站流量报告、电子邮件回应率、直接邮件活动资料、销售与客户资料、使用者效能资料或者其他自订需求资讯。这些资料通常与关键绩效指标比较以得到效能资讯，并且还可用来改善网站或者营销活动中观众的反映情况。

3. 数据存储向数据应用方式的转变

从传统互联网到移动互联网，人们产生的数据越来越多。同时 Google Glass 的诞生让我们有理由相信，未来每个人都将产生更多的数据。但如果仅仅是简单地将这些数据存储起来，它本身并不具有任何价值。

据统计，目前大数据所形成的市场规模在 51 亿美元左右，而到 2017 年，此数据预计会上涨到 530 亿美元。由此可见，数据背后潜藏着巨大的商业机会。但是，如果大数据时代真的来了，营销人员是否真的能够利用好数据分析，并从中寻找商业价值？笔者认为，这是每个企业都应该思考的问题。

4. 互联网营销在行为方式上的转变

正如前面所说，数据结构更加多样化，图像、视频和文档的比例占了半壁江山。大量的用户行为信息记录在大数据中，互联网营销将在行为分析的基础上向个性化时代过渡。

新浪微博每天用户的发博量超过1亿条，百度大约要处理数十亿次搜索请求，淘宝网站的交易达数千万笔，联通的用户上网记录一天达到10 TB……如果这些数据运用得好，可以使大众化营销转向个性化营销，从流量购买转向人群购买。

DCCI提供的数据显示，中国有超过230万个网站，网页超过866亿个，移动应用超过135万。由此可以预见，国内网络广告投放也将从传统面向群体的营销转向个性化营销，从流量购买转向人群购买。也就是说，未来的市场将更多地以人为中心，主动迎合用户需求。如图12-11所示，为某新闻网站的广告栏，它根据笔者在百度查询、浏览的内容显示个性化链接。

图 12-11 大数据生成的广告

• 专 家 提 醒

大数据技术的应用，可以帮助企业从业务的整体设计角度，发展到针对客户的个性化服务。例如，零售企业对于过剩的库存会进行整体促销。如果对于用户购买数据进行分析，就可以针对用户的喜好进行个性化促销，同时也可以根据用户的购买行为对库存进行准确的调配，以减少浪费。

307

12.4.5 大数据的发展驱动力

大数据行业的发展，除了市场需求的驱动、技术水平的进步，还离不开资本与政策的帮助。据麦肯锡报道，大数据已经实现了显著的经济价值：为美国的医疗服务业每年节省 3000 亿美元，为欧洲的公共部门管理每年节省 2500 亿欧元，为全球个人位置数据服务提供商贡献 1000 亿美元，帮助美国零售业净利润增长 60%，帮助制造业在产品开发、组装等环节节省 50% 的成本等。

大数据体现的巨大经济价值，成功地获得了金融界和政界的青睐。例如，在英国，虽然经济不景气、财政紧缩，但政府依然为大数据一掷千金。2013 年年初，英国商业、创新和技能部宣布将注资 8 亿英镑发展 8 类高新技术，其中 1.89 亿英镑（约 3 亿美元）用于大数据项目。

从目前的实时数据应用状况来看，在许多私企和组织中已经开始了大数据应用，因此这一市场需要得到政府的支持。

诸如在线购物等网站已经在将大数据应用于实践，比如亚马逊购物网站，系统会根据用户最近的选择和关注过的商品推荐对应的产品或服务。同理，政府也需要根据这种模式来研究如何将大数据技术应用到公共管理中。

大数据在中国也已启动并驶入"快车道"，政府、企业和科研院所正多方位布局。工信部的物联网"十二五"发展规划，将信息处理技术作为四项关键创新技术工程之一，其中包括海量数据存储、数据挖掘等。随着 4G 牌照在 2013 年年末的发放，更高速的网络将带来更大的数据流，为政府和企业带来战略性资源。

· 专 家 提 醒

国内的政府机构都在推行"智慧城市"这一蓝图。然而，"智慧城市"的信息处理与应用需要具备从海量数据中快速获取决策信息的能力。现代化都市中无所不在的移动设备、RFID（射频识别）、无线传感器以及互联网应用每时每刻都在产生纷繁复杂的巨量数据。

以视频监控为例，一个大型城市目前用于视频监控的摄像头约 50 万个，一个摄像头一个小时的数据量就是几个 G，每天视频采集数据量在 3 PB 左右。"智慧城市"的"智慧"主要出自对上述巨量信息的分析挖掘处理。大数据技术的应用恰好能有效地满足"智慧城市"信息处理的需求。如果说具有感知功能的传感器是智慧城市的末梢神经，连接传感器的城市宽带网络是智慧城市的神经系统，那么大数据应用就是智慧城市的大脑，是城市运行的智慧引擎。

综上所述，我们可以看到大数据是众人瞩目的焦点，是经过了市场、技术、资金以及政府等多方因素推动的结果。